AF748466

www.ingramcontent.com/pod-product-compliance
Lightning Source LLC
LaVergne TN
LVHW010917051026
849532LV00003B/729

* 9 7 8 9 3 5 8 7 2 7 0 6 7 *

غالب کی تخلیقیت اور نئی بازیافت

مصنف:

نظام صدیقی

Ghalib ki takhliqiat aur nayi baazyaaft
by: Nizam Siddiqui
Edition: May '2024
Publisher :
Taemeer Publications LLC (Michigan, USA / Hyderabad, India)

ISBN 978-93-5872-706-7

کتاب	:	**غالب کی تخلیقیت اور نئی بازیافت**
مصنف	:	**نظام صدیقی**
ترتیب و تدوین	:	دانش الہ آبادی
صنف	:	تحقیق و تنقید
ناشر	:	تعمیر پبلی کیشنز (حیدرآباد، انڈیا)
سالِ اشاعت	:	۲۰۲۴ء
صفحات	:	۲۳۰
سرورق ڈیزائن	:	تعمیر ویب ڈیزائن

رسالہ 'سبق اردو' کے خصوصی شمارہ

(شمارہ: ۳۶) (سنہ اشاعت: ۲۰۱۴ء)

گوپی چند نارنگ اور غالب شناسی

(مرتب: دانش الہ آبادی)

سے اخذ کردہ مقالہ

نظام صدیقی

غالب کی تخلیقیت اور تاریخ ساز نئی بازیافت

اکیسویں صدی کی دوسری دہائی کے مابعد جدید تناظر میں پروفیسر گوپی چند نارنگ نے غالبیات کے ضمن میں اولین معتبر ترین تنقیدی کتاب 'یادگارِ غالب' (1897) اور عبدالرحمٰن بجنوری کی حیران کن 'تحسین شناس کتاب' 'محاسنِ کلامِ غالب' (1921) کا ارتفاع کر غالب شناسی کے حسین و زرّیں سلسلہ میں ایک یکسر نئے تخلیقیت افروز اور معنویت آفریں فکریاتی درِخاور کو کھول دیا ہے جس سے غالب کے فکر وفن کا آفاق ایک نئے اور انوکھے شعرستان، شعورستان اور اشعرستان میں منقلب ہوگیا ہے۔ اس نو تواریخ ساز غالب افروزی نے صرف غالب کے نئے جمالیاتی فینومینا (Phenomena) 'مظاہر' کو ہی نہیں بلکہ انوکھے معنویاتی نومینا (Noomena) 'معنوی اور باطنی اعماق' کو پہلی بار شونیتا، مہا شونیتا اور پرم شونیتا کے بودھی فکری وسائل اور 'نئی تھیوری کے تیسرے رخ' کے اصول حقیقت (Reality principle) کے ثقافتی اور جمالیاتی حربوں سے مزید روشن اور فروزاں کردیا ہے جس سے اہلِ ذوق، اہلِ دل، اہل دانش اور اہل بینش قاری کا قلب و ذہن حسب مراتب بقدرِ ذوق و عرفان نورستان، انورستان اور انوارستان بن جاتا ہے۔ اس ذہنی اور باطنی کایاکلپ کے باعث اس کے اندر اس غالب پیا کتاب کو ختم کرنے کے بعد بھی ایک بیکراں روح تجسس (Spirit of Enquiry) ہمیشہ کے لیے بیدار ہوجاتی ہے کہ اس کے اندر اچانک یہ مخفی، بحت معنویاتی نورِ اکبر (پرم پورڑتا) کیسے جگمگایا؟ یہ بیکراں تازہ کار اور نادرہ کار نئی جمالیاتی، قدریاتی، وجودیاتی، عرفانیاتی اور معنویاتی تحقیق، تنقید، تفسیر، تعبیر اور تنویر کیسے وجود میں آئی؟ یہ بیک وقت متن اساس تعبیر اور تناظر اساس تنویر سے فروزاں ہے اور 'شونیتا' کے ہند ایرانی اور سبک ہندی کے کثیر المعانی حوالہ جات کے لامحدود ثقافتی

مراکز سے منسلک ہے اور غالب کے کلام یا متن کے معانی اور مفاہیم میں غیرمعمولی معنویاتی وسعت آفرینی، نئی نکات یاتی اور نتائج یاتی (New Practices) کثرت افروزی، نوانسانیاتی قوت انگیزی اور انوکھے جمالیاتی تاثر کو بیدار اور متحرک کرتی ہے۔ غالب پر انیسویں اور بیسویں صدی میں لکھی گئی نصف درجن قدرِ اوّل کی تصانیف اور تالیفات سے ایسا بیکراں نیا معنویاتی، وجودیاتی اور عرفانیاتی تجربہ تو کبھی نہیں متناور ہوا؟ آخرکس ناقابل تسخیر شعری 'جدلیاتِ نفی' سے یہ نوفکری اور معنویاتی فکرانگیز تنقیدی 'انضمام ضدین'[1] کی تہ در تہ پرتیں وجودپذیر ہوئیں جو بالآخر احدیت افروز ہیں۔ یہ اکیسویں صدی کے ربع اول کا سب سے ممتاز بڑا ہی متحیرکن نوتعبیراتی اور تنقیحاتی معجزہ ہے جو یکسر مختلف اور جداگانہ رنگ اور آہنگ میں خونِ جگر سے کشید ہے۔

پروفیسر نارنگ نے فی زمانہ نئی غالب فہمی، نئی غالب شناسی اور نئی غالب سنجی کے باقاعدہ نئے مخاطبہ (ڈسکورس) کی بسم اللہ کردی ہے۔ اس یگانۂ روزگار نابغہ نے اپنی مایہ ناز کتاب 'غالب: معنی آفرینی، جدلیاتی وضع، شونیتا اور شعریات' کو بیک وقت قدیم اور عظیم تر ہندستانی ثقافت کی زندہ، نامیاتی اور متحرک روایت 'سنسکرت شعریات کی بودھی اور ناگارجنی شونیتا' سے 'نئی تھیوری کی تیسری کائنات' (یا نئے عہد کی تخلیقیت) تک سے یکسر ہم آہنگ کردیا ہے۔ ہمارے پیشرو بزرگ ناقدین میں کسی کی بھی تحقیقی اور تنقیدی رینج اتنی وسیع اور بلیغ تر نہیں ہے۔ یہ تنقیدی کتاب بین العلومیت اور بین الثقافتیت کی کھدان تو ہے ہی، لیکن نارنگ اس سے بھی کہیں آگے بڑھ کر ماورائے علومی (Trans-disciplinary) تحقیق وتنقید کے نئے طریقہ ہائے کار اور نئے امکانات کی نشاندہی کرتے ہیں۔ یہ بین العلومی تحقیق میں یکسر نئے اور تازہ کار و نادرہ کار انکشافات، معروضات اور ترقیات ہیں جو ماورائے علومی اور ماورائے متنی تفکرات سے جوڑنے والے ہیں۔ نارنگ 'غالب: معنی آفرینی، جدلیاتی وضع، شونیتا اور شعریات' میں متن کی مابعدالطبیعیات (The metaphysics of text) کے ماورائے متنی تفکرات، جہات، اطراف اور جوانب کے حقائق کا تجزیہ اور تحلیل بھی کرتے ہیں۔ نارنگ نے مجموعی طور پر معاصر اردو تنقید میں یکسر نئی اور اچھوتی دھرتی یا کنواری برف

کو نہایت عمدگی اور قرینہ سے توڑ دیا ہے۔ زندہ بہتے پانی کا یہ سرچشمہ ابد تک جاری رہے گا۔ مابعد جدید تناظر میں نئے مسائل اور نئے مباحث کی نئی بنیادیں انھیں کی قائم کی ہوئی ہیں۔ نئے تنقیدی نکات اور نتائج کی نئی منصفانہ بحث اگر نکلے گی تو انھیں سے نکلے گی۔

یہ کس 'بہشت شمائل' کی آمد آمد ہے
کہ 'جز جلوۂ گل' راہ گزر میں خاک نہیں

غالب کی اس حسن آگیں اور معنویت انگیز غزلیہ تشکیل میں 'بہشت شمائل' محبوب در حقیقت 'نور شمائل محبوب اکبر' کا اشاریہ کنندہ (Signifier) ہے جس نے 'شونیتا' کی بیکراں گونج میں ذو معنی 'آمد آمد' کے اشاریہ (Sign) سے اچانک 'مخفی اور بحت معنویاتی نورِ اکبر' (Signified) اشاریہ کتاب یا معنی نما کو فروزاں کردیا ہے اور 'راستہ' میں بیکراں 'جلوہ نور' محیط ترین ہے۔ وہاں مادیت کی کثافت کا گزر ہی نہیں ہے۔ غالب نے ردیف میں 'خاک نہیں' کی محاورہ آرائی سے شونیتا (No-thingness) کے پس منظر میں نوریں، انوریں اور انواریں معمورہ (Full-ness) کو تمام جمالیاتی رعنائیوں اور معنویاتی توانائیوں کے ساتھ طرفہ استعاراتی اور علاماتی سطح پر بیک وقت عیاں و نہاں کردیا ہے جس سے تحیرزا سریت کے مخفی وجودیاتی اور عرفانیاتی ابعاد (Ontological Dimension) نور فشاں ہوگئے ہیں۔

یہ شعر بیک وقت بہت بڑا جمالیاتی اور معنویاتی متناقضہ ہے جو بیک وقت قرآن حکیم کے 'شدید القویٰ ذو مرۃ' (صاحب جلوہ) کی طرف نشان کناں ہے اور وید مقدس رِگ وید کے 'پرگیا نام برہم' کی طرف دال ہے کہ 'مطلق شعور و آگہی برہم' ہے۔ یہاں Absolutely Shunya نہ صرف Absolute Awareness کی جانب بلکہ حقیقی معنوں میں Absolute Abstract Being (تجلی اکبر) کی جانب اہلِ بینش قاری کی توجہ کو بھرپور طور پر مرکوز کردیتا ہے جو بیکراں عدم، غیاب، غیب اور اخفی کے تاریک حجابِ اکبر میں 'مخفی خزانۂ اکبر' یا 'منبع نور' یا 'منبع آب حیات' کے مانند روشن پیغام ہی نہیں دیا ہے — بلکہ ''اگر کچھ جاننے اور حاصل کرنے کی آرزو ہے تو ازخود حاصل کرو۔ روشنی یا معنی تک ازخود پہنچنا افضل ہے۔'' خود غالب کہتے ہیں — ''میں تلمیذالرحمٰن ہوں اور معنی کی تاریکی کو

اپنے گوہر استعداد کی روشنی سے دور کرتا ہوں۔'' البتہ اس راہ حقیقت میں ہر نوعیت کی تعینات سے ماورا ہونا، بے لوث ہونا حقیقی آزادی اور حقیقی تخلیقیت ہے۔ کبھی کبھی کسی حقیقی آزادی کوش، کسی حقیقی تخلیقیت کوش عارف اور رِشی کے 'عین بینش اکبر، عین دیدِ اکبر اور عین دیدار اکبر (Philosia) میں وہ براگندۂ حجاب ہوتا ہے۔ فلوسفیا (فلسفہ) تو فولوسفیا ہے۔ وہ نورِ اکبر (آدّیا جیوتی) سے محروم ہے۔

اسی وسیع ترین اور رفیع ترین بین العلومی اور بین الثقافتی پس منظر میں عبدالرحمٰن بجنوری کا یہ 'فوق شعوری جدلیاتی جملہ' غالبیات کی تاریخ میں ہمیشہ کے لیے ثبت ہو چکا ہے جو خود کو اکیسویں صدی کے ماورائے علومی اور ماورائے متنی فکریات سے جوڑنے کی نامیاتی قوت رکھتا ہے۔

''ہندوستان کی الہامی کتابیں دو ہیں۔ وید مقدس اور دیوانِ غالب''

نارنگ اپنی تاریخ ساز 'غالب' میں اپنی غیر معمولی تحقیقی بصیرت اور نوری، کشفی اور فوقی تنقیدی شعور و آگہی سے اس ثقافتی اور جمالیاتی صداقت کو منکشف کرتے ہیں۔

> ''بجنوری کا جملہ اعلیٰ پایے کا تخلیقی جملہ ہے اور اس کی تخلیقیت اس کی جدلیاتی وضع میں ہے۔ اردو تنقید خواہ کتنا ہی اسے غیر سنجیدگی سے لے، یہ اردو کے اجتماعی حافظہ میں نقش ہو چکا ہے۔ یہی اس کی معنویت کی دلیل ہے۔ جملے کے دو حصہ ہیں۔ پہلے میں کہا ہے کہ ہندوستان کی الہامی کتابیں دو ہیں۔ اس کے بعد دو نام لیے گئے ہیں۔ پہلے وید مقدس، پھر دیوانِ غالب۔ وید مقدس کے الہامی ہونے میں کوئی انوکھی بات نہیں۔ جملہ میں تخلیقی شان اور قولِ محال کی کیفیت اس کی ساخت میں وید مقدس کے ساتھ دیوانِ غالب کو وابستہ کرنے سے پیدا ہوئی ہے۔ اگر دیوان غالب کو یہاں سے ہٹا دیں تو جملہ جملہ نہیں رہتا اور بے مایہ ہو جاتا ہے۔ لیکن اگر وید مقدس کے ساتھ اسی سانس میں دیوانِ غالب بھی پڑھیں تو جملہ ایک High Pitch پر پہنچ کر حیرت اور سریّت سے سرشار ہو جاتا ہے اور اس میں ایک الوہی کیفیت پیدا ہو جاتی ہے۔ گویا جادوئی کیفیت اکیلے وید مقدس سے نہیں بلکہ وید مقدس کے ساتھ دیوانِ غالب کو ہم

رشتہ کرنے سے پیدا ہوئی ہے۔'' (باب دوم، ص 59، بجنوری، دیوان غالب اور وید مقدس)

آخر میں نارنگ نے اردو کی نام نہاد مدرسانہ تنقید کے علمبرداروں کی میکانکی منطقی عقل کا ارتفاع کرتے ہوئے نہایت ثقافتی ژرف بینی سے اپنی بے لاگ رائے کا اظہار کردیا ہے جو بے جا طرفداری کی قتیل نہیں ہے۔

''بجنوری کا کمال یہ ہے کہ اس نے اسے وید مقدس کے ساتھ ملا کر ایک پرلطف قول محال بنا دیا۔ قول محال کی تعریف ہی یہ ہے کہ وہ جو حل نہ ہو سکے یا جو عقل عام سے بعید ہو۔'' ''وید مقدس دراصل یہاں استعارہ ہوا ہے اور استعارہ بھی دیوانِ غالب کے تناظر میں۔ اگر یہ تناظر اور ہم رشتگی نہ ہو تو جملہ بن ہی نہیں سکتا۔ گویا ساری معنویت جو قول محال کی جادوئی فضا اور انوکھے پن کو قائم کر رہی ہے دیوان غالب کو وید مقدس کے سیاق و سباق میں رکھنے سے بنی ہے۔ میکانکی اور منطقی تحلیل نہ تو مناسب ہے نہ ضروری۔ دیکھنا یہ چاہیے کہ کیا وید مقدس کے استعارے کی چھوٹ فوق شعوری آرکی (نخشتمثالی) پرچھائیوں پر نہیں پڑ رہی، یا مغل کلچر یا سبک ہندی کے صدیوں پر پھیلے ہوئے نیم تاریک، نیم روشن رشتوں پر جو نظر نہ آنے والی زیرزمین جڑوں کے تفاعل سے جڑے ہوئے ہیں اور جن کی کوئی معروضی تحلیل ممکن نہیں۔ یوں دیکھیں تو یہ جملہ پرلطف بھی ہے اور بامعنی بھی۔'' (ص 69، بجنوری، دیوانِ غالب اور وید مقدس)

اکیسویں صدی کے مابعد جدید تناظر میں نارنگ صاحب نے اپنی کتاب 'غالب' کے باب دوم میں عبدالرحمٰن بجنوری کی دوبارہ نئی تعبیر اور نئی تجدید کی ہے اور ان کو ازسرِنو قائم کردیا ہے۔ بعینہٖ ''حالی، یادگارِ غالب اور ہم'' میں حالی کے ہی پیش کردہ غالب کے بیس اشعار کے سیاق میں اپنی جدلیاتی اور حرکیاتی نفی کی کارکردگی کی بھرپور تیز روشنی میں صدیوں کے بین التہذیبی، بین العلومی رشتہ سے آگے بڑھ کر ماورائے علومی اور ماورائے متنی فکریاتی اختلاط و ارتباط کو بھرپور طور پر روشن کردیا ہے اور غالب کی یکسر تفسیرِ نو، تعبیرِ نو اور تنقیحِ نو کو

بھی اکیسویں صدی میں دوبارہ زندہ، تابندہ اور پائندہ تر کر دیا ہے۔

''حالی نے غالب کی ''طرفگیِ خیال اور جدت مضامین'' پر اپنی تنقید جن مثالوں پر قائم کی ہے اس پر ہماری تنقیح وتنقید اور تعبیرنو کی اشاراتی گفتگو یہاں ختم ہوتی ہے۔ حالی کے فرمودات اپنی جگہ نہایت مناسب اور معقول ہیں کہ طرفگیِ خیال اور جدت و ندرت مضامین غالب کی خصوصیاتِ خاصہ ہیں۔ اس بات کو تسلیم کرتے ہوئے ہم نے اپنے سوالات حالی کے متن ہی سے برآمد کیے ہیں کہ طرفگیِ خیال اور جدت و ندرت مضامین عمومی اصطلاحات ہیں جن کا اطلاق دوسرے شعرا پر بھی اسی طرح کیا جاسکتا ہے تو پھر غالب دوسروں سے الگ کیسے قرار پاتے ہیں؟ حالی کے زمانے تک عمومی تنقید برحق تھی، لیکن اکیسویں صدی تک آتے آتے غالب تنقید یہ سوال اٹھانے میں حق بجانب ہے کہ طرفگیِ خیال اور ندرت و جدتِ مضامین جس پر غالب کی عظمت کا دار و مدار ہے وہ ان کی تشکیل شعر میں قائم کیسے ہوتی ہے؟ تشبیہ و استعارہ و کنایہ وتمثیل و شوخی و ظرافت وغیرہ تو سامنے کے ہیئتی لوازم ہیں، ان کی کارکردگی وحسن کاری میں کلام نہیں، لیکن ان سب کے پسِ پشت کیا کوئی اور نظام بھی ہے؟ یا کیا غالب کے شعری قالب یا لسان کی داخلی ساخت میں کوئی تہ نشیں ہم رشتگی یا قدرِ مشترک اور بھی ہے جو تخلیقی عمل کی کسی خلقی، شعوری یا لاشعوری نہاد پر دلالت کرتی ہو، یا غالب کی افتادِ ذہنی کا لازمی حصہ ہو، یا کسی باطنی جوہری نظام سے انگیز ہوتی ہو۔ نیز اگر حرکیات یا جدلیات نفی کا تفاعل غالب کے تخلیقی عمل میں جاری و ساری ہے اور غالب کی سرشت و نہاد کا حصہ معلوم ہوتا ہے، تو اس کی نوعیت یا راز کیا ہے اور اس کی زیرزمین جڑیں کہاں ہوسکتی ہیں؟ گویا ہماری کوشش حالی سے انحراف کی نہیں بلکہ فکرِ حالی کا اثبات کرتے ہوئے اسی کے پہلو بہ پہلو غالب کی تشکیلِ شعر اور معنی آفرینی کے تخلیقی بھیدوں کے بارے میں کچھ بنیادی سوال اٹھانے اور ان کے جواب کھوجنے کی جستجو سے عبارت ہے کہ شاید اس سے وہ سرشتہ ہاتھ آجائے جو غالب کے تخلیقی عمل کی جڑوں اور گہرائیوں میں دور دور تک پھیلا ہوا ہے۔'' (باب اول، ص 53، غالب : معنی

آفرینی، جدلیاتی وضع، شونیتا اور شعریات)

کس منھ سے شکر کیجیے اس لطف خاص کا
پرسش ہے اور ''پائے سخن'' درمیاں نہیں

زیرِنظر سادہ اور پُرکار شعری حسن پارہ میں غالب کی شخصیت اور فکر وفن کی جدلیات نفی (Dialective negation) معجزنما ہے جو ایک خاص کیفیت کی انتہاؤں اور منتہاؤں کو نہایت سادگی اور پُرکاری کے ساتھ بیک وقت عیاں اور نہاں کرتی ہے۔ شعر کی خارجی ساخت جس قدر سادہ ہے، داخلی ساخت اُسی قدر بیکراں معنویات اور سرمدی کیفیات کی امین ہے جو غالب کی خاص جدلیاتی وضع کا نشانِ امتیاز ہے۔ یہ شعر خفیف نشان ''شکر'' جلی نشان ''لطفِ خاص'' کی لطیف ترکیب کو بیک وقت استفہامیہ اور فجائیہ حسیات کے شدید تناؤ اور تصادم کے ساتھ منکشف کرتے ہوئے بیک وقت ''پرسش ہے'' اور ''پائے سخن'' کی معنوی اور کیفیتی تفریق کے آئینۂ واردات میں ردیف آرائی ''درمیاں نہیں'' کے تحیرانگیز التوا (Deferment) کو خاموشی کی بے صدا آواز کی اکبری تحریر تک پہنچا دیتا ہے۔ ''پُرسش ہے'' اور ''پائے سخن'' میں جو قطبینیت اور افتراقیت کا متقاطعانہ آڑا ترچھا پن (Criss-cross) ہے، اس کا تخلیقی رمز شعری تشکیل کی داخلی ساخت کی ردتشکیلی جدلیت میں شدید طور پر پوشیدہ ہے جو شونیتا سے آگے کے مخفی مضمرات اور ممکنات کو نشان زد کرتا ہے۔ تمام فنونِ لطیفہ بالآخر لانہایت خاموشی کے سرّ الاسرار (Mysterium) میں لے جاتے ہیں۔

Silence is ultimate music. (Osho)

پروفیسر نارنگ اپنے باب سوم ''دانشِ ہند اور جدلیات نفی'' میں نہایت دیدہ وری سے نکتہ سرا ہوتے ہیں:

''ہندستانی فکر کا ایک موقف یہ بھی ہے کہ حقیقت علم سے باہر بھی وجود رکھتی ہے، یہ زبان کے نظام سے آگے کی منزل ہے، یعنی بے صدا آواز یا سکوتِ کامل یا خاموشی جو اُم اللسان یا جوزبانوں کی زبان ہے۔ خاموشی یا مَون (eKSu) کو ہندستانی روایت میں بہت اہمیت حاصل ہے۔ یہ زبان کا اصل الاصول

(Principle) یا سرچشمہ ہے۔ خاموشی بطور اصل زبان یا زبان کی کنہ کے حرکی تصور کا احساس سبک ہندی کے شعرا بالخصوص بیدل و غالب کے یہاں بہت گہرا ہے۔'' (ص 79، دانشِ ہند اور جدلیاتِ نفی)

''شونیتا کی رو سے خاموشی، ایک حرکیاتی قوت ہے آواز سے کہیں زیادہ طاقتور، اظہار و معانی کے ان گنت امکانات سے بھرپور۔ گہرے رہسیہ ([illegible]) یا بھید یا انسانی مقدر کے عمیق رازوں میں اترنے کے لیے شونیہ یعنی 'خاموشی' سے بہتر پیرایہ ممکن نہیں۔ آواز کی اعلیٰ سے اعلیٰ قسم یعنی شبد (کلام) خاموشی ہی کی ایک فارم ہے۔ سنگیت میں پہلا سُر 'سا' خاموشی کے مماثل قرار دیا جاتا ہے جو خاموشی کی اتھاہ گہرائیوں سے آتا ہے اور 'ان حد' کی ناد سمجھا جاتا ہے۔ ساز سے جو آواز نکلتی ہے وہ جمالیاتی مسرت کو راہ دیتی ہے، لیکن جو آواز سنائی نہیں دیتی وہ لامحدود کی نوید ہے (مستم زنوائے کہ نہ از تار برآمد)۔ یوگی رشی صوفی سنت اولیا اپنے ذہنوں کو صوت کے پردے میں نہ سنی جانے والی آواز پر مرکوز کرتے ہیں جو خاموشی کے بطن سے پھوٹتی ہے اور لامحدود مطلقیت اور اتھاہ آزادی کا احساس دلاتی ہے۔ ان اشعار کے مضمرات سے سرسری گزر جانا خود پر ظلم کرنا ہے —

نشوونما ہے اصل سے غالب فروع کو
خاموشی ہی سے نکلے ہے جو بات چاہیے

———

خموشیوں میں تماشا ادا نکلتی ہے
نگاہ دل سے ترے سرمہ سا نکلتی ہے

———

بہار شوخ و چمن تنگ و رنگِ گل دلچسپ
نسیم باغ سے پا در حنا نکلتی ہے

———

گر خامُشی سے فائدہ اخفائے حال ہے
خوش ہوں کہ میری بات سمجھنی محال ہے

———

ہوں ہیولائے دو عالم صورتِ تقریر اسد
فکر نے سونپی خموشی کی گریبانی مجھے

بسانِ سبزہ رگِ خواب ہے زباں ایجاد
کرے ہے خامشی احوالِ بیخوداں پیدا

خدایا چشم تا دل درد ہے افسونِ آگاہی
نگہ حیرت سوادِ خوابِ بے تعبیر بہتر ہے

(باب چہارم، ص 107، بودھی فکر اور شونیتا)

''سوچنے کا مقام ہے کہ کیا غالب کی شاعری، بے صدا خاموشی کی بے لوث زبان کی بحالی کی شاعری نہیں؟ کیا آج کا انسان فاشسٹی تعینات کے تحکمانہ غلبہ یا صارفیت یا افادہ پرستی کی یلغار میں خاموشی کی زبان کو بھول نہیں گیا ہے؟ انسانیت کی ازلی معصومیت اور بے لوثی کی زبان گویا کہیں کھوگئی ہے۔ غالب کی شاعری اس خاموشی کی زبان یا شرف انسانی یا معصومیت کی ازلی زبان کی بحالی کی سعی کا درجہ رکھتی ہے۔''

''جدلیت نفی (Dialective of Negation) کے فکر و فلسفہ کا قدیم ترین سرا اُپنشدوں تک پہنچتا ہے لیکن یہ ماورائی فکر ہے جو بعد کے وجودی اور متصوفانہ پیراؤں میں بھی روپ بدل بدل کر منتقل ہوتی رہی ہے۔ اس کی یکسر بے لوث، منزہ، غیر ماورائی اور غیر وجودی شکل فقط بودھی فکر و فلسفہ میں ملتی ہے جس کے اثرات چینی جاپانی روایت تک چلے گئے ہیں۔ ان کا سب سے بڑا سرچشمۂ فیضان بودھی فکر (شونیتا) ہے جو بجنسہٖ نہ تو مذہبی ہے نہ ماورائی ہے نہ یہ کوئی گیان دھیان یا مسلک یا عقیدہ ہے۔ یہ فقط فکر کا ایک پیرایہ یا سوچنے کا طور ہے۔ ہر ہر موقف، ہر مظہر، ہر عقیدہ، ہر تصور کو رد در رد کرنے کا، یا اس کو پلٹ کر، اس کے عقب میں دیکھنے کا۔ چونکہ دکھائی دینے والی حقیقت فقط اتنی یا وہی نہیں ہے جو وہ نظر آتی ہے۔ کائنات ایک متناقضہ ہے جس میں ہر ہر شئے اپنے غیر سے قائم ہورہی ہے اور ہر شئے چونکہ قائم بالغیر ہے۔ اس لیے اصلیت سے عاری ہے یعنی شونیہ

ہے۔ گویا (شونیتا) شونیتا بطور فکری طریق کا، سب سے بڑا کام، تعینات یا تصورات کی کثافت کو کاٹنا اور آلودگی کے زنگ کو دور کرنا ہے تا کہ تحدید کی دُھند چھٹ جائے، طرفیں کھل جائیں اور آزادی و آگہی کا احساس گہرا ہو جو زندگی اور انسانیت کا سب سے بڑا شرف ہے۔ گویا بطور فکری طریق کار، یہ 'صیقلِ آئینہ' کے لگ بھگ مترادف ہے جو عبارت ہے آہنی آئینہ پر بار بار لکیر لگانے سے کہ زنگ یا کثافت کٹ جائے اور آئینۂ قلب چمکنے لگے تا کہ 'حقیقت' کی جلوہ نمائی ہو۔ مگر روایتاً یہ طور ماورائی ہے جبکہ غالب کی فکر غیر ماورائی اور ارضیت اساس ہے۔ غالب کا منتہا عرفان نہیں انسان ہے۔ شونیتا غیر ماورائی اور اس حد تک بے لوث، منزہ اور علمیاتی (شعوریاتی) ہے کہ بطور سان کے ہے۔ سان کا کام دھار لگانا ہے۔ کاٹنا نہیں۔ شونیتا تعینات کے رد در رد یا یہ دکھانے کے بعد کہ ہر شئے متناقضانہ ہے خود بھی کالعدم ہو جاتی ہے۔''

''غالب کے سروکار ماورائی نہیں، ارضی و شعریاتی ہیں۔ غالب کا مقصود انسان، انسان کی آرزوئیں اور تمنائیں، زندگی کے متناقضات اور معنیات کا نیرنگِ نظر ہے۔ چنانچہ غالب کی شعریات تک آتے آتے اس غیر ماورائی حرکیاتِ نفی کی خاصی قلب ماہیت ہو جاتی ہے اور یہ گوناگوں شعریاتی اطوار اور معنویاتی پیراؤں میں ڈھل جاتی ہے۔ خاطر نشان رہے کہ ہم نے اسے شونیتائی شعریات نہیں کہا۔ فقط شونیتا، غیر ماورائی اور جدلیات حرکیات سے مماثل یعنی ملتی جلتی شعریات کہا ہے۔ غالب کی جدلیاتی فکر کے گوناگوں طور طریقوں اور مختلف النوع پیراؤں کا اگر کوئی غیر ماورائی ارضیت اساس سرچشمہ ہوسکتا ہے تو وہ شونیتا مماثل حرکیات ہی ہے۔ یہ طریقِ محض یا طورِ محض ہے معمولہ و موصولہ کے زنگ کو کاٹنے اور آزادی و آگہی کے احساس کی راہ کھولنے کا۔ غالب کی فکری افتاد و نہاد میں جدلیات نفی اس حد تک جاگزیں ہے کہ یہ نہ صرف ہر نوع کی ''پابستگیِ رسم و رہِ عام'' اور ''پاداشِ عمل کی طمعِ خام'' کے خلاف مجتہدانہ کردار ادا کرتی ہے یا پیش پا افتادہ اور عامیانہ کی آلودگی کو کاٹتی ہے۔ بلکہ ہر معمولہ و موصولہ کو پلٹ کر طرفوں کو کچھ اس طرح کھول دیتی ہے کہ نادرہ کاری و حسن کاری کا حق بھی ادا ہو جاتا ہے اور معنیاتی عرصہ بھی برقیا جاتا ہے۔ یہ ایک کرشماتی

عمل ہے جس کی کوئی دوسری نظیر صدیوں کی شاعری میں نہیں ملتی۔ غالب کا ذہنی تخلیقی عمل ہی کچھ اس نوع کا ہے کہ جس معمولی یا سادہ لفظ کو بھی وہ چھو دیتے ہیں وہ گنجینۂ معنی کا طلسم بن جاتا ہے۔ یہ شعریات اتنی بوقلموں، تہ در تہ اور رنگارنگ ہے کہ اس کی تمام سطحوں، جہات اور پہلوؤں کا احاطہ کرنا آسان نہیں۔ یہ متناقضانہ اور جدلیاتی حرکیات کا کرشمہ نہیں تو کیا ہے کہ معنی لٹو کی طرح گردش میں آجاتا ہے یا لاینحل رہتا ہے اور اس کی کوئی تحلیل و تعبیر مکمل تعبیر نہیں ہوسکتی یا ہر تعبیر تشنۂ تکمیل رہتی ہے۔ یوں یہ شعریات، شعریاتِ محض نہیں رہتی، زندگی کے متناقضانہ بھید بھرے سنگیت کا حصہ بن جاتی ہے اور آزادیٔ کلّی و کشادگی کی نوید دیتی ہے۔''

''جدلیاتی فکر کی یہ چنگاریاں جن کا آغاز نوجوانی میں ہوا تھا، بعد کے زمانہ میں بھی اڑتی رہیں:

ہے پرے سرحدِ ادراک سے اپنا مسجود
قبلے کو اہلِ نظر قبلہ نما کہتے ہیں

اصلِ شہود و شاہد و مشہود ایک ہے
حیراں ہوں پھر مشاہدہ ہے کس حساب میں

ہے غیبِ غیب جس کو سمجھتے ہیں ہم شہود
ہیں خواب میں ہنوز جو جاگے ہیں خواب میں

لافِ دانش غلط و نفعِ عبادت معلوم
دُردِ یک ساغرِ غفلت ہے چہ دنیا و چہ دیں

(ص 94، بودھی فکر اور شونیتا)

''غالب کی معنیاتی تشکیل میں جدلیاتِ نفی کے تفاعل سے اکثر وہ پیکر خیالی جن میں افتراقیت یا تقلیب یا رد در رد ہے، وہاں رد سے مراد تنسیخ نہیں، بلکہ تضادات کے تخلیقی تصادم سے بیچ کے عرصہ میں Gray Area کا خود مرتکز ہوجانا اور معنی کا میکانکی محدود تعریف کے ورا ہوجانا ہے۔ یہ کیفیت شونیتا مماثل ہے۔ شونیتا میں کلپنا (معمولہ تصورات)

اوڑیا ہیں۔ یہ شونیہ بے اصل ہیں۔ غالب کے یہاں بھی رائج خیالات، اعتقادات، نظریے، مسالک، معمولہ تصورات، سب پاؤں کی بیڑیاں ہیں۔ اصل چیز روشِ عام یا پیش پا افتادہ یا معمولہ وموصولہ یا فہمِ عامہ کے جبر سے آزادی یا اوپر اُٹھ جانے کا احساس ہے جو معمولہ یا مانوس کو رد کرنے سے پیدا ہوتا ہے۔ طرفوں کے کھل جانے کا احساس اصلاً آگہی و آزادی کا احساس ہے۔ شونیتا کی طرح اس میں بھی کہیں کوئی جبر، کوئی ادعا، کوئی ریاضت، کوئی زہد و اتقا، کوئی طمع، کوئی خوف، کوئی لالچ، کوئی جزا و سزا، کچھ بھی نہیں، ''سوائے انتہاؤں کو رد کرنے''، ''بیچ کا عرصہ'' اختیار کرنے اور دھیان یعنی فکر پر جدلیاتی دھار رکھنے کے، یعنی ایک رویۂ ذہنی ایک حالت قلبی کہ رنج و راحت، نشاط وغم، دُکھ سکھ، سرد و گرم زمانہ، عزت و ناموس، ذلت و رسوائی سب ہموار ہوجائیں اور 'گزراں' معلوم ہوں۔ یہ صدیوں کا سچ ہے ''زندگی ایک پل ہے۔ اس پر سے گزر جاؤ۔ اس پر گھر مت بناؤ۔''

اگر بدل نخلد ہر چہ در نظر گزرد
زہے روانی عمرے کہ در سفر گزرد

ہوں میں بھی تماشائیِ نیرنگِ تمنا
مطلب نہیں کچھ اس سے کہ مطلب ہی برآوے

وارستہ اس سے ہیں کہ محبت ہی کیوں نہ ہو
کیجے ہمارے ساتھ عداوت ہی کیوں نہ ہو

مراشمول ہراک دل کے پیچ وتاب میں ہے
میں مدعا ہوں تپش نامۂ تمنا کا

نہیں گر سر و برگِ ادراکِ معنی
تماشائے نیرنگِ صورت سلامت

نہیں نگار کو الفت نہ ہو نگار تو ہے
روانیِ روش و مستیِ ادا کہیے
نہیں بہار کو فرصت نہ ہو بہار تو ہے
طراوتِ چمن و خوبیِ ہوا کہیے

(ص 103، بودھی فکر اور شونیتا)

''دیکھا جائے تو ناگارجن ہوں یا شنکراچاریہ، ہائیڈیگر، بیدل یا غالب، سب حقیقت کی تُہ کو سمجھنے کے متلاشی ہیں۔ کہنے کی ضرورت نہیں کہ ان میں بیدل و غالب شنکراچاریہ یا ہائیڈیگر کی بہ نسبت ناگارجن کے زیادہ قریب ہیں۔''

(ص 109، بودھی فکر اور شونیتا)

''ناگارجن زبان کو شک کی نظر سے دیکھتا ہے کہ وہ تعقل اور تناقض سے قائم ہوتی ہے۔ اور اصل سے عاری ہے۔ اس کے رد در رد سے جو کچھ حاصل ہوتا ہے وہ شونیتا ہے۔ لمحۂ فکریہ ہے کہ کیا غالب بھی زبان کے موضوعی تناقضات، ہر دی ہوئی حقیقت اور ہر دیے ہوئے نظریے سے آگے جانا نہیں چاہتے یا معنی کے نیرنگِ نظر کا کھیل نہیں کھیلتے، یعنی کیا ہستی و نیستی، گناہ و ثواب، وجود و غیر وجود، مجاز و حقیقت، جنت و جہنم، دیر و حرم، رنج و غم، نشاط و الم، سب کے سب زبان کے زائیدہ نہیں یا گمان بھر یا فقط زبان بھر نہیں۔ کیا غالب کے اندرون میں جودت کی جو آگ بھری ہوئی تھی اس کو دوبارہ دیکھنے، غالب کے متن کو ازسرِنو پڑھنے، یا سابقہ تعینات سے ہٹ کر نئی قرأت کی راہ کھولنے اور نئے سرے سے جملہ امور پر غور کرنے کی ضرورت نہیں؟''

(ص 110-109، بودھی فکر اور شونیتا)

محولا بالا اہم اور معنی آگیں امثال، اقتباسات اور سوالات سے جو بھرپور تصویر نمایاں ہوتی ہے بالآخر وہ غالب کی سابقہ تعینات سے آزاد ہوکر قرأت (Reading) اور نئی قرأت (New Close Reading) کے وسیلہ سے ازسرنو تمام فنی اور فکری امور پر غور و فکر کی داعی ہے۔ ''غالب : معنی آفرینی، جدلیاتی وضع، شونیتا اور شعریات'' میں 'شونیتا' کا متحیرکن اور نوشعور انگیز تصور پہلی بار اردو ادب اور تنقید میں نہایت خوش فکری اور خوش اسلوبی

سے نارنگ کے تجربہ، زندگی، فکر اور خون کا جزو بننے کے بعد یکسر معروضی رنگ و آہنگ میں نوتحقیقی اور نوتنقیدی پیکر اختیار کر گیا ہے۔ اس کی ساری چولیں ٹھیک بیٹھ گئی ہیں۔ 'شونیتا' کی تفہیم، تفسیر، تعبیر، تحسین اور تنویر کی درستگی (Preciseness) اور فکری زور و صلابت (Rigour) کی روح کو نارنگ نے شروع سے آخر تک اس پوری عظیم وضخیم کتاب میں قائم و دائم رکھا ہے جو 678 صفحات پر مشتمل ہے۔ یہ نئی مطالعاتی کاوش فکریاتی پل صراط پر ننگے پاؤں چلنے کے مترادف ہے۔ انھوں نے شونیتا اور جدلیاتی وضع کے افہام و تفہیم میں ہر ممکن تحقیقی، تنقیحی اور تنقیدی وسائل سے مدد لی ہے اور فلسفہ کی ڈسپلن کی رُو سے تخئیل کی رنگ آمیزی اور موضوعی خیال بافی سے ممکنہ حد تک گریزاں رہے ہیں۔ بودھی مفکروں اور ان کی مجتہدانہ بصیرتوں کی افہام و تفہیم میں انھوں نے فکریاتی اخذ و قبول سے بھی مدد لی ہے۔ جہاں ضروری تھا وہاں تلخیص و ترجمہ بھی کیا ہے۔ موضوع کا زور اور اثر و تاثیر برقرار رکھنے کے لیے اردو نقد و ادب میں بودھی اور ناگارجنی مفکرین کی معروضی تفہیمات اور تنقیحات بہت بڑا فکریاتی چیلنج تھا۔ وہ اس سے اپنی پوری کتاب کے وسیع تر کینوس پر مکمل طور سے عہدہ برآ ہوئے ہیں۔ انھوں نے اردو ادب اور تنقید میں بہت بڑی تاریخی ضرورت کی تکمیل کی ہے۔

باب سوم 'دانش ہند اور جدلیات نفی' اور باب چہارم 'بودھی فکر اور شونیتا' پر منحصر ہے۔ اس کے مختلف عناوین نہایت چیلنج آ گیں ہیں۔ (1) بودھی فکر برہمن واد کے خلاف، (2) ناگارجن اور شونیتا، (3) ویدانت اور شونیتا کا فرق، (4) شونیتا فقط سوچنے کا طور ہے، نظریہ نہیں، (5) شونیتا اور نراجیت، (6) شونیتا بطور آزادی و آگہی، (7) شونیتا اور دریدا، (8) شونیتا خود کو بھی کالعدم کر دیتی ہے، (9) شونیتا خاموشی اور زبان، (10) زین اور خاموشی کی زبان، (11) کبیر اور خاموشی کی زبان — کو نارنگ نے حددرجہ معروضی رنگ و آہنگ میں اپنے عظیم القدر شعور وفہم اور لسانی بصیرت و ادراک کے وسیلہ سے غیر معمولی تخلیقیت آ گیں اور معنویت افروز اسلوب میں پیش کر دیا ہے۔

اکیسویں صدی کے مابعد جدید اردو ادب و تنقید کے تناظر میں بھی اکثر نہایت منفی

انداز میں یہ سوال اٹھایا جاتا ہے کہ ہمارے یہاں جتنی تھیوریز مروج ہیں وہ سب مغرب کا عطیہ ہیں۔ کیا ہند و پاک کے مفکرین کی کوئی تھیوریز نہیں، ماضی بعید میں مشرق میں قدیم فکریات کی بنیادیں (بشمول فلسفۂ لسان و فلسفۂ ادب) اس وقت قائم کی گئی تھیں جب مغرب میں مکمل تاریکی تھی۔ فلسفۂ لسان میں پاٹنی اور بھرتری ہری کی خدمات کو صدیوں نظرانداز کرنے کے بعد نئے فلسفۂ لسان اور نئے فلسفۂ ادب میں اب تسلیم کیا جانے لگا ہے۔ سوسیور نے اپنے مجتہدانہ فلسفۂ لسان کے لیے ذہنی فیضان سنسکرت کے فلسفۂ لسان کے علمبردار پاٹنی اور بودھی اپوہ سے حاصل کیا ہے۔ اُسی طرح ژاک دریدا کا افتراقیت اور التوائیت (Differance) کا فلسفہ بیشتر دِن ناگا اور ناگارجن کی شونیتا سے اور بودھی فلسفہ کی حقیقت در حقیقت کے فلسفہ سے مماثل ہے۔ علم و شعور کی سرحدیں نہیں ہوتیں۔ علمیات اور شعوریات عالم انسانیت کی بیش بہا متاع ہیں۔

باب پنجم 'سبک ہندی کی زرخیز روایت' سے بہت قبل ہی دانشِ ہند اور اسلامی تصوف کے درمیان بہت ساری مشابہتیں اور مماثلتیں دیکھ کر عالمی شہرت یافتہ مستشرقین الفرڈ ون کریمر، میکس ہورٹن، ہرٹ مین اور گولڈ زیہر اور ہمارے علما میں شبلی اور میکش اکبرآبادی اس جامع و مانع نظریہ کے علمبردار ہیں کہ اسلامی تصوف ہندستانی افکار عالیہ کا زائیدہ اور پروردہ ہے۔ ہندی تصوف کے مختلف مکاتب اسلامی تصوف کے فروغ میں اہم کردار کے امین ہیں۔ یہ خود سورج آسا صداقت کی روشن دلیل ہے کہ دونوں تصوفات کا نصب العین ایک ہے۔ اس لیے اس کی ابتدا کے حسین و زرّیں سلسلہ کو ہندوستان میں تلاش کرنا ناگزیر ہے۔ ہرٹ مین کا خیال ہے کہ زرتشتیت، بدھ مذہب اور اسلام کا محلِ اتصال وسط ایشیا ہے۔ بدھی تصوف اور بدھ کے مکاشفات کا غالب اثر وہاں سے ہی ایرانیوں کے توسط سے اسلام میں داخل ہوا۔ بنو امیہ کے عہد خلافت میں خصوصاً ادبیات میں سنسکرت کتابوں کے تراجم، مذہبی معارف، زاہدانہ اور صوفیانہ تعلیمات اور آداب نے مسلمانوں کے اذہان پر گہرے اثرات مرتب کیے۔ ان ترجمہ شدہ کتابوں میں 'ادب الصغیر' اور 'ادب الکبیر' بے حد مشہور ہیں جن کو ابن مقفع نے ترجمہ کیا ہے۔ اس ضمن میں 'مہاتما بدھ اور بلوہر' نامی کتاب

شہرۂ آفاق ہے۔ یہ کتاب مہاتما بدھ کی زندگی کے کوائف، ان کے فقر و فنا (شونیتا) کے فلسفہ اور صوفیانہ طریقت، حقیقت اور معرفت کی تفسیر و توصیف کا مکاشفہ ہے۔ یہ روحانی نظارفہ داستانوی اسلوب میں مرقوم ہے جو خصوصی طور پر اس راہ نما نکتہ پر مرکوز ہے کہ مہاتما بدھ کسی استاد اور مرشد کے بغیر تن تنہا وہبی ذہانت اور الہام و الطافِ خداوندی کی روشنی میں جویائے حق ہوئے اور 'شونیتا' یا 'فنا' کے وسیلہ سے معرفتِ الٰہی تک رسائی حاصل کی۔ یہی اصول کشف وشہود ہے جو اسلامی تصوف میں نہایت فطری طور پر در آیا اور اسلامی صحیفوں میں مختلف پیرایہ میں منعکس ہوا۔ اس ضمن میں فارسی کی دو کتابیں 'بحارُالانوار' (انوار کے سمندر) اور 'عین الحیات' بہت مشہور ہیں۔ ان دونوں کتابوں کے داخلی فیضان کا سرچشمہ 'کمال الدین وتمام النعمۃ فی اثبات الغیبہ' ہے۔

(سرچشمۂ تصوف در ایران، سعید نفسی)

صوفیہ کے طبقۂ اول کے مشائخ فضیل بن عیاض (متوفی 187ھ)، شفیق بلخی (متوفی 174ھ) اور داؤد بلخی (متوفی 174ھ) بلخ کے باشندے تھے اور بلخ اسلامی تصوف کی تشہیر کا اہم مرکز تھا۔ اسلامی تصوف پہلے وہاں سے پھر خراساں کے علاقہ میں وجود پذیر ہوا تھا۔ اس کے بعد دوسرے اسلامی ممالک تک پھیلا تھا۔ بایزید بسطامی (متوفی 261ھ) اور ابوسعید ابوالخیر (367-340ھ) یہ دونوں بزرگانِ کرام خراساں میں پیدا ہوئے تھے جو طبقۂ اول کے صوفیہ میں شمار ہوتے ہیں۔ ابراہیم ادہم (متوفی 161ھ) جو تصوف کے اولین مشائخ میں شمار ہوتے ہیں، وہ اصلاً بلخ کے شہزادہ تھے۔ ان کی زندگی کے کوائف واحوال کو صوفیہ کے تذکرکار میں مہاتما بدھ کے کوائف و احوال کے مانند قلمبند کیا گیا ہے۔ بایزید بسطامی اپنے تلمیذ ابوعلی سندھی کی بابت گویا ہیں: میں ابوعلی سے توحید میں شونیتا، علم فنا کا درس لیتا تھا اور ابوعلی مجھ سے الحمد اور قل ھواللہ کا سبق پڑھتے تھے۔ (تاریخِ ادبِ ایران: ایڈورڈ براؤن) بایزید بسطامی نواحِ بخارا کے باشندہ تھے اور ان کے شاگرد ابوعلی سندھی سندھ کے رہنے والے تھے۔ ان حقائق سے منکشف ہوتا ہے کہ اسلام کی ابتدا سے بہت قبل بودھ مذہب مشرقی ایران یعنی بلخ و بخارہ اور ماوراء النہر میں مروج تھا۔ اس کی عبادت

گاہیں اور صومعے اس علاقہ میں قائم تھے۔ خصوصی طور پر بلخ کی بدھ عبادت گاہیں بہت مشہور تھیں۔ (تاریخ ادبی ایران، ایڈورڈ براؤن)

اولین بزرگ صوفیا جو ان علاقوں سے وابستہ تھے، وہ بدھ مذہب کے صوفیانہ افکار، دنیاوی زندگی کے ترک اور دوسرے ہندی مذہبی فرقوں سے متاثر ہوئے۔ انجام کار ہندی صوفیانہ روایت اور اسلامی روایت میں ادغام ہوا اور اسلامی تصوف وجود پذیر ہوا۔ حسین بن منصور حلاّج (مصلوب 309ھ) نے ہندوستان سے ایران واپسی کے بعد تصوف میں ایک غیر معمولی انقلاب برپا کردیا تھا۔ شیخ فریدالدین عطار نے منصور حلاّج کے حالات کے سلسلہ میں ان کی چین و ہندوستان کی سیاحت کا ذکر کیا ہے۔ وان کریمر نے انکشاف کیا ہے کہ صوفیا نے تسبیح کا استعمال بدھوں سے سیکھا ہے۔ اسلامی تصوف میں (بلا تردید و شک) وجودِ کُلی میں ذات کی فنا کے تصور کا سرچشمہ بودھ اور ہندی تصورات ہیں۔ بعینہٖ سالک کے مقامات کی ترتیب و تربیت میں مسلمان صوفیا اور بدھ بھکشوؤں کے درمیان کافی مماثلت ملتی ہے۔ تصوف کے ان دونوں مسالک میں ذکر وفکر کا طریق کار بھی خاصہ مشابہ ہے۔ صوفیا اس کو 'مراقبہ'، 'اعتکاف' اور بودھ 'دھیان' کہتے ہیں۔ چین اور جاپان میں اس کو 'ژین' سے موسم کرتے ہیں۔ دونوں مسلک خرقہ پوشی، ریاضت ومجاہدہ اور خانہ بدوشی کے معتقد ہیں۔ ان کا آخری عین نصیب العین محو و فنائے ذات یا شونیتا ہے۔ یہی 'نروان' کا عینی اصول بودھ مذہب کا جوہر اصل ہے۔ اسی سے ناگارجن کا علمیاتی یا شعوریاتی تصور بھی مشتق ہے۔

نارنگ باب پنجم 'سبک ہندی کی روایت اور زیرزمین تخلیقی جڑیں) میں نہایت تحقیقی ژرف بینی اور تحقیقی تلاش وتفحص کے بعد انکشاف کرتے ہیں :

> ''بعض ایرانی ماہرین سبک ہندی کے ڈانڈے صاف صاف ''فلسفہ بودائی'' یعنی بودھی فلسفہ کی باریکی اور دقت نظر سے بھی ملاتے نظر آتے ہیں۔ اس سلسلہ میں امیری فیروز کوہی کا یہ بیان خاصا اہم ہے :
>
> ''کسانے کہ احتمال دادہ اند کہ از نظر باریکی و دِقّت فلسفہ بودائی

> و ریزہ کاری و خیال بندی معماران و نقاشان در ہند شعر فارسی ہم کہ بدآنجا رفت، بدیں صورت درآمد ...'' (مقدمۂ دیوان صائب، ایران، 1345، ص 5)
>
> یعنی یہ کہ ہندوستان کے بودھی فلسفہ (شونیتا) کی باریک بینی اور ہندوستان کے معماران و نقاشان کی خیال بندی و ریزہ کاری کے ماحول میں جب فارسی شاعری ہندوستان پہنچی تو اسی پیچیدہ کاری کے رنگ میں رنگ گئی۔''

فارسی کے دو مستند مورخین شبلی، ڈاکٹر نبی ہادی اور اکثر تذکرہ نویس رقمطراز ہیں کہ سبکِ ہندی کا سنگِ بنیاد فغانی نے رکھا۔ لیکن اس کو اثر و رسوخ صائب، کلیم اور غنی نے دیا۔ سبکِ ہندی کی اصطلاح جو برصغیر کی پانچ چھ سو برسوں کی شعری روایت کی زندہ اور دھڑکتی ہوئی مثال ہے، یہ تاریخ نگاری اور سبک افروزی کے عہد میں ایران میں وجود پذیر ہوئی۔ ایران میں مختلف مکاتیب کے طور پر جب 'سبک' وضع کیے جانے لگے تو 'سبک ہندی' کی اصطلاح ہندوستان کے فارسی گوشعرا کے لیے اختراع کی گئی۔ سبک ہندی کی تازہ کار اور نادرہ کار دِرایت فردوسی، سعدی، خاقانی، حافظ، خیام، نظامی، جامی اور رومی کی جلیل القدر شعری روایت سے مختلف اور جداگانہ ہے۔ فارسی کے اکابرین آج اردو غزل کو اس کا جائز وارث تسلیم کرتے ہیں۔

نارنگ کلاسیکی فارسی شاعری کے سیاقی تناظر میں سبک ہندی کی معنویت اور قدر و قیمت کو تحقیقی اور تنقیدی زاویۂ نگاہ سے فروزاں کرتے ہیں۔ اس میں ان کی معروضی تنقیح کے ساتھ ان کے غیر مشروط ذہن، فکر اور عمل کی آزادی بھی کارفرما ہے۔

> ''مغربی تھیوری کے مباحث میں روسی ہیئت پسندی کی اصطلاح، Russian Formalists کی اصطلاح بھی شروع شروع میں تحقیری (derogatory) مفہوم میں استعمال کی گئی، لیکن ان کا کارنامہ ذہنی اعتبار سے اتنا وقیع اور کھرا تھا کہ وہی اصطلاح بعد میں بجائے تحقیر و تخفیف کے تعظیمی مفاہیم میں قائم ہوتی چلی گئی۔ سبکِ ہندی کا معاملہ بھی چونکہ آر کی ثقافتی جڑوں اور مقامی ذہنی افتاد و مزاج سے جڑا ہوا تھا، اور مغل شعرائے ہند کی خیال بندی، دقیقہ سنجی اور پیچیدہ بیانی

فقط صناعی و مشاقی نہ ہوکر بہت کچھ اور بھی تھی، ان کا تخلیقی انفراد و امتیاز بھی وقت کے ساتھ ساتھ راسخ ہوتا چلا گیا اور جیسا کہ ہم نے پہلے اشارہ کیا ہے، آج یہ اصطلاح کم از کم ہندوستان کے علمی حلقوں میں بطور اعتذار نہیں بلکہ کسی حد تک بطور انفراد و افتخار کے استعمال کی جانے لگی ہے۔ خاطرنشان رہے کہ نہ صرف عرفی وفیضی ونظیری وظہوری بلکہ بیدل و غالب کی عظمت ومعنویت کے بہت سے دریچے کہیں نہ کہیں 'سبکِ ہندی' کی نیم تاریک نیم روشن تجریدی گلیوں میں کھلتے ہیں۔''

(سبک ہندی کی روایت اور زیر زمین تخلیقی جڑیں، ص 127-126)

ڈاکٹر وارث کرمانی سبک ہندی کی پیچیدگی اور دبازت کو ہندستانی زندگی کی تکثیریت اور بوقلمونی کا نتیجہ قرار دیتے ہیں۔

''ہندوستان کے فارسی شعرا نے ابتدائی زمانے ہی سے یہاں کی مشترک تہذیب کی عکاسی کے لیے فارسی کا ہندستانی اسلوب (سبک ہندی) ایجاد کیا تھا جو متغائر زندگی کا احاطہ کرنے کی صلاحیت رکھتا تھا۔ سبک ہندی کے ابہام و استعاروں میں در پردہ بات کہنے کی بڑی گنجائش تھی ... بلکہ کسی بھی مضمون سے کئی مطالب نکل سکتے تھے۔''

(وارث کرمانی، Dreams Forgotten، ص 88)

سبک ہندی کی بحث میں بنیادی نکتہ بہرحال اس کی خیال بندی، دلیل سازی، دقت پسندی، دقیقہ سنجی اور معمائی گہرائی ہے۔ روسی اسکالر نتالیا پری گارنا کہتی ہیں کہ معنی آفرینی اور خیال بندی کی حامل بتیں تجزیے کے لیے سب سے زیادہ پیچیدگی کی حامل ہوتی ہیں کیونکہ ان کی تعمیر میں حصہ لینے والے عناصر کا صحیح تعین نہایت مشکل کام ہے۔ اس کی وجہ وہ یہ بتاتی ہیں کہ اس بارۂ خاص میں اصطلاحات کا استعمال بے قاعدہ ہوتا رہا ہے۔ وہ لکھتی ہیں کہ:

''مثلاً اس حلقۂ تصورات کے لیے کلیدی اہمیت لفظ 'معنی' کو حاصل ہے۔ لیکن سبک ہندی کی شعریات میں یہ عربی الاصل لفظ کئی مفاہیم میں استعمال ہوتا

ہے۔ مثلاً 'خیال'، 'مطلب'، 'مفہوم'، 'خیالی تصویر'، 'خیالِ شاعرانہ' یا 'مدعائے شاعرانہ' وغیرہ۔'' (ص 18)

وہ مزید وضاحت کرتی ہیں کہ:

''موضوع، تصور، مضمون اور خیال ہمیشہ شاعری کا جزولاینفک رہے ہیں۔ سبک ہندی کی خصوصیت یہ تھی کہ اس نے خیال کے ان ذہنی قالبوں کو بیت کے اسلوب ساز عامل کا رتبہ دے دیا۔ ... (یعنی بیت کی ایسی فنی تشکیل جس میں ایک موضوع ایک تصور یا ایک خیال شاعرانہ بیت کی ساری فضا پر حاوی ہو جس کو نشوونما دینے کے لیے مخصوص تکنیک (وسائل) کی ضرورت پڑتی ہے۔ (چنانچہ) اس طرح کے اسلوبیاتی وسائل کو معنی آفرینی، خیال بندی، مضمون آرائی وغیرہ جیسے (ملتے جلتے) نام دیے گئے ہیں۔'' (ص 19)

غالب سبک ہندی کی زندہ، نامیاتی اور متحرک روایت کے امین اور اس کی زیرزمین تخلیقی جڑوں کے عارف تھے۔ انھوں نے نیتشے کے اونٹ (Camel) کے مانند سعدی، فردوسی، خاقانی، حافظ، خیام، نظامی، جامی اور رومی کو زندگی کا ریگستان پار کرنے کے لیے اپنی غالب اور متحرک شخصیت، فکر و فن کا جزو لاینفک تو ضرور بنایا تھا لیکن ان کی نابغۂ روزگار تخلیقی اور انتخابی (Eclectic) بصیرت نے آہستہ آہستہ ان کو شیر (Lion) بنادیا جس کے ایک ہاتھ میں نائے عظیم (Great Nay) کی تلوار تھی اور دوسرے ہاتھ میں اثباتِ عظیم (Great Yea) کی ڈھال تھی۔ انھوں نے اپنی فطری جدلیات نفی آگیں شعور و آگہی سے نو سو سالہ عظیم تر کلاسیکی فارسی شعری روایت کے مردہ عناصر (ردایت) سے بغاوت کی اور اس کی بیشتر زندہ روایت (ردایت) کی جست گاہ سے تخلیقی زقند بھر کر ہندوستان کے نئے عہد کی فارسی شعری تخلیقیت سے ہم آہنگ ہوگئے جس کے نئے شعری منظرنامہ پر مسعود سعد سلمان اور امیر خسرو سے فیضی، عرفی، نظیری وظہوری تک اور طالب، کلیم، غنی اور ناصر علی سے بیدل تک تخلیقی حسن پاروں کی ایک کہکشاں جگمگا رہی تھی۔ اس نوتخلیقیت افروز اور نومعنویت پاش کہکشانی نومعنویاتی آفاق میں صحیح معنوں میں اسداللہ خاں غالب آہستہ آہستہ 'اخص' Rechild (ازسرنو بچہ) ہوگئے جو بظاہر دیکھنے میں بچہ جیسا معصوم نظر آتا

ہے۔ لیکن اس کی 'اخص' شعور و آگہی نہ سپہر پیما (نواں آسماں بوس) ہوتی ہے۔

نارنگ 'سبک ہندی کی روایت اور زیرزمین تخلیقی جڑیں' میں اشارہ کنندہ ہیں:

''غالب پچیس تیس برس تک ریختہ یعنی اردو میں شعر کہتے رہے۔ یہ اُن کے ذہنی بلوغ کا زمانہ تھا، ساتھ ہی اپنی ذات کی تلاش اور اپنی آواز پانے کی جستجو کا بھی۔ لاکاں کہتا ہے کہ انسان بطور 'موضوع' خود اپنے خلاف منقسم ہے۔ اس کی بہترین مثال غالب ہیں، خود اپنا 'غیر' (Other) یعنی حددرجہ غیر مطمئن، بے قرار، مضطرب، کچھ ہونے کی زبردست خواہش میں مبتلا۔ انسان کی شخصیت، زبان اور ثقافت دونوں کے غلبہ میں رہتی ہے۔ یہ بھی 'غیر' ہی کی شکلیں ہیں جو تکمیلِ نفسیاتی میں حارج ہوتی ہیں۔ اور غالب کے یہاں تو یہ تخلیقی 'غیر پن' دوہرا ہے، یعنی ان کا نفسیاتی اضطراب فارسی کو زیردام لانا چاہتا ہے۔ جو 'غیر' کی بھی 'غیر' ہے۔ یہ عدمِ تکمیل کی وہ آگ ہے جو غالب کو درجۂ کمال تک پہنچنے کے لیے برابر مہمیز کرتی ہے۔ قدرت نے انھیں جودت و فطانت سے بھری ہوئی نہایت پرجوش طبیعت اور غیر معمولی قوت متخیلہ سے نوازا تھا۔ چنانچہ شروع ہی سے ان میں پرتکلف پیچیدہ بیانی اور باریک خیالی کا دباؤ اور متاخرین شعرائے فارسی سے بڑھ چڑھ کر شعر کہنے اور ان پر سبقت لے جانے کی شدید خواہش ملتی ہے۔ بعض ابتدائی اشعار کی ملفوظی ساخت بھی خاصی پرتکلف اور مغلق ہے، لیکن ان میں بھی وہ شعلگی یا اس افتاد ذہنی کی شررفشاں چاپ صاف سنائی دیتی ہے جو وقت کے ساتھ ساتھ طرفگیِ خیال، معنی آفرینی اور درخشندگیِ اسلوب کی خاص پہچان بن گئی۔'' (باب پنجم، ص 138)

غالب کی غیر معمولی شعری تخلیقیت میں 'جدلیات نفی' یا 'تجدلیاتی گردش' جواہر اصل کے مانند حسن آرا اور معنی آرا ہے۔ اس کا جمالیاتی اور معنویاتی سراغ سبک ہندی کی حسین و زریں روایت میں ملتا ہے اور بیدل کی سریت میں بھی اس کے زندہ، تابندہ آثار و نوادرات کارفرما ہیں۔ نارنگ نہایت تنقیدی ژرف نگاہی سے اس کا انکشاف کرتے ہیں اور بھرپور طور پر شاعرانہ منطق کی مشروطیت کو نشان زد کرتے ہیں۔

''غالب کی طبیعت میں معلوم سے نامعلوم، محسوس سے نامحسوس کی طرف بڑھنے کی جدلیاتی خواہش ہے۔ وہ مضمون کے امکانات میں زیادہ سے زیادہ نئے اور انوکھے پہلو نکالنا چاہتے ہیں اور ایسا پہلے سے چلے آرہے یا متاخرین کے یہاں موجود یا موصولہ مضمون کو بے دخل کرنے، پلٹ دینے یا اُسے شق کردینے یا اس پر سوال قائم کیے بغیر ممکن نہیں۔ غالب کے غیرشعوری حرکیاتِ نفی کی طرف کھینچنے یا شعری منطق میں جدلیاتی متخیلہ کے کارگر ہونے سے بھی مضمون باریک سے باریک تر یا پیچیدہ سے پیچیدہ تر یا یکسر نادر اور انوکھا ہوجاتا ہے۔''

روسی اسکالر پری گارنا اس ضمن میں یہ نکتہ بھی اٹھاتی ہیں کہ مضامین کے پامال ہوتے ہوئے متاخرین کے زمانے میں یہ خیال عام تھا:

از بسکہ شعر گفتن شد مبتدل دریں عہد
لب بستن است اکنوں مضمون تازہ بستن

(غنی کاشمیری)

(آج کے زمانے میں شعرگوئی ایک ذلیل کام ہوکر رہ گیا ہے۔ نئے مضمون کی تخلیق گویا ہونٹ سی لینا ہے۔)

لیکن غالب چونکہ جدلیاتی وضع سے مبتذل یا معمولہ کو پلٹ دینے یا خیال بندی سے انوکھے اور طرفہ پہلو نکالنے پر قادر ہیں، غنی کے مقابلہ میں وہ مضمون کے بالیدن کا منظر پیش کرتے ہیں اور قیامت قامتوں کی جامہ زیبی کے پیکر سے نہ صرف منظر کو متحرک کردیتے ہیں بلکہ حسن آفرینی کے نقطۂ نظر سے بھی شعر کو لطف و انبساط سے بھر دیتے ہیں:

اسد اٹھنا قیامت قامتوں کا وقت آرائش
'لباسِ نظم' میں بالیدن مضمونِ عالی ہے

''خیال بندی اور مضمون آفرینی میں 'خیالی اور وہمی پیکروں' کے باہمی رشتوں، تلازمات اور لفظی مناسبت کو بھی بہت اہمیت حاصل ہے۔''

(سبک ہندی کی روایت اور زیر زمین تخلیقی جڑیں، ص 141-140)

''غالب کے محولہ صدر شعر میں چند روزہ زندگی ماتم خانہ کی مثال ہے۔ ماتم خانہ کو غم سے نسبت ہے لیکن تلازمات کا جدلیاتی رشتہ غم کو آزادگی سے جوڑتا ہے۔ ماتم خانہ کی تاریکی کو شمع سے وہی نسبت ہے جو نسبت شمع کو روشنی سے، روشنی کو برق سے اور برق کو زندگیِ چند روزہ سے ہے۔ یوں برق کا خیالی پیکر ہاتھ آنے کے بعد نیا جدلیاتی مضمون بنانا ممکن ہوسکا کہ شمعِ ماتم خانہ کو برق سے روشن کرنا دال ہے آزادوں کو بیش از یک تنفس غم نہ ہونے سے۔ یوں دیکھیں تو تزئین عبارت جو بظاہر ملفوظی ہے، ایک فلسفیانہ خیال بند نظام پر استوار ہے جس میں غم، بمقابلہ آزادی اور ماتم خانہ، شمع، روشنی، برق، نفس وغیرہ تمام مناسبات کا ایک ہی نظام میں بندھا ہوا ہونا رسومیاتی ہے۔ لیکن ان کو کسی ایک نکتہ کے تحت ارتکاز میں پُرو کر ایک انوکھا رخ دینا اور نئی پرلطف بات کرنا تخلیقی ذہن کا کمال ہے۔ سبک ہندی کے اس ملفوظی و معنیاتی نظام کی تعمیر سازی میں کئی صدیاں صرف ہوئیں۔ یہ شاعر کی تخلیقیت اور اس کی قوت واہمہ کی جدلیاتی توانائی پر تھا کہ وہ اس صنعت گری سے معنیِ تازہ کی نادرہ کاری کو کیسے قائم کرتا ہے یا فقط میکانکی کاریگری، صناعی یا مشاقی پر قانع ہوجاتا ہے۔'' (سبک ہندی کی روایت اور زیر زمین تخلیقی جڑیں، ص 145)

غالب محولہ صدر شعر میں انسانیت پسندانہ نظریۂ حیات کی انتہائی بلندیوں کو چھو لیتے ہیں۔ بقول نارنگ ''حرکیت، حوصلہ مندی اور آزادگی کا یہ نظریۂ حیات غالب کو عرفی و بیدل جیسے پیشروؤں سے ورثہ میں ملا تھا۔ لیکن غالب نے اپنے جدلیاتی رویہ سے اس پر جِلا کی اور اس ذہنی رویہ کو اس حد تک تخلیقی زندگی کا لازمہ بنا لیا کہ ان کی طبیعت کسی طرح کی روایتی و رسومیاتی تحدید یا پابندی کو خاطر میں نہیں لاتی۔ وہ اول و آخر اپنے عہد اور مقتدرہ کے باغی ہیں۔ شعریات میں بھی، فکر و خیال میں بھی اور رسومیات اور عقائد میں بھی۔ اپنے عہد سے ان کا شدید ذہنی و تخلیقی تصادم زندگی بھر جاری رہا۔ مضمون آفرینی و خیال بندی جس کی داد ماہرین نے دی ہے، خیال رہے کہ بات فقط ہیئتی یا رسومیاتی رشتوں کی نہیں، لفظی مناسبتیں، تلازم، حسّی و وہمی پیکروں کے رشتے، ایہام و اصطلاحات،

یہ سب تو ہیں ہی، لیکن اصل چیز تو ذہن وفکر ہے جو ان سب کو انگیز کرتا، رشتے بناتا یا وہمی و خیالی شکلوں کو خاص تخلیقی زاویے سے وضع کرتا اور ان کو شعر کا قالب عطا کرتا ہے ورنہ یہ صرف مشاقی اور لفظی بازی گری بن کر رہ جاتی ہیں جیسا کہ اس عہد کے بعض شاعروں کے یہاں ہوا بھی ہے۔'' (سبک ہندی کی روایت اور زیر زمین تخلیقی جڑیں، ص 143)

محولا بالا شعری تشریح، تفسیر، تعبیر کی معروضی تنقیح کے بعد نارنگ غالب کے اپنے عہد اور مقتدرہ سے شدید انحراف اور انقطاع کی نشاندہی کرتے ہیں اور غالب کے باغیانہ نابغہ کے تخلیقی رخ کو منکشف کرتے ہوئے صرف برف پوش ہیئتی مشاقی اور لفظی بازیگری پر دیدہ ورانہ سوال قائم کرتے ہیں اور غالب کے شعری نگارخانۂ رقصاں میں اس جدلیات اساس شعریاتی فشار کو براگندۂ غیاب کر دیتے ہیں جس نے آئندہ دور میں غزل کی پوری بوطیقا میں یکسر انقلاب لا دیا ہے اور بے محابا مختلف اور جداگانہ 'غالب شعریات' کی تشکیل کی ہے۔

> ''آخر وہ کیا چیز ہے جو دوسروں کے یہاں فقط ہیئتی مشاقی ہے، غالب کے یہاں دہکتی ہوئی آگ ہے جو ہیئتی نظام کے نیچے سے لو دیتی ہوئی نظر آتی ہے۔ ہیئتی کاریگری سطحِ شعر پر نظر آنے والا آئس برگ کا ذرا سا سرا ہے۔ آتش فشاں لاوا تو کہیں نیچے ہے جسے ٹھہر کر بہ نظر امعان دیکھنے کی ضرورت ہے۔ غالب کے یہاں یہ جدلیات اساس شعریاتی فشار اس نوع کا تھا کہ آگے چل کر غزل کی پوری شعریات اس سے زیر و زبر ہوگئی۔ اس میں شاید ہی کسی کو شبہ ہو کہ غالب کی خیال بندی و معنی آفرینی کے بعد اردو شاعری وہ نہیں رہی جو اس سے پہلے تھی۔ گویا آج کے تنقیدی محاورے میں غالب کی اس خاص شعریات نے پورے canon کو پلٹ دیا اور بہت سے شعرا جو اعلیٰ مسندوں پر بیٹھے ہوئے تھے وہ حاشیے پر جا پڑے، اور جو حاشیے پر تھے وہ مرکز میں آگئے۔''

(سبک ہندی کی روایت اور زیر زمین تخلیقی جڑیں، ص 144)

> ''غالب فارسی گویانِ ہند میں سے بہت سے شعرا کا ذکر تعظیماً کرتے ہیں، ان کے مضامین سے مضامین اور متن سے متن بناتے ہیں، لیکن یہ بھی حقیقت ہے

کہ وہ کسی کو خود پر حاوی نہیں ہونے دیتے۔ دبازت و پیچیدگی سے غالب کی جدلیاتی نہاد کو ایک مناسبتِ فطری تھی، دیکھا جائے تو جو چیز سبکِ ہندی میں بطور چنگاری تھی، غالب کے یہاں وہ پورا آتشکدہ بن گئی ہے۔ غالب متاخرین میں طالب و اسیر و شوکت و غنی و ناصرعلی کو بار بار یاد کرتے ہیں، معاصرین میں ناسخ و مومن و نیر و صہبائی و علوی و آزردہ و شیفتہ کا تذکرہ کرتے ہیں، اور مغل شعرا میں عرفی و فیضی و نظیری و ظہوری کی تعظیم و تکریم کرتے ہیں، لیکن 'ساختہ و پرداختہ'، وہ بیدل ہی کے ہیں۔ ذہنی و فکری اعتبار سے غالب کو جو کچھ بننا تھا وہ پچیس تیس برس کی عمر تک سبکِ ہندی کی شعری روایات اور بیدل کے زیرسایہ بن چکے تھے اور یہ اثرات اتنے گہرے اور تہ در تہ تھے کہ زندگی بھر ان کے ساتھ رہے۔ یہ ہمیشہ کے لیے ثبت ہوگئے اور تخلیقی دستخط بن گئے۔''

(سبک ہندی کی روایت اور زیرزمین تخلیقی جڑیں، ص 169)

معاصر اور فوری معاصر ادب میں نارنگ مابعد جدیدیت سے نئے عہد کی تخلیقیت کے وسیع تر منظرنامہ کے نئے مکالمہ اور نئے مخاطبہ کے اولین بیان کنندہ ہی نہیں بلکہ وہ صحیح معنوں میں نئے فکریاتی انقلاب کے اولین راہنما مفکر ناقد، محقق اور نئی اطلاقی تنقید کے بنیادگزار ہیں۔ انھوں نے مابعد جدید ادب میں ایک ایسے کشادہ ترین جمہوری (Space) کی تخلیق کی ہے جس میں 'ہند یوروپی' اور 'ہند ایرانی' کے مشترکہ جوہر اصل (Quintessence) کی بھرپور طور پر آمیزش ہے۔ اسی کو غالب اپنے افراسیابی اور تورانی آبا و اجداد کی زبان ہونے کا اقرار کرتے ہیں۔ اسی ایرانی تورانی فارسی زبان کی نئی تر و تازہ شاخ بیک وقت ایران و ہندوستان میں 'سبک ہندی' سے موسوم ہوئی۔ اس کا غالب اسلوب ہندوی جمالیات اور معنویات سے منور تھا۔ اردو اور ہندی زبان کے 'آدی کوی' مسلم الثبوت شاعر اور ماہر ترین موسیقی داں امیرخسرو نے اسی روح ترین مشترکہ سیاق میں اردو زبان کے لیے 'ریختہ' کا استعمال کیا تھا۔ علم موسیقی میں ریختہ ملی جلی راگنیوں اور راگوں کی آمیزش کو کہتے ہیں۔ اسی کشادہ ترین جمہوری ثقافتی عرصہ (Space) کا زندہ، تابندہ، پائندہ اور نمائندہ ترین تحقیقی اور تنقیدی صحیفہ نارنگ کی تصنیف کردہ 'غالب : معنی آفرینی،

جدلیاتی وضع، شونیتا اور شعریات' ہے جو بیک وقت اکیسویں صدی کی دوسری دہائی کی عالمی نئی تھیوری کی تیسری کائنات کی روح سے بھی فروزاں ہے۔ یہ مشرق اور مغرب کی معنویات کا نیا سنگم ہے جو یکسر ایک نیا اور انوکھا جامع تر خواب عرفان (ویژن) عطا کرتا ہے جو انضمام ضدّین کا امین ہے۔

'لذتِ معنیٰ' نہیں کچھ لذتِ صورت سوں کم
'حرفِ بامعنیٰ' ہے جیسے بوسۂ خوبانِ لذیذ

(ولی دکنی)

غالب کا 'حرفِ معنیٰ' تو گنجینۂ معنی کا طلسم ہے۔ اب اس کی مزید طلسم کشائی خاطر نشیں ہو۔

''غالب کے ایک اور بڑے رمزشناس حمیداحمد خاں نے بیدل کے ضمن میں مراۃ الخیال کی ایک روایت نقل کی ہے:

''ایک مرتبہ نواب شکراللہ خاں کی مجلس میں مرزا بیدل اور شیخ ناصرعلی دونوں جمع تھے۔ بیدل کے اس مطلع کا ذکر آ گیا:

نشد آئینۂ کیفیتِ ما ظاہر آرائی
نہاں ماندیم چوں معنی بچندیں لفظ پیدائی

(آرائشِ ظاہری نے ہماری اندرونی کیفیت کو کبھی آشکار نہ کیا۔ اتنے لفظوں کے ہوتے ہوئے بھی ہم 'معنی' کی طرح پنہاں ہیں۔)

ناصرعلی نے کہا کہ دوسرا مصرع خلافِ دستور معلوم ہوتا ہے کیونکہ معنی لفظ کے تابع ہے۔ لفظ جب بھی ظاہر ہوتا ہے معنی خود بخود ظاہر ہو جاتا ہے۔ بیدل نے ایک حقارت آمیز تبسم کے ساتھ اپنے نامور معاصر کو جواب دیا: وہ معنی جسے آپ تابع لفظ قرار دیتے ہیں، اس کی اصلیت بھی ایک لفظ سے زیادہ نہیں۔ جو چیز حقیقت میں معنی کہلاتی ہے وہ کسی لفظ میں نہیں سما سکتی۔ مثلاً انسان کی ماہیت ان شرحوں اور تفصیلوں کے باوجود جو کتابوں میں درج ہے، بالکل نہیں کھل سکی۔ بیچارے شیخ ناصرعلی یہ جواب سن کر خاموش ہو گئے۔'' (مراۃ الخیال، ص 296،

بحوالہ مرقع غالب، حمید احمد خاں)

''معنی کے اس نکتہ پر آکر مابعد جدید ذہن اور بیدل و غالب کے ڈانڈے مل جاتے ہیں۔ تخلیق کی حرکیات میں ایک مقام ایسا آتا ہے کہ معنی کا جزر و مد لفظ کے ماورا ہوجاتا ہے اور معنی لامتناہی ہوکر پھیل جاتا ہے۔ دریدا اور اس کے معاصرین سے بہت پہلے، بیدل و غالب جیسے ہمارے شعرا کو اندازہ تھا ہرچند کہ بظاہر معنی لفظ سے قائم ہوتا ہے لیکن معنی لفظ میں سما نہیں سکتا کیونکہ لفظ جس معنی کو ظاہر کرسکتا ہے وہ خود بھی ایک لفظ ہے۔ یوں معنی ملتوی ہوتا رہتا ہے۔ معنی سیال ہے۔ مزید یہ کہ حاضر معنی ہی سب کچھ نہیں، معنی سیاق کے ساتھ ساتھ تخلیق ہوتا ہے۔ معنی غیاب میں بھی ہے اور زماں کے زیروبم کے ساتھ التوا میں بھی۔ بیدل کی دقیقہ سنجی، معنی بندی، خیال آفرینی اور سریّت کا غالب کی شعریات سے جو رشتہ ہے وہ جتنا نمایاں ہے اتنا پنہاں بھی ہے۔ سبکِ ہندی میں سب سے زیادہ اعتراض بیدل ہی پر کیے گئے اور 'خارج از آہنگ' بھی انھیں کو قرار دیا گیا۔ لیکن سبکِ ہندی کی روح تک پہنچنے کا سب سے اہم باب بھی بیدل ہی ہیں، اور غالب کے فلسفیانہ تجسس و معنیاتی ابداع و عظمت کی کوئی بحث اس وقت تک مکمل نہیں ہوسکتی جب تک بیدل نظر میں نہ ہوں۔''

(سبک ہندی کی روایت اور زیرزمین تخلیقی جڑیں، ص 170)

بیدل کی شعریات اور غالب کی شعریات کی ہم رشتگی جس قدر عیاں ہے، بیک وقت اس قدر نہاں خانۂ راز بھی ہے۔ غالب کے بیکراں فلسفیانہ اشتیاق، روح تفتیش (Spirit of Enquiry) معنویاتی تخلیقیت، بوقلمونی، جمالیاتی رُفعت اور گہرائی و گیرائی کی بابت کوئی مخاطبہ صحیح معنوں میں اسرارکشا نہیں ہوسکتا، جب تک بیدل کی جمالیات اور معنویات کا وسیع اور رفیع تر فکر و نظر کا دائرہ پیشِ نگاہ نہ ہو اس کی تہ شناسی کی بابت خود غالب کا عقیدت آگیں اعترافیہ خاطرنشیں ہو۔

''بیعت بیدل کا فیض ہے کہ میرا قلم اِس قدر مسیحائی دکھاتا ہے اور چونکہ خامۂ بیدل میرا خضرِ راہ ہے، اس لیے سخن میں گمرہی کا مجھے کوئی خوف نہیں۔'' — غالب

’’قبلہ ابتدائے فکر وسخن میں بیدل و اسیر و شوکت کے طرز پر ریختہ لکھتا تھا۔ چنانچہ ایک غزل کا مقطع یہ تھا:

طرز بیدل میں ریختہ لکھنا
اسداللہ خاں قیامت ہے

پندرہ برس کی عمر سے پچیس برس کی عمر تک مضامین خیالی لکھا گیا۔ دس برس میں بڑا دیوان جمع ہوگیا۔ آخر جب تمیز آئی تو اس دیوان کو دور کیا۔ اوراق یک قلم چاک کیے۔ دس پندرہ شعر واسطے نمونے کے دیوانِ حال میں رہنے دیے۔‘‘

— بنام عبدالرزاق شاکر (عود ہندی، ص 204)

برصغیر ہند کے قبل نوآبادیاتی عہد میں بیدل اور غالب کی فکر وفن حاشیائیت (Subalternism) کا شکار تھا۔ مقتدرہ کے اس شعریاتی اور معنویاتی تجاہل عارفانہ میں ایک طرف اہل زبان کلاسیکی ایرانی فارسی شعرا کا برتری وتفوق کا جذبہ اور شعور کارفرما تھا تو دوسری طرف مقامی اور قومی مستشرقین بھی ان کی پیچیدہ بیانی، نزاکت خیالی اور دقت پسندی کی بابت نہایت تحقیر اور تنقیص کا متعصّبانہ رویہ رکھتے تھے اور ان کو قطعی طور پر دوسرا (The other) تصور کرتے تھے۔ ان کی غیر معمولی جمالیاتی اور معنویاتی عطیات کو بے توقیر قرار دیتے تھے۔ اس ضمن میں کلاسیکی فارسی شعرا کے (علاوہ) ہندی ارباب قلم بھی پیش پیش رہتے تھے۔ ان صاحبان فکر ونظر میں آزاد بلگرامی سے امام بخش صہبائی، محمد حسین آزاد، شبلی حتیٰ کہ حالی تک شامل تھے۔ سبکِ ہندی کی اصلاح جو برصغیر کے پانچ چھ سو برسوں کا احاطہ کرتی ہے، وہ قبل نوآبادیاتی عہد سے نوآبادیاتی دور تک گردن زدنی تھی۔ سراج الدین علی خاں آرزو اور شیخ علی حزیں کی قلمی جنگ میں یا پھر خود غالب وقتیل، منت، مکین اور واقف کی لسانی رزم آرائیوں میں بھی اس بوطیقائی اصطلاح کا استعمال نظر نہیں آتا۔ حتیٰ کہ فارسی شاعری کے تذکروں، محمد حسین آزاد کی آبِ حیات، حالی کی یادگار غالب یا شبلی کی شعرالعجم میں بھی اس شعریاتی اصطلاح کا تذکرہ تک نہیں ملتا۔ شبلی تو شعرالعجم کی جلد سوم، چہارم اور پنجم میں سبک ہندی کے مشاہیر فارسی گویوں خصوصاً ناصر علی اور بیدل کی شدید

مذمت کا کوئی موقع ہاتھ سے جانے نہیں دیتے۔ غالب کو تو انھوں نے یکسر قابل اعتنا تو کیا ہمیشہ راندۂ درگاہ ہی تصور کیا۔ ستم برآں خود بیسویں صدی کے نصف اول کے اردوئی نوآبادیاتی شعر و ادب میں خصوصاً غالب کے سلسلہ میں نواب امداد امام اثر، علامہ عبدالملک بہاول پوری، ڈاکٹر عبداللطیف، شاد عظیم آبادی، جمیل مظہری اور سب سے بڑھ کر یگانہ چنگیزی کی دھماکہ خیز منفی تنقیدات و تنقیحات وقت کی ایک گردش کے باعث 'گردِ طاق نسیاں' ہوگئیں۔ یہ سب غالب پر آتش کو فوقیت دیتے تھے۔ ان نام نہاد 'ہندی مستشرقین' نے مغرب گزیدہ مستشرقین کو بھی مات دے دی تھی۔ مغربی مستشرقین تو یوروپی استعماری ذہنیت اور عصبیت کے باعث پورے مشرقی ادب و ثقافت کو ہی مغرب کے سامنے غیراشرافیہ، غیر ترقی یافتہ اور اجلافیہ (حاشیائی) تصور کرتے تھے۔ یہ خورشید نیمروزی حقیقت ہے کہ سبک ہندی بطور اصلاح، تاریخ نویسی اور سبک شناسی کے دور میں ایران میں ہی وضع ہوئی ہے۔ آج مابعد نوآبادیاتی عہد میں خود جدید اور مابعد جدید ادب کے ایرانی اکابرین بغیر کسی نفسیاتی پس و پیش کے اردو غزل کو سبک ہندی کا جائز جانشیں اور وارث تصور کرتے ہیں۔

فی زمانہ عالمی مابعد نوآبادیاتی عہد میں 'مخالفِ استعماریت پسند ادب' (Anti-imperial literature) کے حوالہ سے ایڈورڈ سعید، ہومی بھابا اور گائتری چکرورتی اسپیواک نے ایک مشرقیت پسند تحریک چلائی۔ اس میں مشرقی ادب کی قدر و قیمت کو بحال کرنے کی باقاعدہ ایک منظّم کوشش ہوئی۔ ایڈورڈ سعید نے اپنی مایۂ ناز کتاب 'مشرقیت پسندی' (Orientalism) میں اس سفاک حقیقت کو برافگندہ حجاب کیا تھا کہ مغرب مشرقی ادب کو قطعی تسلیم نہیں کرتا ہے اور اپنی ثقافتی بالادستی کو قائم رکھنے کے لیے سیاسی مقتدرہ کا ناجائز استعمال کرتا رہا ہے۔ گائتری اسپیواک کا مقبول ترین مقالہ (Can the subaltern speak) ''کیا حاشیائی آدمی بول سکتا ہے۔'' اس مقالہ میں اسپیواک نے عالمی تناظر میں مغربی ادبیات کا محاکمہ کرتے ہوئے سیاسی دلائل سے اس سفاک ترین حقیقت کو بھرپور طور پر منکشف کردیا ہے کہ دنیا کے ہر ادب میں ذہنی تعصّبات اور منفی

تاثرات کے عناصر غالب رہتے ہیں۔ اسپیواک نے اس بے رحم حقیقت پر زور دیا ہے کہ قبل نوآبادیاتی نظام میں ہمیشہ اس امر پر غالب توجہ مرکوز رہی ہے کہ آیا ہم (ہم سے مراد مغربی ناقدین) اس بات پر آمادہ ہیں کہ طبقاتی کشمکش ادب کا ناگزیز حصہ ہو؟

معاصر اردو ادب کے مابعد نوآبادیاتی عہد میں نارنگ نے پہلی بار ''بیدل، غالب، عرفان اور دانشِ ہند'' کے مبسوط اور مدلل و موثر باب ششم میں مشرق کے قبلہ کو صحیح معنوں میں 'قبلہ نما' بنا دیا ہے۔ عرفان اور دانش ہند کے صحیح تر اور عظیم تر تناظر میں نہایت فکرانگیز اور بصیرت افروز انداز میں بیدل اور غالب کو سبک ہندی کے جمالیاتی اور معنویاتی معیارات کا ہمہ رخی روشنی کا مینار ثابت کر دیا ہے اور غالب تنقید کی مختلف چھوٹی لکیروں کے آگے بہت بڑی نوثقافتی لکیر بے محابہ کھینچ دی ہے۔ یہ صرف اپنے گم شدہ اور مسخ شدہ مشترکہ ثقافتی وجود کی بازیافت نہیں بلکہ اپنے زندہ، نامیاتی اور متحرک ثقافتی ضمیر کی تعبیر نو ہے۔ نارنگ کا یہ عظیم و ضخیم نوثقافتی صحیفہ غالبیات کی روح کا مشرق ہے۔ اس کی نوتعبیراتی، تحقیقاتی اور تنقیداتی تابش سے ہر فکر و نظر کے شمس حقیقی جمالیاتی اور معنویاتی حرارت و تمازت اور علمیاتی و عرفانیاتی بصیرت کی بازیافت کر سکتے ہیں۔ جس کو مخصوص آہن پوش غیرثقافتی تعصّبات اور مشروطیت گزیدہ تاثرات کے باعث عمداً مسخ کیا گیا، انسانی یادداشت سے حذف کیا گیا اور نہایت شعوری طور پر حاشیے پر ڈھکیل دیا گیا۔ اس باب ششم کی پشت پر جس سالم و ثابت ثقافتی نظریۂ عالم (World View) کی روشنی کارفرما ہے وہ حقیقی مشرقی اور ہندی روایات کی زائیدہ اور پروردہ ہے۔ یہ حقیقی ہندستانی اسطورہ بینش (Philosia) اور دانش (Epistemelogy) کی نئی تعبیر ہی نہیں، نئی نوآبادیاتی جبریت کے منفی اثرات سے آزادی کا خواب عرفان (ویژن) بھی ہے اور نئی غالبیات کی مابعد نوآبادیاتی مطالعات کی معتبر، مستند اور موقر دستاویز ہے جس سے ہم بیک وقت اپنے مشترکہ مشرقی ہندستانی قومی اور ثقافتی وجود کی رمزوں کی طرف متوجہ ہونے کی زبردست ذہنی تحریک پاتے ہیں اور نئی انسانیات، نئی ہندستانیات، نئی پاکستانیات ہی نہیں نئی مشرقیات کے عظیم تر رُویا (ویژن) کی نودید و یافت میں کامران ہوتے ہیں۔

دانش ہند کے تناظر میں نارنگ کی نو بیدل شناسی اور نو غالب فہمی کی نتائجیت خیزی (New Pratices) متحیر کن اور نو علمیات افروز ہے۔ ان کے تازہ کار اور نادرہ کار اسلوب کی سادگی اور برجستگی میں ہمالیائی اونچائی، گیرائی اور گہرائی حسن آرا اور عمل آرا ہے جو برسہابرس بیدل آگہی اور غالب آگہی کے غارِ حرا میں دھیان، گیان اور سمادھی کا ابدی ارمغان ہے۔

"بیدل ہندوستان کے عظیم ثقافتی ورثہ کی پیداوار ہیں اور اس کے ایک اعلیٰ نقیب اور نمائندے بھی۔ بیدل نے ذہن و شعور میں دانش اسلامی و دانش ہندی کے سوتے کچھ اس طرح مل گئے ہیں کہ ایک نئی تخلیقی فکر وجود میں آگئی ہے اور اس کا فیضان براہِ راست غالب کو پہنچا ہے۔ بیدل کے وجدان اور نور بصیرت میں اس کا اپنا عہد تمام ابعاد اور گہرائیوں کے ساتھ موجود ہے اور زماں و مکاں سے ماورا ہوکر مبہم استعاروں میں لپٹے ہوئے اپنے ایمائی اسلوب کے ساتھ اس کا رُخ مستقبل کی طرف بھی ہے اور وہ ان بلندیوں کو بھی پالیتا ہے جن تک بیسویں صدی کے اختتام تک انسان کی رسائی ہوئی یا اکیسویں صدی کے آئینۂ وجود میں آج جو مسائل عکس ریز ہورہے ہیں وہ ان کو بھی انگیز کرتا ہے۔

یہ وہی بیدل ہے جس کو زمانے نے خارج از آہنگ قرار دے کر مسترد کردیا تھا۔ اس لیے ان کی فکر اپنے عہد میں اتنی اجنبی اور اتنی آگے تھی کہ ان کا زمانہ اس تک پہنچ نہ سکا تھا۔ بیدل کی فکر آفاقی ہونے کے باوجود اپنی تہذیبی فضا میں سانس لیتی ہے اور اس کی جڑیں اپنی مٹی کی گہرائیوں میں پیوست ہیں۔ اس کا یہ تصور کہ زمانیت، سخن سے ہے۔ سخن ہی نقش گری کرتا ہے اور سخن سے باہر حقیقت کا کوئی وجود نہیں۔ سخن مستقبل کی کروٹوں کو اپنے اندر سمیٹے ہوئے ہے۔ معنویت کے روایتی تصور کی جگہ معنی کے حرکیاتی تصور نے لے لی ہے اور زمانیت کی اٹھتی لہریں متن کی نئی تعبیروں کی جلوہ گری کررہی ہیں۔ بیدل کا فکری نظام سریت آلود اور حرکیاتی تھا۔ غالب کی جدلیاتی گردش نے اس کے تمام رنگوں کو نہ صرف چوکھا کردیا بلکہ معنی کو برقیا کر دائمی طور پر اضطراب آشنا کردیا۔ یہ شعریاتی معجزہ سے کم نہ تھا۔ غالب کا متن معنی کی تند و تیز شراب کی تلخی سے بدمست ہے۔ آج اگر غالب کا

''ایک ایک شعر دشتِ امکاں کو اپنے نقشِ پا کے نیچے دبائے ہوئے ہے'' یا ''غالب کی آواز 'زود فہم' نہ ہونے کے باوجود 'جنت نگاہ' اور 'فردوشِ گوش' بنی ہوئی ہے تو وہ متن کی قوت کی وجہ سے ہے جو زماں کے محورِ پر معنی آفرینی میں مصروف ہے۔ پچھلی صدی میں طرح طرح کے نظریہ سازوں نے متن کے پردۂ ساز میں اپنے اپنے دل کی دھڑکنوں کو سن لیا تھا اور اپنے اپنے غالب کو پالیا تھا تو اس میں کیا کلام ہے کہ غالب کی جدلیاتی گردش اور اشکال و ایمائیت سے آج اکیسویں صدی کی گریز پا معنویت صاف جھانک رہی ہے اور قاری کی اپنی معنویت، متن کی معنویت سے مل کر نئے آفاق کے در کھول رہی ہے۔

غالب کی تخلیقیت اور متن کی قوت میں بیدل کا فیضان شامل ہے۔ کہا جاسکتا ہے کہ اگر بیدل نہ ہوتے تو کیا غالب ہوتے؟ غالب کا کمال یہ ہے کہ غالب نے فکرِ بیدل کے ڈسکورس یعنی کلامیہ کے محیط اعظم کو جذب کیا بلکہ اس پر اپنی شخصیت کی چھاپ لگا کر اور اُسے اردو کی جادوبیانی عطا کرکے نہ صرف اپنی تخلیقی عظمت و معجز بیانی کا لوہا منوایا بلکہ ساتھ ہی بیدل کی اہمیت و معنویت کو بھی جریدۂ عالم پر ہمیشہ کے لیے ثبت کردیا۔''

بیدل ایک بین مذہبی، بین روحانی، بین ثقافتی، بین لسانی اور بین فنونی شخصیت اور فکر وفن کے مالک تھے۔ وہ ویدوں، اپنشدوں کے علاوہ ہندو اساطیر، مہابھارت، رامائن، یوگ وششٹھ اور دیگر صحائف اور ثقافتی روایات سے آگاہ تھے۔ ان کو پراسرار کوائف جاننے اور روحانی رموز و نکات کے استغراق کا غیر معمولی شوق تھا۔ ان کے شاگرد بندرابن داس خوشگو بیدل کے ضمن میں 'تذکرہ سفینۂ خوشگو' میں رقمطراز ہیں کہ انھوں نے ہندستانی سنگیت میں مکمل مہارت حاصل کی تھی اور ترکی اور ہندی سے بھی بخوبی آشنا تھے۔ امیر خسرو کے مانند بیدل بھی بیک وقت خارجی اور داخلی جہانیان جہاں گشت تھے۔ اہلِ نظر انھیں 'ابوالمعانی' تصور کرتے تھے۔ اہلِ اعتقاد انھیں صاحبِ کرامات مرشدِ عظمیٰ تسلیم کرتے تھے اور معتقدین ان کو جنید اور شبلی کا ہم مرتبہ قرار دیتے تھے۔ ابن عربی اور مولانا روم سے جو متصوفانہ روایات مقبول تھیں، وہ ان کے شعری نابغہ کا زندہ اور دھڑکتا ہوا حصہ بن گئی تھیں۔ خانِ آرزو بیدل کو فارسی شعری ادب کا ابن عربی کہتے تھے۔ ایک بار حضرت بایزید

بسطامی نے بارگاہِ خداوندی میں دعا کی تھی کہ مجھ کو کسی ایسے طریقِ عبادت کی رُشد و ہدایت عطا ہو جو مجھ کو مقبولیت کے درجۂ کمال پر فائز کردے۔ فوراً جواب مرحمت ہوا۔ یہاں 'کمال' کے بجائے 'نقص' درکار ہے۔ بیدل نے اپنی شاہکار مثنوی 'محیط اعظم' میں انکشاف کیا ہے:

کمال ترا کس خریدار نیست
متاعی بجز نقص درکار نیست

(کمال کی یہاں ضرورت نہیں، تیرا نقص ہی سب سے بڑی دولت ہے)

بیدل کا تخلص سعدی کے اس مصرعہ سے ماخوذ ہے۔

بیدل از بے نشاں چہ گوئد راز

راہِ طریقت، حقیقت اور معرفت میں دل کا بھی ارتفاع کرنا پڑتا ہے۔

نارنگ 'بیدل، غالب، عرفان اور دانش ہند' میں غیر معمولی روحِ تجسس کے ساتھ تلاش مدام تلاش میں مستغرق ہیں۔

''ہندوستان میں کئی سو برس کی فارسی شاعری کی تاریخ میں بیدل ہر اعتبار سے ایک محیرالعقول شخصیت تھے۔ ان کے نابغۂ روزگار اور عبقری شخصیت ہونے میں شبہ نہیں۔ ان سے بہت سی خرق عادات روایات و کرامات منسوب ہیں۔ ان کے تذکرہ نگار بتاتے ہیں کہ ان کی زندگی میں ہدایت روحانی اور واردات باطنی کو خاص اہمیت حاصل تھی۔''

''بیدل نہایت پُرگو شاعر تھے۔ انھوں نے غزلیات کا جو عظیم سرمایہ چھوڑا ہے، اس کا مقابلہ کوئی فارسی شاعر نہیں کرسکتا۔ ان کے صرف غزلیہ اشعار کی تعداد ساٹھ ہزار سے زیادہ بتائی گئی ہے۔ بشمول مثنویوں کے کل منظوم کلام کی تعداد ایک لاکھ آٹھ ہزار اشعار سے بھی اوپر ہے۔''

''بیدل نے چار مثنویاں لکھیں۔ 'محیط اعظم'، 'طلسم حیرت'، 'طورِ معرفت' اور چوتھی اور آخری 'عرفان'۔ 'چہار عنصر' اور 'رقعات' نثری تصانیف ہیں۔ (یہاں 'نکاتِ بیدل' کا اضافہ ضروری ہے) (نظام صدیقی)

نارنگ صاحب آگے فرماتے ہیں: ''بیدل سے کچھ اردو شعر بھی منسوب ہیں۔ ذیل کے دو شعر میر تقی میر کے نکات الشعرا میں ملتے ہیں جنھیں بہت سے تذکرہ نگاروں نے نقل کیا ہے:

مت پوچھ دل کی باتیں وہ دل کہاں ہے ہم میں
اس تخم بے نشاں کا حاصل کہاں ہے ہم میں
جب دِل کے آستاں پر عشق آن کر پکارا
پردے سے یار بولا بیدل کہاں ہے ہم میں

بیدل کی شہرت برّ اعظم ہندوستان کے اطراف و جوانب میں بھی تھی۔ کہا جاتا ہے کہ وہ اپنے دوست شکر اللہ خاں کے ساتھ افغانستان کابل بھی گئے تھے اور وہاں پٹھانوں پر اپنی عجیب و غریب شخصیت اور شاعری سے ایسا جادو کیا کہ دور دور تک بیدل خوانی کے مدرسے قائم ہوگئے۔ شمال میں ولایت بدخشاں اور ماورالنہر اور ملحقہ علاقوں میں انھیں ولیٔ کامل کا درجہ حاصل ہوگیا۔ بیدل کو افغانستان میں قومی شاعر کا درجہ حاصل تھا۔ اہلِ کابل نے بیدل کا کلیات بڑے سائز میں نہایت اہتمام سے چار ضخیم جلدوں میں 1967 میں شائع کیا تھا۔''

بیدل گوتم بدھ کی سرزمین بہار میں (1054ھ/ 1644) میں پیدا ہوئے جہاں 'شونیتا' کے تصور کا جنم ہوا۔ یہ بودھی فکر اور بیدل و غالب کی تخلیقی فکر کا ایک اہم ترین نقطۂ اتصال ہے۔ بیدل کا وصال افغانستان کابل میں ہوا۔ بیدل کا اصل مزار معدوم ہوچکا ہے۔ موجودہ مزار جو پرانے قلعے کے سامنے سڑک کے کنارے قدرے بلند مقام پر قائم ہے، خواجہ حسن نظامی کی نیک کوشش اور افغانستان سرکار کے تعاون سے 1941 میں تعمیر کروایا گیا۔

بیدل اور غالب دونوں قبل نوآبادیاتی عہد ہند مغل جمالیات اور معنویات کے نابغۂ روزگار تخلیقیت افروز سخنور ہیں اور سخن (واک اور وانڈی) کے تمام جلیل القدر جہات و کوائف کے عارف ہیں۔ بیدل تو اشعر کامل تھے لیکن دونوں کا تخلیقی مزاج، تخلیقی تیور، تخلیقی رجحان،

تخلیقی رویہ اور تخلیقی برتاؤ مختلف اور جداگانہ ہے۔ بیدل غالب کے باطن میں ایک ابدی تخلیقیت کشا منبع نور، شعور اور سرور کی حیثیت رکھتے تھے۔ غالب کے نہاں خانۂ دل میں وہ محض سبک ہندی کے سب سے بڑے شاعر اور نکات شناس (ڈسکورس) کلامیہ گر ہی نہیں بلکہ جمالیاتی اور معنویاتی واردات و تجربات، ان واردات اور تجربات کے نئے اور انوکھے آہنگ اور نئے استعاروں، پیکروں اور علامتوں کی ایک جاگتی اور جگمگاتی ہوئی کائنات بھی ہیں۔ اس عظیم تر عارفِ کامل 'سخن' کی روح کے دیدہ ور شاعر کے باطنی تجربوں کا رشتہ غالب کے مخصوص اور منفرد حسیاتی تجربات سے بڑا شدید ترین اور عمیق ترین رہا ہے۔ بیدل غالب کے لیے باطنی تجربوں کے آفتاب تھے۔ لیکن یہ بنیادی تخلیقی نکتہ ذہن میں رکھنا ناگزیر ہے کہ غالب ابتدا سے 'دلِ سنگ' میں 'بتان آذری' دیکھنے والی ایک عبقری تخلیقیت بصیرت بھی رکھتے تھے۔ تاہم وحدت الوجود اور شونیتا (فنا) کے جمال و جلال سے غالب کو آشنا کرنے میں بیدل کے نادر تجربوں اور وارداتوں نے بھی بڑا حصہ لیا ہے۔ وہ 'شونیتا' (فنا) 'پورنتا' (بقا) کے بیک وقت تجربہ کنندہ (Experiencer) اور عرفان کنندہ (Witnesser) تھے۔

نارنگ 'بیدل، غالب، عرفان اور دانش ہند' میں دونوں کے 'میناخانۂ حیرت' کے نئے جمالیاتی اور فکریاتی امکانات کے در وا کرتے ہیں اور ان کے جمالیاتی اور معنویاتی امتیازات کی نشاندہی کرتے ہیں۔

''بیدل کی شاعری ایک دبستان کی حیثیت رکھتی ہے۔ اس میں شک نہیں کہ انھیں سبک ہندی کی معراج کہا جاسکتا ہے۔ ہندوستان کے آخری دو عظیم شاعر غالب اور اقبال دنوں بیدل کی عظمت کا اعتراف کرتے ہیں۔ اقبال نے ان کو حرکت وعمل کا شاعر قرار دیا ہے تو غالب انھیں اپنا استاد معنوی اور خضر راہ تسلیم کرتے ہیں۔ ہرچندکہ غالب کہتے ہیں کہ میری شاعری ایک باغ کی طرح ہے جس کے دو دروازے ہیں۔ ایک اردو دوسرا فارسی۔ اور وہ اپنی فارسی کو اردو شاعری پر ترجیح دینے کا کوئی موقع ہاتھ سے جانے نہیں دیتے۔ تاہم حیران کُن ہے کہ غالب کی مٹھی بھر اردو شاعری کی جتنی تفسیریں اور جتنی

تنقیدیں لکھی گئی ہیں شاید ہی کسی شاعر پر اتنا لکھا گیا ہو۔ یہ احساس بھی برابر ہوتا ہے کہ مبہم استعاروں اور ترکیبوں میں لپٹا ہوا یہ کلام گرہ در گرہ ہے۔ اس کی کوئی تعبیر مطلق نہیں اور ہر تعبیر کچھ نہ کچھ تشنہ رہ جاتی ہے۔ غالب کی معنی بندی اور تہ داری کے راز کو پانا جتنا آسان نظر آتا ہے اُتنا ہی مشکل بھی ہے۔ یہی معاملہ بیدل کا بھی ہے۔ بیدل کی شعریات بھی گرہ در گرہ، پیچیدہ، سریت زدہ اور الجھی ہوئی ہے۔ بیدل کی شہرت و مقبولیت کا گراف بھی غالب کی طرح زیر و زبر ہوتا رہا ہے۔ غالب نے بہت کچھ بیدل سے لیا۔ لیکن اپنی راہ الگ بھی بنائی۔ دونوں کا رشتہ میکانکی نہیں تخلیقی ہے۔ سرچشمہ ایک ہے۔ عشوہ و ادا کی طرح حسن کاری اور جلوہ گستری کی کیفیت بھی الگ ہو جاتی ہے۔''

''... ہر چند کہ ایک منزل پر پہنچ کر غالب نے بظاہر تقلید بیدل ترک کر دی تھی۔ لیکن یہ اتنا آسان اور اختیاری نہ تھا جتنا غالب نے باور کرنے اور کرانے کی کوشش کی تھی۔ حمید احمد خاں کو بھی اس سے اتفاق ہے کہ برسوں کی مشق سخن اور طبیعت کے فلسفیانہ میلان کی وجہ سے اندازِ بیان جس روش پر پڑ چکا تھا اس سے بالکل علاحدہ ہونا عملاً غالب کے لیے ناممکن تھا تاہم جب غالب نے اپنے ذاتی اجتہاد کی بنا پر اردو میں بقول حالی ایک نیا مگر کسی قدر ملتا جلتا اسلوب بیان پیدا کر لیا تب بھی وہ اپنی اولین شاعرانہ عقیدت کو بالکل فراموش نہیں کر سکے۔''

''انھوں نے بظاہر کچھ تبدیلیاں کیں اور بیانات بھی دیتے رہے۔ لیکن شعریات کی روح وہی رہی۔ حمید احمد خاں لکھتے ہیں کہ غالب کے بعد کے کلام میں بار بار یہ شہادت ملتی ہے کہ ابھی بیدل کی آواز اس کے دل و دماغ میں گونج رہی ہے۔''

بیدل کا شعر ہے:

نیست بیدل غیر از اظہارِ عدم اندر جہاں
تا خموشی پردہ از رُخ برفگند آواز بود

(بیدل! دنیا میں عدم کے ظہور کے سوا اور کوئی چیز نہیں ہے جب خاموشی چہرے سے نقاب الٹتی ہے تو آواز ہو جاتی ہے)

غالب کہتا ہے :

نشوونما ہے اصل سے غالب فروع کو
خاموشی ہی سے نکلے ہے جو بات چاہیے

بیدل کا ایک اور شعر ہے :

نفی خود میکنم اثبات بروں می آید
تا کجا رنگ تواں بافت بہارست اینجا

(میں اپنی نفی کرتا ہوں تو اثبات سامنے آتا ہے۔ ہم کہاں تک رنگ آفرینیاں کریں۔ یہاں تو بہار ہی بہار ہے)

اس کے مقابل میں غالب کا شعر اتنا بلند نہیں مگر یہ ظاہر ہے کہ کسی پیچ در پیچ طریقے پر بیدل کا اثر اُس کے دماغ میں کام کر رہا تھا :

نفی سے کرتی ہے اثبات تراوش گویا
دی ہے جائے دہن اس کو دم ایجاد نہیں

غالب کے دورِ پختگی کا ایک اور بہت مشہور شعر ہے جو صاف طور پر بیدل کے ایک شعر کا ترجمہ ہے۔ بیدل کہتے ہیں :

بہ ہستی تو، امید ست نیستی ما را
کہ گفتہ اند اگر ہیچ نیست اللہ است

(تیری ہستی سے میری نیستی پُر امید ہے۔ کہتے ہیں کہ اگر کچھ نہیں تو خدا ہے)

یہاں غالب کا شاعرانہ استدلال اپنی پوری شاعرانہ کیفیتوں کے ساتھ جلوہ گر ہے :

نہ تھا کچھ تو خدا تھا، کچھ نہ ہوتا تو خدا ہوتا
ڈبویا مجھ کو ہونے نے، نہ ہوتا میں تو کیا ہوتا

دراصل لڑکپن میں جو چیز غالب کو سب سے زیادہ باعثِ کشش معلوم ہوئی، وہ بیدل کے فلسفیانہ مضامین تھے۔ تحلیلی اندازِ طبیعت کا منطقی نتیجہ فلسفہ دانی ہے۔ بیدل اور غالب دونوں میں تحلیل و تجزیہ کا مادہ اس شدت سے موجود ہے کہ بیدل کا کلام تو تمام تر فلسفیانہ

خیالات سے بھرا ہوا ہے اور غالب کی شاعری میں بھی فلسفہ کو ایک امتیازی مرتبہ حاصل ہے۔ بیدل کی مابعدالطبیعی دلچسپی نے غالب کو شروع ہی سے بتا دیا کہ یہاں ایک ہم آہنگ روح موجود ہے ... اگر بیدل یہ پوچھتا ہے کہ:

کو مقامے کہ تواں مرکزِ ہستی فہمید
از زمیں تا فلک آغوش کشید ست عدم

(وہ مقام کون سا ہے جسے مرکزِ ہستی قرار دیا جاسکے؟ زمین سے آسمان تک تو عدم کا آغوش پھیلا ہوا ہے)

تو غالب بھی پکار اٹھتا ہے کہ:

ہے کہاں تمنا کا دوسرا قدم یارب
ہم نے دشتِ امکاں کو ایک نقشِ پا پایا

اسی طرح:

قطرۂ ما تا کجا سامانِ خود داری کند
بحر ہم ازِ موج ایں جامی شمارد دام ہا

(ہمارا قطرہ کب تک اپنے نفس کو بچاتا رہے، یہاں تو سمندر اپنی موج میں بھی دام چھپائے ہے)

غالب:

دامِ ہر موج میں ہے حلقۂ صد کام نہنگ
دیکھیں کیا گزرے ہے قطرہ پہ گہر ہونے تک

(ہر موج ایک جال ہے اور ہر جال میں سینکڑوں حلقے ہیں اور ہر حلقہ اپنی جگہ مگرمچھ کے جبڑے کے مانند خونخوار ہے اور وہ قطرہ جو موتی بننا چاہتا ہے یا موتی بننے کی صلاحیت رکھتا ہے۔ ان جاں گسل خطرات سے گزرنے پر مجبور ہے اور ناظر یا اہل بصیرت سانس روکے ہوئے اس انتھک جدوجہد کے آخری نتیجہ کے انتظار میں ہے۔ (ترجمہ نظام صدیقی)

زندگی در گردنم افتاد، بیدل چارہ نیست
شاد بائد زیستین، ناشاد بائد زیسین

(زندگی گردن پر آ پڑی ہے بیدل اب جینے کے علاوہ کوئی چارہ نہیں ہے۔ خواہ شاد جیئو یا ناشاد جیئو۔ جینے کے لیے مکمل قبولیت کا جذبہ اور شعور ناگزیر ہے۔
ترجمہ نظام صدیقی)

غالب:

غم ہستی کا اسد کس سے ہو جز مرگ علاج
شمع ہر رنگ میں جلتی ہے سحر ہونے تک

''نثار احمد فاروقی کی رائے بھی پیش نگاہ رہے:

ز آفتاب طلب شبنم ہوا شدہ را
دل رمیدہ ما را ز ماچہ می جوئی

محبوب کے رُخ زیبا کو آفتاب سے تشبیہ دی ہے۔ ہمارا دل ہاتھوں سے یوں نکل گیا جیسے آفتاب شبنم کو اڑا لیتا ہے۔ اب اُسے ہمارے پاس کیا ڈھونڈ رہے ہو؟ اسی مضمون کو مرزا غالب نے اس طرح باندھا ہے۔

پرتوِ خور سے ہے شبنم کو فنا کی تعلیم
میں بھی ہوں ایک عنایت کی نظر ہوتے تک

بیدل:

سراغ قافلۂ عمر سخت ناپید است
زرہ گزار نفس، نقشِ پا چہ می جوئی

قافلۂ عمر تیزی سے گزر رہا ہے۔ اس کا سراغ پانا سخت دشوار ہے۔ سانس عمر کی رہ گزار ہے۔ اس ہوا پر کوئی نشان قدم تلاش نہیں کیا جاسکتا۔ غالب نے اس خیال کو یہ لباس دیا ہے:

غالب :

رو میں ہے رخشِ عمر کہاں دیکھئے تھمے
نے ہاتھ باگ پر ہے نہ پا ہے رکاب میں

بیدل کہتے ہیں :

نزاکت ہاست در آغوشِ میناخانۂ حیرت
مژہ برہم مزن تا نشکنی رنگِ تماشا را

دنیا کو میر نے 'کارگہ شیشہ گری' کہا تھا۔ بیدل نے اس سے بھی زیادہ لطیف ترکیب 'میناخانۂ حیرت' ایجاد کی۔ یہاں کوئی یقین و ثبات تو ہے نہیں، محض حیرت اور تحیر ہے۔ اس کے تسلسل سے ہی اسرارِ کائنات نظر کے سامنے گزرتے رہتے ہیں اور دیدۂ حیراں کو محو و مسحور رکھتے ہیں۔ ذرا پلک جھپکے تو یہ تماشا درہم برہم ہو جاتا ہے۔

بیدل کہتے ہیں :

مشو غافل ز تعجیل بہاراں کاندریں وادی
جرسہا را شکستِ رنگِ گل ایں کارواں دارد

سودا اور میر نے تبسم سے ہی ثبات کا نہ ہونا ثابت کیا ہے مگر بیدل نے عرصۂ بہاراں کے مختصر ہونے کا اپنے ہی ڈھنگ سے بیان کیا ہے کہ 'شکستِ رنگِ گل' کاروانِ بہار کا کوسِ رحیل ہے جو ہمیں سنائی نہیں دیتا مگر قافلۂ بہار اسی صدا پر گزر جاتا ہے۔ شکست رنگِ گل کو جرس بنا دینا لطافت تشبیہ کا کمال ہے

بیدل :

شش جہت آئینہ دارِ شوخیِ اظہار اوست
نیست جز مژگاں حجابے را کہ برداریم ما

(شش جہت اس کی شوخیِ اظہار کا آئینہ دار ہے۔ مژگاں کے سوا کوئی پردہ حائل نہیں ہے جس کو میں نے اٹھا رکھا ہے۔)

غالب کا شعر ہے :

صد جلوہ روبرو ہے جو مژگاں اٹھائیے
طاقت کہاں ہے جو دید کا احساں اٹھائیے

محولا بالا بیدل اور غالب کے غزلیہ اشعار کے تقابلی مطالعہ کی روشنی میں متن کی تشکیل اور متن کی خارجی ساخت اور داخلی ساخت کے رازوں کو نارنگ بڑی گہرائی سے منکشف کرتے ہیں، اور سوال اٹھاتے ہیں :

''بہر حال یہ تجزیے اور آرا اپنی اپنی جگہ بہت خوب ہیں اور ان سے بہت سی معلومات حاصل ہوتی ہیں۔ لیکن یہ بھی نظر میں رہے کہ متن بہت سے ریشوں اور رشتوں سے بنتا ہے جن میں سے جتنے نمایاں اور معلوم ہوتے ہیں اتنے ہی پنہاں اور نامعلوم بھی ہوتے ہیں۔ مضمون سے مضمون، خیال سے خیال، ترکیب سے ترکیب اور تشبیہ سے تشبیہ پیدا ہوتی چلی جاتی ہے۔ تخلیق کا یہ سفر خاصا پیچیدہ اور پراسرار ہے۔ کچھ عناصر، کچھ مصطلحات، کچھ خیالی پیکر کسی ایک شاعر سے خاص سہی، اکثر مضامین سبکِ ہندی کی شاعری میں سیکڑوں نہیں ہزاروں بار دہرائے گئے ہیں، ویسے بھی متن سے متن اور مضمون سے مضمون بنتا ہے۔ اس نوع کی مشابہتیں دوسرے شعرا کے یہاں بالکل نہ ہوں اس کی کوئی ضمانت نہیں ہے۔ یہی معاملہ زمینوں، ترکیبوں، بندشوں اور لفظوں کی مینا کاری کا ہے، جن کے معلوم رشتے جتنے برحق ہیں نامعلوم رشتے اتنے ہی پراسرار اور پیچیدہ ہیں۔ کہنے کا مطلب یہ ہے کہ بیدل سے غالب کا تخلیقی معاملہ اتنا برسرِ زمین نہیں جتنا زیرِ زمین ہے، یعنی اتنا سطح پر نہیں جتنا تہ در تہ اور پیچ در پیچ ہے، اتنا آنکھوں کے سامنے نہیں جتنا نظروں سے اوجھل ہے۔ دوسرے لفظوں میں بات فقط surface structure کی نہیں، کچھ deep structure اور دھندلے منطقوں کی بھی ہے جو تنقید کی منطقی یا تحلیلی یا تقابلی زبان کو جُل دے جاتے ہیں۔ ہم صرف سطح سمندر پر ہاتھ پیر مار رہے ہیں، ان گنت لعل و گہر سمندر کی تہ میں پڑے ہیں جن تک رسائی ممکن نہیں۔ پھر یہ بھی ہے کہ غالب کے بہت سے مضامین اور خیالات دوسروں کے ہوتے ہوئے بھی دوسروں کے نہیں۔ ایک مقام پر جا کر غالب کا مسئلہ فقط غالب کا مسئلہ رہ جاتا ہے۔ ڈاکٹر وارث کرمانی

واحد شخص ہیں جو غالب شعریات کے اس جدلیات اساس چور کو پکڑنے کی کوشش کرتے نظر آتے ہیں :

''غالب کی شعریات ایک منفرد اور بے مثال چیز ہے جسے خود انھوں نے اپنے پیچیدہ اور گرہ خوردہ مافی الضمیر کے ابلاغ کے لیے تخلیق کیا تھا۔ یہ مافی الضمیر ایک طلسمی کیفیت رکھتا ہے جو ذوق اور ان کے نامور شاگرد داغ کی شفاف اور عوامی زبان میں بیان ہی نہیں کیا جاسکتا تھا بلکہ میر اور اقبال جیسے عظیم شاعروں کے لیے بھی ممکن نہ تھا کیونکہ وہ عام فہم اور سادہ مزاج تھے۔ (ان کے چاہنے والے جن میں میں خود بھی ہوں جتنی بھی ان کی تعریف کریں وہ سب بجا ہے) لیکن ان لوگوں نے شاعری کا وہ جہنم دیکھا ہی نہیں جس کا شکار غالب ہوئے تھے اور جو تحت الشعور میں قیامت کا شور برپا کرتا تھا۔ جو نہ جینے دیتا تھا اور نہ مرنے دیتا تھا، جو نہ عشق کرنے دیتا تھا نہ پارسائی، جو نہ مومن بننے دیتا تھا نہ کافر۔ غالب نے اپنا سر پیٹ کر ہی یہ شعر کہا ہوگا :

کاری عجب افتادہ بدیں شیفتہ مارا
مومن نبود غالب و کافر نتواں گفت

(عجب شیفتہ مزاج آدمی سے سابقہ پڑا ہے، غالب مومن تو ہے نہیں اور اسے کافر بھی نہیں کہا جاسکتا)

غالب کا مافی الضمیر ان کی اقلیم سخن کے اتنے وسیع رقبہ پر پھیلا ہوا ہے کہ انسانی زندگی کے نہ جانے کتنے پہلوؤں پر اُس کی روشنی پڑتی ہے اور نہ جانے کتنی وارداتیں ہیں جو اُس کی مٹھی بھر اردو شاعری میں سما گئی ہیں بلکہ بعض اوقات بے نام محسوسات کے لیے بھی ہمیں غالب کا شعر نطق عطا کردیتا ہے۔ غالب سے پہلے اردو غزل عاشقانہ اور صوفیانہ مضامین یا اسلامی اخلاقیات جیسے چند موضوعات پر مشتمل تھی، وہی اردو غزل غالب کے یہاں پہنچ کر ایک عالم کو سمیٹ لیتی ہے۔''

نارنگ صاحب آگے اس اہم نکتہ پر بھرپور توجہ مرکوز کرتے ہیں کہ بیدل اور غالب کے ہم مضمون یا مماثل اشعار لکھ دینے سے مسئلہ حل نہیں ہوجاتا۔ ڈاکٹر وارث کرمانی غالب

کے یہاں فکری ہیجان کے اظہار کے لیے لاشعوری گرہوں اور گانٹھوں تک جانے کی کوشش کرتے ہیں اور بیدل کے حوالہ سے شعریات میں 'بُروں نہ شدن' کے 'بند دروازے' کا نکتہ اٹھاتے ہیں جو خاصہ اہم ہے اور جس پر مزید غور کی ضرورت ہے۔

''یگانہ نے اپنے حساب سے بہت بڑا تیر غالب پر مارا تھا۔ یہ سب سطحی باتیں ہیں۔ بڑے سے بڑے شاعروں کے یہاں جیسے شیکسپیئر اور مولانا روم ایسے سرقے دیکھے جاسکتے ہیں۔ انھیں سرقہ کہنا جہالت ہے۔ بیدل اور غالب کا تعلق بہت گہرائی میں ہے اور بہت پہلودار ہے۔ محض مماثل اشعار لکھ دینے سے کام نہیں چل سکتا۔ اپنی شدت احساس اور فکری ہیجان کے اظہار کے لیے غالب نے تین تین چار چار فارسی لفظوں میں اضافتوں پر اضافتیں لگائیں جو اردو زبان میں ناجائز اور غیر فصیح سمجھی جاتی ہیں۔ ان کی شاعری میں جگہ جگہ گرہیں اور گانٹھیں پڑی ہوئی ہیں جو واقعی 'برون نہ شدن' کا دروازہ معلوم ہوتی ہیں جسے بیدل نے نہ جانے کس عالم میں کہا تھا:

زسروشِ محفلِ کبریا ہمہ وقت می رسد این ندا
کہ بخلوتِ ادب وفا ز درِ بروں نہ شدن درآ

بیدل کہتے ہیں کہ غیب کے فرشتہ کی آواز ہر وقت آتی ہے کہ ایثار و وفا کی خلوت میں داخل ہونے کی شرط یہ ہے کہ ایسے دروازے سے آؤ جس سے پھر باہر نہ جاسکو۔ نوجوان غالب نے اپنے خاصے شعروں میں یہ 'برون نہ شدن' کا دروازہ رکھا ہے۔''

'''برون نہ شدن' کا دروازہ یعنی معنی کو سلجھانے (resolve کرنے یا ٹھکانے لگانے) یا متن سے باہر نکل جانے کی راہ یا تعبیر کے امکانات کو ختم (exhaust) کرنے کی راہ۔ دوسرے لفظوں میں معنی کی مطلقیت کے انسداد کی راہ جس سے معنی میں فشار پیدا ہوتا ہے۔ یاد رہے کہ گرہوں اور گانٹھوں سے مراد لاشعوری دھندلکا یا اشکال و اٹکاؤ، تہ داری یا رکاوٹ (resistence) بھی ہوسکتی ہے جس سے تفہیم کے جمالیاتی عمل میں شدت پیدا ہوتی ہے۔ یہ بھی خیال رہے کہ دروازے سے باہر روشنی ہے اور اندر اندھیرا ہے لیکن باطن کی

آنکھ کھلی ہے جو معنی کے حسنِ نظر سوز یا نیرنگِ نظر میں سما جانا چاہتی ہے۔ یہ شعریات کے نیم روشن نیم تاریک دھندلے خطے ہیں جنھیں وہ گرہیں اور گانٹھیں کہہ کر نشان زد کر رہے ہیں، بات فقط فارسی لفظوں اور اضافتوں در اضافتوں کی نہیں (ہرچند کہ یہ لوازم بھی تخلیقی عمل میں شریک رہتے ہیں) بات معنی کے مرکز کو منہدم کرنے، موجودگی کو بے دخل کرنے، مانوس و موصولہ کے ہر رخ کو رد کرنے، اور لطفِ معنی کی عدم مرکزیت کو جدلیاتی گردش میں لانے کی ہے جو اس شعریات کی لازوال کشش کی کُنہ ہے۔ سبکِ ہندی میں یہ شعریاتِ بیدل کے یہاں اپنی معراج کو پالیتی ہے جس میں مثالیہ، استدلالیہ، قولِ محال، عجیب عجیب تراکیب بمنزلہ چنگاریوں کے ہیں جو غالب کی تخلیقیت کے آتش کدہ میں تپ کر کیا سے کیا بن جاتی ہیں۔ بیدل کا بولتا ہوا جملہ جو بیدل نے ناصر علی سرہندی سے کہا تھا کہ ''شعر خوب معنی نہ دارد'' جو جا و بیجا اقتباس کیا جاتا ہے، دراصل معنی کے مرکز کے انہدام اور گردش کی اس شعریات کے سیاق میں بخوبی پڑھا جاسکتا ہے۔'' (نارنگ، ص 205-203)

نارنگ اس کے بعد بیدل کے نظریۂ معنی اور شعریات کی روشناسی اور روح شناسی کے ضمن میں سخن (شبد، واک اور وانی) کے جدلیاتی کردار کو روشن کرتے ہیں جو معنی پروری بھی کرتا ہے اور اس کی تکثیری معنی آفرینی اور نامیاتی معنی افروزی کا اشاریہ کنندہ (Signifier) بھی ہوتا ہے۔ پھر بیدل اور غالب کی شعریات کا اکسراتی تجزیہ نہایت دانشورانہ گہرائی، اونچائی اور گیرائی سے کرتے ہیں۔ انھوں نے یہاں شعریاتی بوند میں بیک وقت مشرق اور مغرب کے بوطیقائی سمندر کو سمو دیا ہے جو اُن کو اکیسویں صدی کے نئے عہد کی تخلیقیت کے تناظر میں بھی نوتواریخ ساز محقق اور نونظریہ ساز ناقد بھرپور طور پر ثابت کرتا ہے۔ نارنگ ایک ادائے خاص سے یارانِ نکتہ داں کو دعوت غور وفکر دیتے ہیں۔

''آیئے پہلے یہ دیکھیں کہ خود بیدل اپنے نظریۂ معنی اور شعریات کے بارے میں کیا کہتے ہیں۔ سب سے پہلی بات یہ ہے کہ معنی ہرچند کہ لفظ سے آگے جاتا ہے لیکن لفظ سے نشوونما پاتا ہے۔ سوسیئر کہتا ہے:

کوئی سگنیفائڈ نہیں بغیر سگنیفائر کے

بیدل صدیوں پہلے اس حقیقت سے آگاہ ہیں۔ وہ عارفوں اور یوگیوں کی طرح معنی کی کُنہ پر زور دیتے ہیں:

اصل معنیست کز تقاضا لیش
لفظ می بالد و ادا ہالیش

(اصل معنی ہے کہ تقاضا کرتا ہے، لفظ پیدا ہوتا ہے اور اُسے ادا کرتا ہے)

بیدل کا قول ہے:

''شاعری عبارت از معنی تازہ یابیست''

ان کی کنیت 'ابوالمعانی' بھی اسی وجہ سے پڑی۔ لفظ پہلے سے دیا ہوا ہے، اس کے نئے در و بست سے معنیِ تازہ پیدا ہوتا ہے۔ معنی آفرینی اور معنی پروری پر بیدل کو ناز تھا۔ کہتے ہیں:

بیدل از فطرتِ ما قصر معانیست بلند
پایہ دارد سخن از کرسیِ اندیشۂ ما

(اے بیدل میری ذہانت سے معانی کا محل بلند ہے، میری فکر کی بلندی سے شاعری کا مرتبہ بڑھا ہے)

رَساند پایۂ معنی بہ آسمان نہم
بلند طبع شناسد، کلام بیدل را

(پایۂ معنی کو میں نے نویں آسماں تک پہنچا دیا ہے۔ بیدل کے کلام کو بلند طبع ہی سمجھ سکتا ہے)

مدعی درگزر از دعویٰ طرز بیدل
سحر مشکل کہ بہ کیفیت اعجاز رَسد

(طرز بیدل کی پیروی کے مدّعی باز آجا، یہ وہ سحر مشکل ہے جو کیفیت اعجاز کا درجہ رکھتا ہے)

''گرہ کشائی سخنور سخن بود بیدل''

(سخن (لفظ) ہی بیدل شاعر کی گرہ کو کھولتا ہے)

شخصیت اور تاریخ پیچھے رہ جاتے ہیں، فقط (سخن) شبد معنی پروری کرتا رہتا ہے اور یہی سخن سخنور کا بہترین تعارف ہے۔ میرے سخن کے زیرو بم کو پانے کے لیے فہمِ بلند کی ضرورت ہے:

معنی بلند من، فہم بلند می خواہد
سیر فکرم آساں نیست کوہم وکتل دارم

(میرے معنیِ بلند کو سمجھنے کے لیے فہمِ بلند کی ضرورت ہے، میری فکر کی سیر آسان نہیں، اس راہ میں پہاڑ اور ٹیلے پڑتے ہیں)

لیکن عام زبان کی اپنی مجبوری ہے، عام زبان حقیقت کو پانے سے عاجز ہے۔ میرا سخن اسی لیے معدومی سے آزاد ہے کہ میری شاعری عنقا کے پر کی طرح ہے:

سخن تا در جہاں باقیست از معدومی آزادم
زبانِ گفتگو ہا بال پرواز است عنقا را

(جب تک دنیا میں سخن باقی ہے میں معدومی سے آزاد ہوں، عام زبان والوں کے لیے میری شاعری عنقا کی پرواز کے پر کی طرح ہے، یعنی اس کا سمجھ پانا محال ہے)

بیدل کے زمانے کے شاعروں کو صناعی اور مشاقی پر ناز تھا، وہ بیان کی کاریگری اور صنعتوں کے دلدادہ تھے، جبکہ بیدل معنی یابی اور معنی گستری پر اصرار کرتے ہیں:

عرض مطلب دیگر و اظہار صنعت دیگر است
بیدل از آئینہ نتواں ساخت وضع جام را

(عرضِ مطلب الگ چیز ہے اور اظہارِ صنعت الگ چیز، بیدل آئینہ سے جام کی شکل کو نہیں بنایا جا سکتا)

ذیل کے دو شعر ملاحظہ ہوں، معنی وصورت ساتھ ساتھ نشوونما پاتے ہیں لیکن معنی فقط اتنا نہیں جتنا وہ لفظ میں سما سکتا ہے۔ مادہ تحلیل ہو جاتا ہے اور خیال کے جوہر کا زیر و بم کائنات کی گردش کے ساتھ جاری رہتا ہے:

زرمز صورت و معنی دل خود جمع کن بیدل
بہار اینجاست سامانش دروں بوئی بروں رنگی

(بیدل، صورت و معنی کے رمز سے دل جمعی حاصل کر، بہار کا تمام سامان یہاں موجود ہے، اندر خوشبو ہے باہر رنگ ہے) (نارنگ، ص 207-206)

بیدل معنیِ تازہ کے بغیر حسن بیان کو جسد بے روح تصور کرتے تھے۔ بیدل کے مانند غالب بھی ہمیشہ معنیِ تازہ یابی کی تلاش مدام تلاش میں منہمک رہتے تھے۔ اس بیکراں معنویات جوئندگی کے ضمن میں بیدل ہمیشہ غالب کے لیے 'قلزم فیض' بنے رہے اور 'نغمۂ بیدل' تو اس حد تک غالب کا جانِ جاں بن گیا تھا کہ وہ اس کو 'آہنگ اسد' تصور کرتے تھے۔ اس غیر معمولی ہمدلی اور ہم روحی کیفیت کے باوجود غالب کا ناقابل تسخیر جدلیاتی ذہن بیدل سے مختلف اور جداگانہ تھا۔ اس لیے بیدل اور غالب کی شعریات ایک حد تک متناقض بھی ہے۔ اس بنیادی فکریاتی افتراق کے باعث غالب کی شعریات کے تین اساسی اور مرکزی فکریاتی تصورات ان کے کلام کی گہرائی، گیرائی اور بلندی میں نمایاں ترین ہیں۔ پہلا نسلی برتری اور ذات کی رفعت اور علویت کے شدید ترین احساس کا فکریاتی تصور، دوسرا نشاطیہ اور طربیہ میلان کا فکریاتی تصور اور تیسرا دانشورانہ تقلیب کے جدلیاتِ نفی کا مرکزی تصور ان کی شعریات کا غالب ترین نشانِ امتیاز ہے۔ بیدل کی شعریات اور غالب کی شعریات جس قدر ایک حد تک عیاں ہے، بیک وقت اُسی قدر بہت حد تک پنہاں بھی ہے۔ غالب کے پیہم ذہنی تجسس و تقلیب، معنویاتی تخلیقیت اور جمالیاتی بوقلمونی کا کوئی مخاطبہ (ڈسکورس) اس وقت تک مکمل نہیں ہوسکتا جب تک بیدل کی شعریات ناقد اور جانکار قاری کے دائرۂ فکر و نظر میں نہ ہو۔ غالب خود اس غیر معمولی کیمیاساز متناقض (Paradoxical) تاثر پذیری کا نہایت صدق دلی سے بار بار اقرار کرتے ہیں۔ نارنگ کی مابعد جدیدی اور مابعد ساختیاتی فکریاتی بصیرت اور ردتشکیلی اطلاقیاتی کارکردگی نہایت دقیقہ سنجی سے بیدل کی شعریات کی موشگافی کرتی ہے۔ خاطر نشیں ہو:

''یہ ہر نوع کی مطلقیت و تعین کے خلاف ہے۔ یہاں ہر تعریف بے مایہ اور ہر

تحدید بے معنیٰ محض نظر آتی ہے۔ کیونکہ یہ شعریات متعینہ سے ماورا ہونے کی شعریات ہے، تعینات و معمولات سے ورا کی اور معنی کے ایسے نیرنگ کو قائم کرنے کی جو زندگی کی طرح سربستہ راز ہے۔ معمولہ یہاں از دام جستہ ہے۔ یہ شعریات جیسا کہ پہلے اشارہ کیا گیا 'برون نہ شدن' کا دروازہ بند رکھتی ہے تاکہ معنی کی مطلقیت (مرکزیت/ موجودگی) کا انہدام کیا جاسکے۔ زبان کی شفافیت وہمِ محض ہے۔ زبان آلودگی میں لپٹی ہوئی ہے۔ یہ شعریات ایک طرف نپی تلی شفافیت کو تو دوسری طرف (موضوعی) آلودگی دونوں کو رد کرتی ہے، اور ایک ایسا عرصہ قائم کرتی ہے جو جتنا روشن ہے اتنا دھندلا بھی ہے۔ زبان و بیان فقط وہ نہیں کہتے جو وہ کہتے ہیں، زبان وہ بھی کہتی ہے جو وہ بظاہر نہیں کہتی۔ یہ مبہم استعاروں اور پیچیدہ ترکیبوں اور تشبیہوں میں لپٹے ہوئے اظہار سے نئے سے نئے امکان اور تعبیروں کی راہ کھلی رکھتی ہے۔ یہ زماں کے کسی ایک نکتے کی اسیر نہیں، یہ جانے والے کل سے بھی ہم کلام ہے اور آنے والے کل سے بھی ہم کلام ہونے کی توفیق رکھتی ہے۔ یہ ہر دی ہوئی حقیقت اور ہر متعینہ تصور کو پلٹ دینے اور نادر و نایاب شعری سچائیوں کو قائم کرنے کی شعریات ہے جہاں معنیاتی حسن کاری و لطف و انبساط ایک دائمی جمالیاتی عمل ہے۔ یہ ایسے حرف بولتی ہے جنھیں یہ خود نہیں جانتی یا ایسی راہ چلتی ہے جہاں بنا بنایا راستہ ہے ہی نہیں۔ اگر معنی کے سرو و سمن کی امنگ و آرزو ہے تو اندر کا دروازہ کھولو اور باطن کے چمن میں بے محابا در آؤ۔'' (نارنگ، ص 208)

ستم است اگر ہوست کشد کہ بسیر سرو و سمن درآ
تو ز غنچہ کم نہ دمیدۂ درِ دل کشا بہ چمن درآ

(بڑا ستم ہے کہ تیری ہوس تجھ سے سرو و سمن کی سیر کا تقاضا کرتی ہے تو خود غنچہ کی طرح ہے، اپنے دل کے دروازے کو کھول اور چمن میں داخل ہو جا)

یہاں زبان خاموشی ہے اور خاموشی زبان۔ بہار ایجادیٔ بیدل کی دکان خاموشی کے مال سے سجی ہوئی ہے۔ بے گفت و شنود کہا کچھ جاتا ہے اور سنا کچھ جاتا ہے۔

خاموش شو و بہ بیں کہ بے گفت و شنود
چیزی می گوئی و ہماں می شنوی

(خاموش ہو جا اور دیکھ کہ بغیر کہے سُنے تو کیا کہتا ہے اور کیا سنتا ہے)

از قماش خامشی بیدل دکانے چیدہ ام
ہرچہ غیر از خود فروشی بود درباب منست

(اے بیدل میں نے اپنی دکان خاموشی کے مال سے سجائی ہے، سوائے خود فروشی یہاں ہر چیز دستیاب ہے)

درہائے فردوس وا بود امروز
از بیدماغی گفتیم فردا

(جنت کے دروازے آج کھلے ہوئے تھے لیکن میری بے دماغی کہ میں نے وہاں جانا کل پر ٹال دیا)

یوسفی کن اگر اسباب مسیحائی نیست
بفلک گر نہ رسیدی بُن چاہے دریاب

(یوسفی کر اگر تیرے پاس مسیحائی کا ساز و سامان نہیں، مسیح کی طرح فلک پیمائی نہیں کرسکتا تو یوسف کی طرح کنوئیں کی تہ لے)

یہ جنت کو وعدۂ فردا پر ٹال بھی سکتی ہے۔ یہ مسیحائی اور یوسفی دونوں کو رد کرتی ہے۔ نہ اس دنیا کا خواب دکھاتی ہے نہ اس دنیا کا، نہ جنت کا نہ جہنم کا کہ کائنات ایک متناقضہ ہے ایک معمہ ہے۔

معمّائی معمّائی معمّا
اگر خواہی کشودن چشم بکشا

(تو معمّہ کا معمّہ ہے، اگر اسے حل کرنا چاہتا ہے تو چشمِ باطن کو کھول کر دیکھ)

(طورِ معرفت)

نشاط بھی یہیں ہے، بہار بھی یہیں ہے اور نگار بھی۔

نشاط اینجا بہار اینجا بہشت اینجا نگار اینجا
کہ از خود غافلی صرفِ عدم کن دور بینی را

(نشاط بھی یہاں ہے بہار بھی یہاں ہے جنت بھی یہاں ہے معشوق بھی یہاں ہے، اے خود سے غافل دور بینی کے چکر میں نہ پڑ)

یہ شعریات انجانی ان دیکھی مہم پر ہے اور رازِ کائنات کے معمہ کی سرّیت میں شرکت کی خواہاں، جہاں زِ کنار ما بہ کنارِ ما تک زماں کی ایک پوری گردش نکل جاتی ہے۔

ہمہ عمر با تو قدح زدیم و نرفت رنجِ خمارِ ما
چہ قیامتی کہ نمی رسی زکنارِ ما بہ کنارِ ما

(تمام عمر میں تیرا ہم پیالہ رہا، لیکن رنجِ خمار نہ گیا۔ کیا قیامت ہے کہ تو پاس تھا بھی اور پاس نہیں بھی تھا)

بیدل (یا غالب) کی شعریات بے حد پہلودار ہے۔ اس کے جملہ پہلوؤں کو سمیٹنا ناممکنات میں سے ہے تاہم غور وفکر و تامل سے ان مثالوں میں اس کی کچھ جہات ضرور نظر آئیں گی۔ ان میں سبکِ ہندی کی فنکاری و مشاقی کی جھلک بھی دکھائی دے گی۔ دقیقہ سنجی، خیال بندی، احساس جمال کی شدت، فلسفیانہ گہرائی، معنی آفرینی، آزادگی، تمنا کی تڑپ، کیف و نشاط، جرأت فکری اور مسلمات کو چیلنج کرنے کی ہمت و حوصلہ مندی، یہ سب کچھ اور اس کے علاوہ بھی بہت کچھ، کہیں مبہم کہیں روشن پرچھائیاں نظر آئیں گی۔ بیدل نے شرط فہم بلند اور 'اگر خواہی کشودن چشم بکشا' کی رکھی ہے کہ معاملہ دروں بوئی بروں رنگی کا ہے۔

زِ رمز صورت و معنی، دل خود جمع کن بیدل
بہار اینجاست، سامائش، دروں بوئی بروں رنگی

اکثر و بیشتر داخلی ساختوں میں جہاں معمولہ کو شق کرکے انوکھی اور نادر 'وضع عام' تراشی ہے، قول محال اور جدلیاتِ نفی کا مضمر و غیر مضمر تفاعل بھی نظر آئے گا۔ اس کا رمز سبک ہندی کی مثالیہ شاعری میں پیوست ہے۔ لیکن جیسا کہ ہم پچھلے باب میں اشارہ کر چکے ہیں،

اسے صائب اور متبعین صائب نیز مقلدین شعرا نے سامنے کے اخلاقی و رسمی مضامین اور صنعت گری و بازی گریِ الفاظ کے لیے میکانکی طور پر اتنا برتا کہ تمثیل نگاری کو اس کے اختراعی پایہ سے گرا دیا، رہی سہی کسر اردو میں ناسخ و شاگردانِ ناسخ، نیز ذوق اور ان کے متبعین نے پوری کردی۔ حالانکہ قول محال یا جدلیاتِ نفی کے ابداع کا سب سے زیادہ تخلیقی امکان اسی میں تھا جیسا کہ بیدل و غالب کی شعری منطق کی طرفگی اور تازگی کے طلسمات میں نظر آتا ہے۔ بیدل کی شعریات میں جہاں جہاں مثالیہ کی چھوٹ پڑتی ہے بیدل کی سرّ یت آلود تخلیقیت نے اس کے جدلیاتی جوہر کو اس حد تک ابداع کے درجۂ جمال پر پہنچا دیا ہے کہ یہ مثالیہ صائب وشوکت وغنی و جلال اسیر یا ناسخ و ذوق وظفر کے اخلاقی و پیش پا افتادہ و اکہرے مثالیہ سے یک لخت الگ معلوم ہوگا۔ عظیم اذہان کا کمال یہ ہے کہ رواجِ عام کے گدلے پانیوں میں سے بھی صدف نکال لیتے ہیں اور موتی رولتے ہیں۔ غالب تک آتے آتے شعری منطق اور قول محال کی یہی طرفگی و طباعی ایک پُر تہیج اور التہاب انگیز جدلیات اساس حرکیاتِ نفی میں ڈھل جاتی ہے جو ہر طرح کی طرفوں اور قطبینیت کو رد کرتی اور فارسی و اردو کے حسن کارانہ امتزاج کی یکسر نئی قوس قزح کو خلق کرتی ہوئی معجز بیانی کے ایک ایسے درجہ پر فائز ہوجاتی ہے جس کی کوئی مثال نہ اس سے پہلے تھی نہ بعد میں نظر آتی ہے۔ بیدل کی طرح غالب کے یہاں بھی اکثر احساس نہیں ہوتا کہ داخلی ساخت میں کوئی صنعت کارگر ہے گویا خارجی ہیئتی پیرائے معنی کی طرفگی اور نیرنگِ نظر میں تحلیل ہوجاتے ہیں۔ بیدل یونہی نہیں کہتے کہ فقط بلند طبع ہی پہچان سکتا ہے کہ میں نے پایۂ معنی کو کس آسمان نہم پر پہنچا دیا ہے۔

رساند پایۂ معنی بہ آسمان نہم
بلند طبع شناسد کلام بیدل را

(پایۂ معنی کو میں نے نویں آسمان تک پہنچا دیا ہے۔ بیدل کے کلام کو بلند طبع ہی سمجھ سکتا ہے)

'فکر نہ سپہر رسا' ہر ایک کا مقدر نہیں ہے۔ یہ بیکراں بخششِ الٰہی ہے۔ یہ اعجازِ ربّانی

ہے۔ اس کا شدید ترین ادراک و عرفان بیدل کو نصیب ہے۔

مدعی درگزر از دعویٰ طرز بیدل
سحر مشکل کہ بہ کیفیت اعجاز رسد

(طرزِ بیدل کی پیروی کے مدّعی باز آجا، یہ وہ سحرِ مشکل ہے جو کیفیتِ اعجاز کا درجہ رکھتا ہے) (نارنگ، ص 216)

غالب نے بیدل کو اپنے شعور اور لاشعور کا ایک زندہ اور دھڑکتا ہوا حصہ بنا لیا تھا۔ غالب کا تخلیقی وجدان اور تخلیقی بصیرت عنفوانِ شباب سے ہی بیدار اور متحرک تھی۔ 19 برس کی عمر میں غالب نے اردو زبان میں اپنا پہلا دیوان (1816) اور چوبیس برس کی عمر میں اپنا دوسرا دیوان (1821) میں مرتب کرلیا تھا۔ غالب کو 'عرفانِ ذات کا تصور' بیدل کے شعری تجربات کی سب سے بڑی گراں قدر عطا تھی۔ اس کو انھوں نے اپنی غیر معمولی تخلیقی فکر و نظر سے اپنا منفرد اور مختلف جمالیاتی اور معنویاتی تجربہ بنا لیا تھا۔ فغانی سے سبک ہندی کی جو روایت شروع ہوتی ہے اس روایت میں سب سے اہم اور معنی خیز تصور 'حسنیاتی اور معنویاتی احدیت' کا نخشتمثالی تصور (Arch Image) ہے جو برصغیر کی مٹی سے گہرا رشتہ رکھتا ہے۔ غالب عرفانِ ذات و کائنات کے جدلیاتی سازینہ کو حاصلِ زندگی جان چکے تھے جس میں مختلف اور متناقض 'نشانِ نغمہ' بالآخر تحلیل ہوکر ناقابلِ تقسیم احدیت میں منقلب ہوجاتے ہیں۔ بیدل کی جمالیات اور معنویات میں انھوں نے حاشیائی آدمی سے آدم (انسان) تک کا یہ نخشتمثال (Arch Image) بھی دیکھا تھا جو 'شونیتا سے پورنٹ تا' تک کا سفر مدام سفر ہے۔

بر زبان نامِ آدم آمد
حدِّ نظر مہرِ دُو عالم آمد

(میری زبان پر جیسے ہی آدم (انسان) کا نام آیا، میری نظر کی حد تک دونوں جہاں کا آفتاب روشن، منور اور فروزاں ہوگیا۔ ترجمہ نظام صدیقی)

اگر عالم ایں است آدم کجاست

اگر ہست آدم بعالم کجاست

(اگر دنیا یہی ہے تو انسان کہاں ہے؟ اگر انسان یہی ہے تو دنیا کہاں ہے؟)

(محیطِ اعظم)

دریاست قطرہ کہ بدریا رسیدہ است

جز ما کسی دگر نتواند بما رسید

(وہ قطرہ جو دریا تک پہنچتا ہے وہ دریا ہے، سوائے ہمارے وہ کون ہے جو ہم تک پہنچتا ہے)

The seeking one, and the sought one, the whole and the all, is one. (Nizam Siddiqui)

نارنگ صاحب یہاں نئی تھیوری کے ردتشکیلی تناظر میں بیدل اور غالب کا تقابلی مطالعہ کرتے ہیں اور بودھی فکر شونیتا کے لیے مناسب اور موزوں پس منظر کی تشکیل و تعمیر کرتے ہیں۔ نارنگ کا غیرمعمولی معروضی تجزیاتی اسلوب اور معروضی طریق استدلال کی درشتگی اور زور و صلابت خاطرنشیں ہو جو ردتشکیلی فلسفہ کی ڈسپلن کی رُو سے تخئیل کی رنگ آمیزی اور موضوعی خیال بافی سے یکسر گریزاں ہے اور تقابلی حقائق کی موشگافی کر ان کو سورج آساعیاں کر دیتا ہے۔

''غالب کے متن میں غالب ہی بولتے ہیں، غالب نے جو کچھ بیدل سے لیا اپنی طبیعت کے تقاضوں کے مطابق لیا اور اسے اپنا ذاتی تخلیقی رنگ و آہنگ عطا کر کے اس پر اپنا نقش ثبت کر دیا۔ غالب کو 'از آنِ من است' پر اصرار ہے۔ طبعِ غالب کی خوبی یہ ہے کہ وہ ہر شئے کی قلبِ ماہیت کر کے اسے اپنی فطرت کے جوہر سے ہم آہنگ بنالیتی ہے اور گمان بھی نہیں گزرتا کہ یہ کوئی غیر شئے ہے۔''

(نارنگ، ص 216)

''اردو فارسی کی آٹھ سو سالہ تاریخ میں کسی دو بڑے شاعروں میں ایسا پہلودار رشتہ نہیں جیسا بیدل اور غالب میں ہے۔ غالب نے بھی یہ رشتہ ہندوستان سے باہر کے کسی فارسی شاعر مثلاً حافظ و سعدی و فردوسی و جامی و نظامی سے قائم نہیں کیا جیسا بیدل سے قائم

کیا۔ بیدل سے انھیں جو ذہنی، طبعی اور شعریاتی مناسبت تھی اس سے ہم بحث کر آئے ہیں۔ لیکن جیسا کہ پہلے اشارہ کیا گیا اس زبردست مناسبت کے باوجود دونوں میں کچھ فرق بھی ہے۔ بیدل بیدل ہیں اور غالب غالب۔ بیدل قلندر مشرب صوفیِ صافی عارفِ کامل اور اربابِ سلوک میں سے تھے جبکہ غالب ایک دنیادار انسان تھے۔ زندگی بھر وہ صاحبِ جاہ و دستگاہ ہونے کی تگ و تاز میں رہے۔ رومی یا اقبال کی طرح بیدل بھی پیغام کے شاعر ہیں۔ جبکہ غالب پیغام یا درس کے شاعر نہیں۔ تصوف اس عہد میں ثقافتی فضا کا حصہ اور شاعری کے مرکزی موضوعات میں سے تھا۔ غالب صوفی ہونے کے مدعی ضرور ہیں۔ کہا جاتا ہے کہ وہ چشتیہ سلسلے میں میاں نصیرالدین عرف کالے صاحب کے فرزند میاں غلام نظام الدین سے بیعت تھے۔ اثنا عشری عقیدہ انھیں اپنی ننھیال سے ملا تھا۔ حضرت غوث علی شاہ قلندر سے بھی غالب کی رسم و راہ تھی جس کا ذکر تذکرۂ غوثیہ میں ملتا ہے۔ لیکن غالب نہ صوفی تھے، نہ درویش، نہ قلندر، وحدت الوجود سے ان کا لگاؤ نعرۂ مستانہ سے زیادہ نہیں۔ غالب کے تصوف کی نوعیت فقط تہذیبی ہے جبکہ بیدل عملاً صوفیِ صافی اور عارفِ کامل ہیں۔ حق بات یہ ہے کہ غالب کی آگہی اور تگ و تاز کا میدان تصوف نہیں بلکہ زندگی کی بوقلمونی، انسان، اور انسان کی آرزوئیں اور تمنائیں ہیں۔ غالب مقدرِ انسانی، تقدیر کے ناقابل فہم تناقضات اور آرزو و شکستِ آرزو کے ترجمان ہیں:

نہ گلِ نغمہ ہوں نہ پردۂ ساز
میں ہوں اپنی شکست کی آواز

بخلاف غالب کے شکستِ آرزو یا انسان کا الم جو لازمۂ زیست ہے بیدل کا موضوع نہیں۔ بیدل کی پروازِ فکر مابعدالطبیعیاتی اور الوہی فضاؤں کی طرف ہے۔ ان کا منتہا 'از پردۂ غیب نوائے تواں شنید' ہے۔ جبکہ غالب جس کسی بھی عقیدہ کا بت تراشتے ہیں اس کو توڑتے بھی ہیں۔ وہ لاکھ 'عرش سے ادھر ہوتا کاشکے مکاں اپنا' کی تمنا کریں، ان کا کمال یہ ہے کہ وہ زمین پر رہتے ہیں، زمین سے الگ نہیں ہوتے، اور زندگی اور زمین کی سب سے اشرف مخلوق یعنی انسان کے درد و داغ، سوز و ساز، حسرتوں اور آرزوؤں، ولولوں اور نشاط

انگیزیوں کی کشاکش اور شکستوں کے ترجمان ہیں۔ وہ ہر چیز پر سوالیہ نشان لگاتے ہیں، آشکارا عصیاں کا دم بھرتے ہیں، ناکردہ گناہوں کی بھی حسرت کی داد چاہتے ہیں، وہ 'خوئے آدم دارم آدم زادہ ام' پر زور دیتے ہیں، اور خدا کے حضور نوعِ بشر کے وکیل بن جاتے ہیں۔ انسان کی عظمت اور خطاکاری دونوں کا انھیں احساس ہے۔ لیکن وہ انسان کو انسان ہی سمجھتے ہیں، خدا بننے یا انسان کو خدا بنانے کی سعی وتمنا نہیں کرتے۔ خدا سے ان کا معاملہ اتنا ماورائی عقیدت کا نہیں جتنا جدلیاتی کشاکش کا ہے۔ ڈاکٹر عبدالغنی نے اس کا جو نقشہ کھینچا ہے لطف سے خالی نہیں۔'' (نارنگ، ص 217)

''غالب مسائل تصوف بھی بیان کرتے ہیں اور خدا کے سامنے اپنی حسرتوں کو اس طرح بیان بھی کرتے ہیں گویا ان کے لیے حظِ نفس کی جملہ ضروریات کا انتظام نہ کرکے خدا نے اپنے سر بہت بڑا الزام لے لیا ہے۔ ظاہر ہے تصوف اور حظائظ نفس کا کوئی جوڑ نہیں۔ کہاں بیدل کا فقرِ بے نیاز جس نے شہنشاہوں اور امرا کو نیچا دکھایا تھا، کہاں مرزا کا کسی متعین سانچے سے آزاد رہنا۔ یہی غالب کی سب سے بڑی صفت ہے اور ان کی ہردلعزیزی کا باعث بھی ہے۔ اس صفت نے ان کی شخصیت کو پیچیدہ، پہلودار اور دلکش بنایا ہے۔ متشکک ان کے دلدادہ، خداپرست ان سے خوش، حسن پرست ان کے مداح، افکارِ عالیہ کے قدردان ان کی تعریف میں رطب اللسان، لطفِ زندگی حاصل کرنے والے ان کے شعر پڑھ کر تسکین حاصل کرنے والے:

ہوئے مر کے ہم جو رسوا ہوئے کیوں نہ غرقِ دریا
نہ کبھی جنازہ اٹھتا نہ کہیں مزار ہوتا

... الغرض مرزا ہر ایک کے ہمدم اور ہر ایک کے ہم خیال ہیں اور لطف کی بات یہ ہے کہ کسی کے بھی نہیں۔ جب ہم سمجھتے ہیں کہ ہماری گرفت میں آگئے تو وہ قبضے سے نکل کر دور جا کھڑے ہوتے ہیں، طنزاً مسکراتے ہیں اور کوئی ایسا اچھوتا پہلو دکھا دیتے ہیں کہ ہمیں نادم ہونا پڑتا ہے۔ یہی گُریز پائی ان کی جاذبیت کی سب سے بڑی وجہ ہے۔'' (ایضاً، ص 19-218)

فقط اتنا ہی نہیں کہ مرزا کسی کے بھی نہیں، وہ اپنے بھی نہیں، وہ ہر موقف کے ساتھ ہیں اور کسی موقف کے ساتھ نہیں۔ وہ ہر دیے ہوئے موقف اور ہر دیے ہوئے تصور کی تغلیط کرتے ہیں اور یوں معنیِ تازہ اور معنیِ دیریاب کو خلق کرتے ہیں۔ وہ کفر کے ساتھ بھی ہیں ایمان کے ساتھ بھی لیکن نہ وہ اس کے ساتھ ہیں نہ اس کے، وہ ہر جوڑے دار حقیقت binary یا درجہ وار فوقیتی ترتیب hierarchy کو شق کر کے عدم تعین یا عدم تیقن کا نیا عرصہ خلق کرتے ہیں، جیسا کہ ہم کہتے آئے ہیں وہ معنی کی ہر موجودگی presence کو کالعدم کر دیتے ہیں۔ یہ عجیب و غریب 'گُریزپائی' یعنی ہر متعین سانچے سے آزاد ہونا اور کسی کے ساتھ حتیٰ کہ اپنے سایے کے ساتھ بھی نہ ہونا، اس کی کوئی آسان توجیہہ ممکن نہیں۔ اس جدلیاتی تخلیقی نہاد کا جتنا تعلق غالب کے شعور سے ہے اتنا غالب کے لاشعور سے بھی ہے جس کے بارے میں قطعیت کے ساتھ کچھ بھی نہیں کہا جاسکتا۔ اتنا ظاہر ہے کہ غالب کی جدلیات اساس فکر کسی تصور پر قائم نہیں ہوتی، ان کی افتاد و نہاد ہر چیز کو پلٹ دیتی ہے یا کسی بھی تصور کو بجنسہٖ قبول نہیں کرتی، اور طرفوں کو کھول دیتی ہے۔ یہ معلوم ہے کہ غالب کی آگہی ماورائی یا روحانی نہیں، یہ دانش ورانہ ہے۔ ان کی طاقت ان کی واقعیت پسندی، دانش و خرد اور تعقل پروری میں ہے۔ آگے کے سفر میں ہم اس سوال پر غور کریں گے کہ کیا یہ پہلودار جدلیاتی رویہ غیر مذہبی بودھی فکر یعنی شونیتا کی حرکیاتِ نفی سے ملتا جلتا یا مماثل نہیں، جو عقیدوں کے ظاہر یا باطن سب کو رد کرتا ہے، طرفوں کو خاطر میں نہیں لاتا اور ہر معمولہ تصورِ حقیقت کو جدلیاتی گردش سے بے دخل کر دیتا ہے۔ اتنا معلوم ہے کہ غالب حددرجہ آزادگی اور وارستگی کے قائل ہیں۔ پردۂ ساز سے شکست کی آواز سننا اور نیرنگِ تمنا کا تماشائی ہونا ہر کسی کا بوتا نہیں:

ہوں میں بھی تماشائیِ نیرنگِ تمنا
مطلب نہیں کچھ اس سے کہ مطلب ہی برآوے

اس سلسلے کی مزید بحث متن کے تجزیوں کے ضمن میں آئے گی۔ (نارنگ، ص 220)

باب ششم 'بیدل، غالب، عرفان اور دانش ہند' کے تیسرے حصے (3) میں نارنگ

صاحب نے بیدل کے 'مثنوی ادبیات' محیط اعظم، طلسم حیرت، طورِ معرفت اور عرفان کے جمالیاتی، معنویاتی، علمیاتی، وجودیاتی اور عرفانیاتی زاویوں اور گوشوں کی نئی تحقیقی اور تنقیدی بازیافت یکسر نئی علمیات کی روشنی میں کی ہے۔ اس میں ہندستانی فکر و فلسفہ کا جوہر اصل فروزاں ہے۔ گو بیدل کی مثنوی 'نکاتِ بیدل' نہ جانے کیوں ان کی تحقیقی اور تنقیدی توجہ کا مرکز نہیں بنی ہے؟ بیدل 'راسخونِ فی العلم ومعرفت' میں اخص کے مقام پر قائم و دائم ہیں۔ وہ صادقین اور صدیقین میں ہیں۔ اخص صحیح معنوں میں خلاق ہوتے ہیں اور ارفع اقدار کے خالق اصغر! تخلیق، تخلیقیت، خلاقیت اور علم و عرفان خالص اکبر کے بنیادی اوصاف ہیں اور ان تخلیقات کشا، تخلیقیت آفریں اور تخلیقیت افروز اوصاف کا حیران و پریشان کر دینے والا جلوہ اخص میں ملتا ہے۔ اخص نابغۂ روزگار کا بنیادی وصف غیر معمولی قوت تخلیق (تخلیقیت) ہے۔ اس کا وہبی ادراک وشعور، اس کی قوتِ احساس اور اس کی قوتِ تخلیق بے مثل ہوتی ہے۔

> Creativity is all. Creativity is alpha and omega. Creativity is wonderous-whole and gracious-whole. Creativity is the light of supreme-most awareness. (Nizam Siddiqui)

(تخلیقیت کل ہے۔ تخلیقیت حرفِ اول اور حرفِ آخر ہے۔ تخلیقیت حیرت تمام اور رحمت تمام ہے۔ تخلیقیت الوہی اشعر کا نور ہے۔)

اس کے برخلاف دانائی، ذہانت و فطانت، عقل وفہم، وجودت و ذکاوت، مسائل کو سمجھنے اور استدلال کرنے کی قوت محض فرع ہے۔ دانائی محض تحلیل کرنے اور سوجھ بوجھ کی ایک دانشورانہ قوت (Philosophia) ہوتی ہے۔ اس کا بینشورانہ عرفان (Philosia) سے کوئی تعلق نہیں ہوتا۔ اس دانشورانہ قوت کو اختراعی قوت سے موسوم کرتے ہیں۔ اختراعی قوت یا دانشورانہ اہلیت انسان کے اپنے قابو میں ہوتی ہے۔ لیکن اخص نابغۂ روزگار اس تخلیقی قوت کے قابو میں ہوتا ہے جس کو ہم عبقریت (Geniousness) سے موسم کرتے ہیں۔ عبقریت وحی کے مانند ہوتی ہے۔ ایک پیغمبر وحی کی گرفت میں ہوتا ہے۔ وحی اس کی

گرفت میں نہیں ہوتی۔ اس لیے جب اس پر وحی کا نزول ہوتا ہے وہ اس دنیا و مافیہا سے بے خبر ہوتا ہے تاہم اس کی وحیِ خفی (Clair audience) اور وحیِ جلی (Clair voyance) معراج پر ہوتی ہے۔ ایک ایسا شخص جو بے پناہ ماورائی اہلیتوں اور قابلیتوں سے بہرہ ور ہو جس کی غیر معمولی قوتِ تخلیق (تخلیقیت) اصلی یا حقیقی (Original)، وہبی، وجدانی اور برجستہ ہو، وہ اخص نابغۂ روزگار ہوتا ہے۔ دانشور، دانشمند یا عالم کے قویٰ کسبی ہوتے ہیں۔ وہ اپنے مخصوص شعبۂ حیات و کار میں تربیت یافتہ (Disciplined) ہوتا ہے۔ اس کے برعکس عبقریب فطری ہوتی ہے۔ اس کا حصول پیہم سعی و عمل سے ممکن نہیں ہوتا ہے۔ نابغہ کی دو قسمیں ہوتی ہیں۔ (1) ایک وہ نابغہ جو انسانی تواریخ کا رُخ کلی طور پر تبدیل کر دیتا ہے۔ (2) دوسرا وہ جو انسانی تواریخ کے کسی مخصوص شعبۂ حیات و عمل کا تاجور ہوتا ہے۔ فنکار کا تعلق نابغہ کی دنیا سے ہے لیکن ہر فن کار نابغہ نہیں ہوتا۔

بیدل اخص نابغۂ روزگار تھے۔ غالب خاصانِ خاص نابغۂ شعر و حکمت تھے۔ انتیس تیس سال کی عمر میں وہ بیدل کی مثنوی 'طور معرفت' کو اپنے سینے سے لگائے ہوئے تھے۔ جب غالب نے 'مثنوی چراغِ دیر' کی تخلیق کی تھی اس دور میں بیدل ان کے لیے باطنی بینشورانہ عرفان (Philosia) کا منبع نور تھے۔ بنارس اور کلکتہ کے سفر سے جانے کتنے سال قبل یہ مثنوی 'طورِ معرفت' غالب کو حاصل ہوئی تھی۔ وہ مخطوطہ جو غالب کے پاس محفوظ تھا، اس پر 1231ھ (1815) کی مہر ہے یعنی اس سفر کے آغاز سے بارہ سال قبل کی مہر! اس سے یہ خورشید نیمروزی صداقت روشن ہوتی ہے کہ غالب نے بیدل کی حسنیات اور معنویات سے اپنی خود بیداری کے ضمن میں حقیقی فیضان حاصل کیا ہے۔

نارنگ صاحب انکشاف کرتے ہیں — ''بیدل کی مثنویوں میں ہمارے نقطۂ نظر سے 'عرفان' بے حد اہم ہے جو طویل ترین بھی ہے اور جس میں گیارہ ہزار ابیات ہیں۔ بیدل کے شاگرد بندرابن داس خوشگو کا بیان ہے کہ اس کے لکھنے میں بیدل نے پورے تیس سال لگائے۔ ماہرین کا کہنا ہے کہ مثنویِ معنوی کے بعد علم و عرفان کا سب سے بڑا خزانہ بیدل کی مثنوی 'عرفان' ہی ہے۔ دوسری مثنویوں کے برخلاف 'عرفان' کا انداز بیانیہ نہیں ہے۔

شروع سے آخر تک بیدل نے اس میں ایک فکری نظام کو برقرار رکھا ہے اور جن موضوعات پر قلم اٹھایا ہے، وہ نہ صرف ان کے فنکارانہ کمال کی بیّن مثال ہیں بلکہ اس سے یہ بھی ثابت ہوتا ہے کہ شاعر جو کچھ کہہ رہا ہے وہ اس کی روح کی گہرائیوں سے گزر کر اس کے دل و دماغ کا حصہ بن چکا ہے۔ ذات و کائنات، عمرانیات، اخلاقیات اور عرفانیات کا شاید ہی کوئی پہلو ہو جس کا براہ راست یا بالواسطہ 'عرفان' میں احاطہ نہ کیا گیا ہو۔ خسرو کی طرح بیدل کو ہندوستان سے جو محبت تھی اس کے اشارے 'عرفان' میں قدم قدم پر ملتے ہیں۔''

نارنگ صاحب آگے اپنی پوری ذمہ داری کے ساتھ مزید انکشاف کرتے ہیں جو گرانقدر تحقیقی نتائج کا حامل ہے۔

''علم کی دنیا میں کہاں کے ڈانڈے کہاں جا کر مل جاتے ہیں۔ جامعہ ملیہ اسلامیہ کے بین الاقوامی بیدل سمینار (مارچ 2004) میں آئی آئی ٹی دہلی کے ایک پروفیسر نے بیدل پر اپنے حیرت انگیز مطالعہ کے نتائج پیش کیے اور انکشاف کیا کہ بیدل کی مثنوی 'عرفان' کے بعض حصوں اور سنسکرت صحیفہ یوگ وششٹھ ([illegible]) کی بعض حکایتوں میں گہری مطابقت و مماثلت پائی جاتی ہے۔ ڈاکٹر واگیش شُکل ریاضی کے پروفیسر ہیں لیکن سنسکرت کے عالم ہیں اور فارسی میں بھی دستگاہ علمی رکھتے ہیں۔ واگیش شکل نے متن کے دستاویزی حوالوں سے ثابت کیا ہے کہ موضوعات و مطالب کے اعتبار سے 'عرفان' اور سنسکرت یوگ وششٹھ میں گہرا رشتہ ہے۔''

''واگیش شکل کا خیال ہے کہ سنسکرت یوگ وششٹھ جو علم و دانش اور روحانی مسائل پر ہندوؤں کی نہایت مشہور و مقبول کتاب ہے، اس تک بیدل کی رسائی ان دو میں سے کسی ایک فارسی ترجمے کے ذریعے ہوئی ہوگی جس میں سے ایک فارسی ترجمہ اکبر کے زمانے کا تھا اور دوسرا داراشکوہ نے کروایا تھا۔'' آگے واگیش شکل یہ بھی بتاتے ہیں کہ یوگ وششٹھ کے تیسرے سیکشن کے حصے جو جزو 104 سے 122 تک میں ہیں، بیدل نے انھیں اپنی ایک اور مثنوی 'محیط اعظم' میں شامل کیا ہے جو اس حکایت سے شروع ہوتے ہیں۔

شنیدم در اقلیم ہندوستاں
کہ خاکش بود آبروئے جہاں

''واگیش شکل کہتے ہیں اگرچہ آج تک کسی فارسی داں نے اس پر سے پردہ نہیں اٹھایا لیکن یہ حقیقت ہے کہ یوگ وششٹھ سے زندگی بھر بیدل کا گہرا تعلق رہا ہے۔''

''واگیش شکل متن کی شہادتوں کی بنا پر کہتے ہیں کہ 'عرفان' میں بیانیہ کی ساخت یوگ وششٹھ کے تیسرے سیکشن کے ابواب 85 سے 103 پر رکھی گئی ہے۔ اس میں ایک برہمن کے دس بیٹوں کی حکایت بیان کی گئی ہے جو دس جہانوں کی تخلیق کرتے ہیں۔ ان دس جہانوں میں ہر جہان کا الگ سورج ہے اور ہر سورج ایک کہانی بیان کرتا ہے۔ بیدل کی مثنوی میں بھی برہمن کے دس بیٹوں، دس جہانوں اور آفتاب کی حکایت موجود ہے۔ واگیش شکل کہتے ہیں کہ بیانیہ کی ساخت اتنی تہ دار اور متنوع ہے کہ مقابلہ وموازنہ آسان نہیں، اس لیے بھی کہ مثنوی 'عرفان' محض بازگوئی یا ترجمہ نہیں بلکہ ایک تخلیقی کارنامہ ہے، اور بیدل کے اظہار وابلاغ کی تہ تک پہنچنا آسان نہیں ہے۔ بہرحال اس میں کلام نہیں کہ مثنوی کی مرکزی تھیم ایک دنیا نہیں کئی دنیائیں ہیں جو اس عقیدہ و نظامِ فکر سے مطابقت نہیں رکھتیں جن سے خود بیدل کا تعلق تھا۔''

''آگے واگیش شکل کا کہنا ہے کہ ''بیدل کا مقصد فقط حکایت بیان کرنا نہیں بلکہ حکایات کی مدد سے وہ ایک فلسفیانہ نظام خلق کرتے ہیں۔ بیدل کا متن اصل کی بازگوئی یا تکرار محض نہیں ہے بلکہ 'عرفان' اول و آخر ایک شعری تخلیق ہے۔ وہ کہتے ہیں کہ اس نوع کی تخلیقی بازآفرینی retelling میں اصل ونقل کی بحث بے معنی ہے۔ خود خوشگو نے 'عرفان' کے بارے میں بیدل کے اس شعر کا حوالہ سفینہ میں دیا ہے:

دریں عبرت سرا عرفانِ ماہم تازگی دارد
سراپا مغز دانش گشتن و چیزے نہ فہمیدن

(اس عبرت سرائے دہر میں (مثنوی) 'عرفان' تازگی رکھتی ہے۔ یہ دانش کا مغز ہے علاوہ اس کے کچھ بھی نہیں)

ظاہر ہے یہاں 'عرفان' مثنوی کے معنی میں بھی ہے اور گیان کے معنی میں بھی، یعنی بیدل کے اپنے نظامِ فلسفہ کے بارے میں بھی جس کی 'تازگی' پر بیدل زور دیتے ہیں کیونکہ جس معرفت (عرفان) کا وہ ذکر کررہے ہیں وہ اُس معرفت سے الگ نہیں جسے صوفیا جانتے تھے لیکن جس محاورہ میں بیدل اُسے بیان کررہے تھے وہ محاورہ اور وہ وضع الگ تھی، (تازگی دارد)، یعنی دوسروں سے ہٹ کر ہے یا مختلف ہے۔ واگیش شکل اشارہ کرتے ہیں کہ فارسی متصوفانہ شاعری میں اس کلامیۂ روحانی کا معنیاتی عرصہ اور پیرایۂ بیان رسومیاتی طور پر طے تھا، گھوم پھر کر بات ایک متعینہ وضع سے کی جاتی تھی اور وہی وضع قابل قبول سمجھی جاسکتی تھی جبکہ بیدل کے یہاں وہ معنیاتی عرصہ اور وضع ہی بدلی ہوئی تھی، اس لیے بیدل کا پیرایۂ اظہار و ابلاغ اس زمانے میں رائج متصوفانہ شاعری کے عادی لوگوں کے لیے ناقابل فہم تھا (چیزے نہ فہمیدن)۔ بیدل کی شاعری کو پُراز اشکال، پیچیدہ یا ناقابل فہم قرار دینا بقول واگیش شکل ''دراصل قرأت کی ذمہ داریوں سے عہدہ برآ نہ ہوسکنے کے سبب تھا، نہ کہ بیدل کی تخلیقیت کے اشکال کی وجہ سے۔ حقیقت یہ ہے کہ بیدل کا کلامیۂ روحانی ہی دوسرا تھا، اس لیے کہ یہ پیرایہ و محاورہ اپنے عہد کے عام روایتی انداز سے ہٹ کر تھا۔''
(نارنگ، ص 226)

اس دلچسپ گفتگو کو جاری رکھتے ہوئے واگیش شکل کہتے ہیں کہ بیدل کو سمجھنا اس لیے بھی دقّت طلب رہا ہے کہ بیدل کا 'تصور وجوؤ من وعن وہ نہیں ہے جو اس عہد میں عام تھا جو دوسرے صوفیا کا ہے۔

Assertions like :

برقِ جوالہ را چہ بال و چہ پر
خطِ پرکار را چہ پاؤ چہ سر

[Of the Swinging Light where is the wing and feather?
Of the trace of a circle where is the beginning and where is the end?]

indicate not only a time-concept which is dissonant with the standard sufi discourse, but also a theoretical departure from the usual formulation of

وجود *wuj®d* (= Existence); for Bedil وجود *wuj®d* is not a reality, and thus the 'Unity' is somewhat anti-foundational. When Bedil dismisses both knowledge and ignorance as illusions of the same category, he is following an advanced text like the *Yogav¢sishṭha*, and not a mere Unity. This is transnumeration, not a reduction of everything into a Numero Uno.

This transnumeration, usually regarded as 'the doctrine of Zero' because the great Buddhist philosopher N¢g¢rjuna has used the word 'Sh®nya' to describe it, is the core of some of the most complex philosophical thought-systems India has produced, including that of the *Yogav¢sishṭha*. When Bedil joins the group, it is hardly surprising that some of the best Indian poetry results. Since the poetic devices are entirely those from Persian poetry's arsenal, a new glow is also added to the contents.

In the long list of sufi poets, nobody except Bedil could do it because in that long list, nobody could go to those sources with the needed intellectual power, or the needed artistic talent."

دانش ہند اور بیدل کی مثنویاتِ عالیہ کے تناظر میں پروفیسر واگیش شکل کا صفر، شونیہ اور وحدتِ عالیہ کا محولا بالا فلسفیانہ انکشاف جاذبِ فکر و نظر ہے۔ اس کا براہ راست تعلق پروفیسر نارنگ کے عظیم ترصیحفہ 'غالب: معنی آفرینی، جدلیاتی وضع، شونیتا اور شعریات' کے مرکزی مبحث سے ہے۔ اس لیے اس پر خصوصی توجہ مرکوز کرنا ناگزیر ہے۔ فلسفۂ اسلامیات اور عرفانیات میں بھی اَحد کے ساتھ بحث، لا، سواں نام (The Hundredth Name) کا تصور بھی موجود ہے۔ تجربہ کنندہ عارف مراقبہ میں 'فنا' سے قبل اس سے گزرتا ہے۔ بیدل فلسفۂ اسلامیات اور عرفانیات کے اس فلسفیانہ اور عارفانہ تناظر سے بھی بیک وقت مکمل طور پر وجودیاتی سطح سے آگاہ تھے۔ لیکن انھوں نے ہندستانیت کے اسطوری پس منظر اور سبک ہندی کے پیش منظر میں 'عرفان' کی ہندوی تشبیہاتی، استعاراتی، علاماتی، بدیعیاتی اور نخشتمثالی (Archimagist) رنگ و آہنگ میں تخلیق، تشکیل اور تعمیر کرنا موزوں اور مناسب تصور کیا۔ 'عرفان' کے گیارہ ہزار اشعار تیس سال تک لکھے جاتے رہے اور 1712 میں تکمیل پذیر ہوئے۔ 'بندو' سے اسیم و اننت آدیا جیوتی کا باطنی سفر مدام سفر درحقیقت 'نور'

سے بیکراں تجلیِ اعظم یا لانہایت نور اکبر کا وجودیاتی اور عرفانیاتی اکمل ترین تجریدی تجربہ ہے۔ یہ شونیتا سے مہا شونیتا تک، مہا شونیتا سے پرم شونیتا تک کا امجد ترین اور اقدس ترین باطنی تجربہ ہے۔ اس کے نتیجہ میں کامل سکون آگیں اور نشاطِ روح آگیں خاموشی محیط ہوجاتی ہے۔ گوتم بدھ کا گولڈن سائلنس اس کا صادق امین تھا۔ شونیتا غیر مذہبی تجربہ نہیں ہے۔ یہ اصل باطنی اور قدسی تجربہ ہے۔ ناگارجن نے دھیان کے ایک طریقہ 'نیتی نیتی'
) کے وسیلہ سے بالآخر اس کو علمیات (Epistemology) کی معروضی سطح ضرور عطا کردی ہے لیکن وہ خود بھی اکمل عارف تھے۔ ان کے فلسفہ کا نام ہی 'جادۂ اعتدال' (مدھیہ مارگ) ہے۔ ان کی کتاب کا نام 'پرگیا پرمت تا' (Pragya Pramitta) ہی وید مقدس رِگ وید کی اس رِچا (مقدس بیت) سے مستعار ہے۔

(برہم کا نام اشعر ہے)

'پراگیہ پرمتا' کا ترجمہ (تکمیل علمیات) سے ہٹ کر ہے۔

بیدل کی شاعری 'ہستیِ بحت' یا 'ہستیِ محض' کی تجریدی کیفیت کا بھرپور تخلیقی مکاشفہ

ہے۔

ہر کہ از خود شد تہی، از ہستی مطلق بر و است
از حباب من، سراغِ گوہرِ نایاب گیر

(جو بھی 'خود' سے خالی (شونیہ) ہوا وہ ہستیِ بحت سے معمور ہوا۔ میرے نورِ اصغر سے نایاب بیکراں 'نورِ اشعر یا نورِ اکبر') کے سراغ میں مستغرق ہو) (نظام صدیقی)

نارنگ صاحب آگے فرماتے ہیں:

''متصوفانہ شاعری تو اس پورے عہد میں چلن میں تھی اور خوب سمجھی جاتی تھی لیکن اگر لوگ بیدل کے روحانی کلامیہ کو نہ پا سکے تو اس لیے کہ اول تو کسی میں بیدل کی سی ذہنی وتخلیقی استعداد نہ تھی، دوسرے یہ کہ دانشِ ہند کے سرچشموں تک عام لوگوں کی رسائی نہ تھی۔ بیدل کے یہاں وجود کا تصور ہی بدلا ہوا اور پیچیدہ ہے، یعنی برقِ جوّالہ یا خطِ پرکار۔

یہ اکائی سے زیادہ دائروی ہے۔ جب علم اور غیر علم دونوں ایک ہی سلسلۂ جاریہ یا حلقۂ دامِ خیال ہیں تو وحدت بھی 'مبتدالاعداد' سے زیادہ 'صفر اصل الاصول' سے عبارت ہے، یعنی فلسفۂ شونیہ، جو یوگ وششٹھ کی قدیمی دانش کی بھی اساس ہے۔ واگیش کا یہ وہ نکتہ ہے جو سبکِ ہندی بالخصوص بیدل کے بارے میں ہمارے تھیسس سے خاصی مطابقت رکھتا ہے۔ واگیش شکل نے اپنے پراز معلومات مضمون میں یہ بھی انکشاف کیا ہے کہ ضروری نہیں کہ مثنوی 'عرفان' میں ہر مبحث یوگ وششٹھ سے آیا ہو، اس میں بہت کچھ ایسا بھی ہے جو دوسرے ذرائع سے شعوری یا لاشعوری طور پر آیا ہوگا۔ لیکن اس میں کلام نہیں کہ بعض تصورات ایسے ہیں جو سوائے دانشِ ہند کے کہیں اور نہیں پائے جاتے۔'' (نارنگ، ص 228-229)

مثنوی 'عرفان' میں بیدل نے 'سخن' کی بابت جو کچھ کہا ہے، وہ بہت کچھ وہی ہے جو ہندستانی فکر و فلسفہ کا نظریہ ہے۔

بقول واگیش شکل بیدل غالبًا اپنے زمانے کا واحد شاعر ہے جو کہتا ہے کہ مذاہب فقط ظاہرداری نہیں بلکہ تمام مذہب اپنی اپنی جگہ پر صحیح اور اپنے اپنے ماننے والوں کے لیے واجب الاحترام ہیں :

خوابِ بیداری کہ ما داریم
بر ہماں جادہ سیر ہا داریم

(یعنی بیداری (عرفان/ گیان) کا جو خواب میرے پاس ہے، اس لیے ہے کہ میں نے تمام راستوں (مذہبوں) کی سیر کی ہے۔)

واگیش شکل مزید کہتے ہیں کہ بیدل کے یہاں مقامی فکر و فلسفہ کی آگہی کی اجنبیت و غرابت تخلیق کی حسن کاری کا قالب اختیار کرلیتی ہے۔ بیدل کے یہاں ناقابلِ فہم کچھ بھی نہیں، جو لوگ بیدل کو ناقابلِ فہم سمجھتے ہیں ان سے بیدل صاف لفظوں میں کہتا ہے :

چشم وا کُن حُسنِ نیرنگِ قدم بے پردہ است
گوش شو آہنگِ قانونِ عدم بے پردہ است

معنی کزفہم آں اندیشہ در خوں می تپید
ایں زماں در کسوتِ حرف و رقم بے پردہ است
آں چہ میدانی منزّہ اعتبارِ بیش و کم
فرصتت بادا کہ اکنوں بیش و کم بے پردہ است

(آنکھیں کھول کر دیکھو کہ روزِ اول سے چلے آرہے حسن (اننت) کا نیرنگِ نظر تمہارے سامنے بے پردہ ہے۔ کان کھول کر سنو کہ قانونِ عدم (مایا) کا آہنگ تمہارے سامنے بے پردہ ہے۔ معنی کہ جس کے سمجھنے سے فکر خون میں کھولنے لگتی ہے، اس وقت میرے حروف وتحریر میں تمھاری آنکھوں کے سامنے بے پردہ ہے۔ وہ جسے تم منزّہ سمجھتے ہو کم یا زیادہ، غور سے دیکھو وہی کم یا زیادہ تمھاری نظروں کے سامنے آشکار ہے)۔

بیدل کی محولا بالا مثنویوں کی ہمہ گیر بین لسانی اور بین ثقافتی معنویت اور غالب سے ان کے ذہنی ربط و ضبط کا سراغ لگاتے ہوئے پروفیسر نارنگ نے آگے نہایت تحقیقی ژرف بنی اور تفہیمی بصیرت کے ساتھ معروضی تجزیہ کرتے ہوئے نہایت خیال افروز رنگ و آہنگ میں ''زبان کی مقامیت بنام ایرانیت' کی تذکروں کی جنگ کے پس منظر میں غالب اور حامیانِ قتیل کی معرکہ آرائی اور پرانے ایرانی اور ہندی نزاع کی ازسرِنو بازآفرینی کی باز تخلیق کردی ہے اور اس کے آئینۂ خانہ میں بیدل کے سلسلہ میں غالب کی نفسیاتی ثنویت (Duality) اور شخصی اور شعری نرگسیت کو دلائل اور شواہد کے ساتھ بھرپور طور پر اُجاگر کردیا ہے۔ اس ضمن میں نارنگ صاحب فرماتے ہیں:

''اس سیاق میں بیدل کا تخلیقی کلامیہ جس کے سرچشموں میں دانشِ اسلامی کے ساتھ دانشِ ہند کے سوتے بھی آملے تھے، اگر اس زمانے کے صاحبانِ ذوق کو نا قابلِ فہم، سریت آلود یا پُراز اشکال معلوم ہوتا تھا تو تعجب کا مقام نہیں ہے۔ اس پر فارسی کا مقامی ہندی روزمرہ و پیرایہ مستزاد جو نووارد ایرانیوں کو اور بھی اجنبی اور نامانوس معلوم ہوتا ہوگا۔ اٹھارھویں صدی میں فارسی شاعری کے دو طرز مقبول و مرغوب تھے، ایک نظیری کا دوسرا صائب کا، بیدل کی شخصیت نے دونوں کو زیر و زبر کردیا۔ بیدل کی تخلیقی توانائی اور جرأت

فکری ایک تلاطم خیز دریا کی طرح تھی جو کسی رکاوٹ کو خاطر میں نہ لاتی تھی۔ شیخ علی حزیں (وفات 1766) جن کا زمانہ بیدل کے کچھ بعد کا تھا، اور جو ایرانی نژاد تھے، انھوں نے ہندی فارسی گوؤں بالخصوص بیدل پر اعتراض کرنا شروع کیے۔ اگرچہ اس زمانے کے جید عالم سراج الدین علی خانِ آرزو (وفات 1756) نے جم کر بیدل کا دفاع کیا اور بیدل کی اختراعات اور جدت پسندیوں کو برحق ٹھہرایا۔ خانِ آرزو نے 'تنبیہ الغافلین' لکھ کر الٹے حزیں پر اعتراض بھی کیے۔ یوں زبان کی مقامیت بنام ایرانیت کی بحث اٹھ کھڑی ہوئی۔ ہندی شعرا زیادہ تر فارسی کی سند کے لیے ایرانیوں کی طرف دیکھتے تھے۔ حزیں اور ان کے حامیوں کے اعتراضات سے ہندی گوؤں کی ساکھ کو خاصا دھکا لگا اور مدتوں وہ اس احساس کمتری اور پسماندگی سے باہر نہ نکل سکے جیسا کہ آزاد بلگرامی (خزانۂ عامرہ) اور امام بخش صہبائی کے بیانات سے ظاہر ہوتا ہے۔ چنانچہ وہی بیدل، عہد عالمگیری میں جس کے نام کا ڈنکا بجتا تھا، اٹھارھویں صدی کے اواخر تک اس کی شہرت پس پشت چلی گئی اور وہ فقط خواص کے ایک طبقہ کا شاعر بن کر رہ گیا۔ (نارنگ، ص 233)

اس ضمن میں پروفیسر وارث کرمانی کا کہنا ہے کہ:

> ''بیدل ہمالیہ پہاڑ کی طرح اتنے بلند ہیں کہ انھیں ان کے ہم عصروں اور بعد والوں نے اپنے ضعفِ بصارت کی بنا پر مغلق اور خارج آہنگ قرار دیا تھا۔ ان کم نگاہوں میں شبلی کو بھی شامل کیا جاسکتا ہے۔''

اس کے بعد نارنگ صاحب مزید دلائل، براہین اور شواہد کے ساتھ اپنے خصوصی مقدمہ (Premises) کی توثیق کرتے ہیں۔

''حقیقت یہ ہے کہ شبلی جنھوں نے شعرالعجم کے نام سے پانچ جلدوں میں فارسی ادب کی تاریخ لکھی، انھوں نے بیدل کو شامل نہ کرکے اپنے ہاتھوں اپنے عظیم فارسی شاعر کو دیس نکالا دے دیا۔ ان حالات میں غالب کا بیدل کا تتبع کرنا اور ایک مدت تک علی الاعلان بیدل کو اپنا رہنما و خضرِ راہ قرار دینا ایک غیر معمولی ذہنی و تخلیقی کارنامہ سے کسی طرح کم نہ تھا۔ غالب نے کم عمری ہی سے بیدل کا اتباع لاشعوری طور پر شروع کیا۔ بیدل

میں ان کے لیے کچھ ایسی کشش تھی کہ بغیر کچھ وجہ بتائے وہ دل کی گہرائیوں سے بیدل کو چاہنے لگے، صاف کہتے ہیں کہ 'بیعت بیدل کا فیض ہے کہ میرا قلم اس قدر مسیحائی دکھاتا ہے۔' لیکن بالعموم جو یہ سمجھا جاتا ہے کہ پچیس برس کی عمر کے بعد غالب نے اتباعِ بیدل کو ترک کردیا، خواہ اس کو خود غالب کی تائید ہی کیوں نہ حاصل ہو (ملاحظہ ہو خط بنام عبدالرزاق شاکر، آغاز ایں باب) یہ غلطِ محض ہے، اول تو سفر کلکتہ کے دوران 1828 تک جب غالب کی عمر 31 سال کی تھی وہ علی الاعلان پیرویِ بیدل پر فخر کررہے تھے (جس کا ذکر مثنوی بادمخالف اور دیگر مثنویوں کے ضمن میں آگے آتا ہے)، دوسرے یہ کہ وہ فارسی کے اہلِ زبان نہیں تھے، لیکن قضیۂ کلکتہ کے بعد اہلِ زبان کی حیثیت سے خود کو منوانا اب ان کے لیے عزت وانا کا مسئلہ بن گیا تھا، اور تیسرے یہ کہ بیدل کی شعریات اس حد تک غالب کے ذہن وشعور میں پیوست ہوچکی تھی اور ان کی فکری نہاد وافتاد کا حصہ بن چکی تھی کہ باوجود ادعا کے اس کو بدلا نہیں جاسکتا تھا جس پر نہ صرف ان کی تمام شاعری دلالت کرتی ہے بلکہ بعد کے خطوط بھی چغلی کھاتے ہیں جن سے پتہ چلتا ہے کہ غالب ذہنی طور پر بعد میں بھی بیدل سے رجوع کرتے رہے۔ قاضی عبدالودود نے صاف صاف لکھا ہے کہ بعد میں بھی غالب ''بیدل کے دائرۂ اثر سے باہر نہ تھے، بادِمخالف میں انھوں نے بیدل کا شعر بطور سند مثنوی میں شامل کیا ہے...غالب آخر آخر تک بیدل کے اشعار اظہار پسندیدگی کے ساتھ اپنے خطوں میں نقل کرتے رہے۔'' ڈاکٹر خلیق انجم نے غالب کے کم ازکم سات خط ایسے پیش کیے ہیں جن سے ثابت ہوتا ہے کہ غالب آخری عمر تک بیدل کے اشعار کے حوالے دیتے رہے۔

آگرہ و دہلی میں لوگوں کے اعتراضات ہی کیا کم تھے کہ قضیۂ کلکتہ غالب اور بیدل کے رشتے کے لیے نہایت بدبختانہ ثابت ہوا۔'' (نارنگ، ص 234)

''غالب کو اپنی بیدل فہمی اور فارسی دانی پر ناز تھا۔ انھوں نے معترضین کو برسرِمحفل لتاڑا۔ غالب کو مخالفین کے اعتراضات اور خاص طور پر قتیل کو سند کے طور پر پیش کرنا سخت ناگوار گزرا۔ اس کا ایک افسوسناک نتیجہ یہ نکلا کہ غالب قتیل ہی کے نہیں، ہندوستان کے

فارسی گو شعرا کے مخالف ہوگئے۔ ان کا کہنا تھا کہ ہندی شاعروں نے فارسی اہلِ زبان سے نہیں، کتابوں اور مقامی اساتذہ سے سیکھی ہے، اس لیے ان کی فارسی شاعری لائقِ اعتنا نہیں۔ بات بڑھ گئی۔ حزیں نے ہندی فارسی گو شاعروں کو ''پوچ گو'' کہا تھا اور اسی نوع کی نزاع سراج الدین علی خانِ آرزو اور دوسروں سے شروع کی تھی۔ اب غالب اور حامیانِ قتیل کی معرکہ آرائی سے پرانے ایرانی ہندی نزاع کا ازسرنو آغاز ہوگیا۔ غالب کے لیے پنشن کا جھگڑا پہلے ہی دردِ سر بنا ہوا تھا۔ وہ کوئی اور مصیبت مول لینا نہیں چاہتے تھے، لیکن نہ چاہتے ہوئے بھی وہ ایرانی ہندی نزاع میں گرفتار ہوگئے۔ یوں ان کے شعوری و لاشعوری آئیڈیل بیدل بھی زد پر آگئے۔ اس سیاق میں اب پوری طرح دیکھا جاسکتا ہے کہ کلکتہ کے قضیۂ نامرضیہ میں اصل معاملہ بقول ڈاکٹر عبدالغنی اتباعِ بیدل ہی کا تھا، آگرہ اور دہلی میں بھی جو اعتراضات ہوئے تھے تو اصل بات پیرویِ بیدل کی تھی اور یہاں بھی لفظ 'زدہ' کے جس استعمال کو محلِ نظر قرار دیا گیا وہ دراصل غالب کے یہاں بیدل ہی سے آیا تھا۔ بیدل مرزا کا سب سے بڑا سرچشمۂ فیض تھے۔

''حالات کی نزاکت کو دیکھتے ہوئے دوست احباب نے صلح صفائی کا مشورہ دیا۔ غالب نے 'مثنوی بادِ مخالف' لکھی جسے بظاہر اس وقت 'آشتی نامہ' کہا گیا۔ لیکن غالب کہاں چوکنے والے تھے۔ اس میں جہاں بظاہر وضعداری کو نبھاتے ہوئے مقامی حضرات کی تعریف کی گئی تھی وہاں 'زدہ' سے متعلق سند علی الاعلان بیدل کے شعر سے دی گئی۔ مزید یہ کہ مرزا نے بڑھ چڑھ کر بیدل کی تعریف کی، بیدل کو 'محیطِ بے ساحل' اور 'قلزمِ فیض' لکھا اور یہ بھی کہا کہ ہندی ہونے کے باوجود بیدل، قتیل کی طرح نادان نہیں تھا۔'' (نارنگ، ص 235-236)

بالآخر وہ یہ نتیجہ اخذ کرتے ہیں کہ ''سفرِ کلکتہ میں غالب نے دو مثنویاں 'چراغِ دیر' اور 'بادِ مخالف' تصنیف کیں۔ دونوں بیدل کی دو مثنویوں 'طورِ معرفت' اور 'عرفان' کی بحروں میں ہیں اور دونوں میں استفادہ اور استفاضۂ بیدل ظاہر ہے۔'' (ایضاً، ص 237)

''مثنوی 'طورِ معرفت' کے بارے میں معلوم ہے کہ قیامِ بنارس کے دوران 1827

میں غالب کی 'چراغِ دیر' اسی مثنوی کی ترغیب ذہنی سے لکھی گئی اور بحر بھی 'طورِ معرفت' والی اختیار کی گئی۔ صاف ظاہر ہے کہ 'عرفان' ہو 'محیط اعظم' یا 'طور معرفت' بیدل کی غزل ہی نہیں بیدل کی مثنویاں بھی غالب کو ہمیشہ عزیز رہیں اور ان کے اثرات غالب کی تمام تر تخلیقی زندگی کا اہم حصہ بنے رہے۔'' (ایضاً، ص 238)

مابعد ساختیاتی اور مابعد جدید نئی فکریات کے تناظر میں غالب کے اطالوی ناقد علی ساندرے بوسانی نے اپنے مقالہ 'Ghalib and Bedil's style' میں غالب اور بیدل کے تازہ کار اور نادرہ کار اسلوب پر لکھتے ہوئے بیدل کے اسلوبیاتی رمز کی گرہ کشائی میں ایک نئے اور انوکھے تحیئر انگیز نکتہ پر سب سے پہلے اہل ذوق اور اہلِ دل قاری کی پہلی بار توجہ مرکوز کرائی ہے جیسے بیدل کے روحانی کلامیہ کے مافیہہ کے ضمن میں دانش ہند کے سرچشموں تک بیدل کی رسائی کا پروفیسر واگیش شکل نے انکشاف کیا تھا کہ بیدل کی شعری کائنات میں وجود کا تصور ہی مختلف اور جداگانہ ہے یعنی برق جوالہ یا خطِ پرکار — یہ اکائی سے زیادہ دائروی ہے۔ یہ مبتدالاعداد (Numero Uno) سے زیادہ صفر اصل الاصول (The Principle of Zero) کا اشاریہ کنندہ (Signifier) ہے یعنی فلسفۂ شونیہ اور فلسفۂ لاشیئت کا (Signified) معنی نما! علی ساندرے بَوسانی نے بھی پہلی بار منکشف کیا ہے کہ بیدل کی اسلوبیاتی طرحداری میں جس طرح کی نئی اور انوکھی ترکیبیں اور بندشیں ملتی ہیں اور اس میں الفاظ کا گٹھاوَ خلافِ روزمرہ معلوم ہوتا ہے اور جس کی اساس پر بیدل کو خارج از آہنگ قرار دیا گیا، درحقیقت وہ اصل سنسکرت تراکیب سے مشابہ شکلیں ہیں۔ سنسکرت میں ایسی بندشیں بے حد عام اور چلن میں ہیں۔ ان کا حتمی قول فیصل یہی ہے کہ غالب نے بیدل کو کبھی ترک نہیں کیا اور اس بارے میں غلط فہمی پھیلانے کا سب سے بڑا سبب خود غالب کے اپنے جدلیاتی بیانات ہیں۔ نارنگ اس حوالے سے یہ دلچسپ نکتہ بھی انگیز کرتے ہیں کہ بعد میں غالب نے اگر بیدل کی بابت کچھ کہا بھی تو اس کا تعلق ان کی فارسی شاعری سے ہے۔ اردو کلام سے اس کا کچھ لینا دینا نہیں ہے۔ (نارنگ، ص 240)

پروفیسر گوپی چند نارنگ نے ان اساسی انقلاب انگیز مقدمات (Premises) نتائج

اور شواہد کی تیز روشنی میں اپنی مخصوص اسلوبیاتی اور تعبیراتی نادرہ کاری سے پہلی بار دو ڈوک اس صداقت کو مکشوف کیا ہے۔ خصوصی طور پر خاطر نشان ہو۔

''بیدل کی شعریات اور اس کی زیرِ زمین لاشعوری پر پیچ جدلیاتی جڑوں کو غالب نے نہ صرف کبھی ترک نہیں کیا، بلکہ غالب نے انھیں اپنی تخلیقیت کی آتشِ دروں سے معنی یابی اور ادابندی کی ایک ایسی سطح پر فائز کر دیا کہ یہی خصوصیات غالب شعریات کا نشانِ امتیاز اور غالب کے تخلیقی دستخط بن گئیں۔'' (ایضاً، ص 240)

ادب میں canon (معیار) کا تصور مابعد جدید تنقید سے خاص ہے کہ ادب میں شاہکار متون کا محیط سکڑتا پھیلتا رہتا ہے، یہ سارے زمانوں کے لیے مقرر و متعین نہیں ہو جاتا یعنی اس میں تغیر ہوتا رہتا ہے۔ غالب اور بیدل کا رشتہ اس کی بہترین مثال ہے، یعنی جب کوئی بڑا شاعر سامنے آتا ہے تو بعض اوقات وہ اپنے سے پہلے کے ادبی سرمایہ کی نئی تعبیر و تفسیر پیش کر کے یا بازیافت کر کے پچھلے سرمایۂ سخن کی قدر و قیمت میں فرق پیدا کر دیتا ہے۔ حزیں کے ہندی ایرانی نزاع کے بعد بیدل کو تقریباً دیس نکالا دے دیا گیا تھا۔ وارث کرمانی کی اس بات میں وزن ہے کہ غالب نے اتباعِ بیدل کر کے جس طرح بیدل کو از سرِ نو دریافت کیا اور بیدل کی فکری بصیرت و فنکارانہ عظمت کو خراجِ عقیدت پیش کیا:

''اس کے بعد بیدل اس مقام پر نہیں رہے جہاں وہ پہنچا دیے گئے تھے۔''

''غالب نے بیدل کی معنویت اور عظمت سے رشتہ جوڑ کر ان کو نئی زندگی بخشی۔ اس کے بعد بیدل نہ صرف canon میں centre stage ہو گئے بلکہ ان کی اور ان کے ساتھ سبکِ ہندی کی دھاک بھی سارے زمانے پر بیٹھ گئی۔'' (ایضاً، ص 241)

''بیدل کے شعری و فکری کلامیہ (ڈسکورس) سے غالب تک زمانی فاصلہ ایک صدی یا کچھ کم کا ہے لیکن ذہنی فاصلہ ایک قدم کا ہے۔ مثنوی 'محیطِ اعظم' اور 'عرفان' میں مقامی حکایات اور ویدانت سے واقفیت کا سب کو علم تھا، لیکن واگیش شکل کے انکشافات نے دانشِ ہند کی صدیوں پرانی جڑوں سے بیدل کے فلسفیانہ رشتوں کو الم نشرح کر دیا ہے۔ عظیم شخصیتیں جس طرح صدیوں کے ماضی کی جڑوں میں اتری ہوئی ہوتی ہیں، اسی طرح

مستقبل کی طرف بھی رخ رکھتی ہیں۔ گویا ان کے پیر پاتال میں اور سر آکاش میں ہوتا ہے

اس میں کلام نہیں کہ پس ساختیاتی اور مابعد جدید نئی فکریات دانشِ انسانی کا اگلا قدم ہے۔ غالب کو پڑھتے ہوئے اکثر احساس ہوتا ہے کہ کائناتِ اکبر ہو کہ اصغر، انسان ہو کہ وجود، معنی ہو کہ زبان، غالب نے فکری طور پر کسی مسئلے پر مطلق رائے دے کر اسے آئندہ کے لیے foreclose نہیں کیا، یعنی طرفوں کو بند نہیں کیا۔ جرأت فکری، ذہنی تگ و تاز، سعی و جستجو اور آزادگی و کشادگی کا یہی رشتہ غالب و بیدل اور نئی فکریات کے بیچ ایک مضبوط پل کی حیثیت رکھتا ہے۔ بیدل کو نئی فکریات کا پیشرو کہنا اسی رشتے کی رو سے ہے۔ پاکستانی فلسفی ادیب ضمیر علی بدایونی بیدل شناسی کو اسی سمت میں آگے بڑھانا چاہتے تھے لیکن افسوس کہ زندگی نے وفا نہیں کی، تاہم ان کا ایک اہم مضمون ''بیدل ساختیاتی فکر کا پیشرو'' اس بارے میں بہت سے نکات کی توثیق کردیتا ہے جن سے ہمارے اس موقف کی تائید ہوتی ہے کہ ساختیاتی فکر اور مابعد جدید جدلیاتی سوچ کی جڑیں مشرقی دانش کی گہرائیوں میں پیوست ہیں اور بیدل و غالب کی شعریات سے ان کا گہرا رشتہ ہے۔ ضمیر علی بدایونی دانشِ حاضر کی آفاقی جہت سے تو آشنا تھے، لیکن 'عرفان' میں موجزن دانش ہند کی تہہ تک رسائی ان کو حاصل نہ تھی۔ بہرحال مقامی ثقافتی رشتوں کی جڑوں بالخصوص ( ) فلسفۂ سخن سے بیدل کے متاثر ہونے کا اندازہ اگر واگیش شکل کی تحقیق سے ہوجاتا ہے تو دانشِ حاضر یا مستقبل کی طرف رخ، جس کا ذکر ہم اکثر کرتے رہے ہیں، اس کی تائید و توثیق ضمیر علی بدایونی کی خردافروز تحریر سے ہوجاتی ہے۔ ذیل میں ہم بالاختصار دیکھیں گے کہ بیدل کی 'عرفان' کے مباحث متعلقہ 'سخن' اور دانشِ ہند کے تصور ( ) متعلقہ فلسفۂ لسان، یعنی ان دونوں اور ساختیاتی فکر کے موقف میں کیسی گہری مماثلت اور ہم رشتگی ہے۔ متن کی قوت بیدل کی نگاہِ تیز سے پوشیدہ نہ تھی اس پر زور دیتے ہوئے ضمیر علی بدایونی لکھتے ہیں:

> ''موجودہ دور ساختیاتی فکر کا دور ہے۔ وجودیت اور انسان پرستی کا قالین لپیٹا جاچکا ہے۔ لیکن ستاروں کے ڈوبنے سے سورج کی درخشانی میں کوئی کمی واقع نہیں ہوتی۔ ساختیاتی فکر کا سورج چمک رہا ہے لیکن یہ ساختیاتی فکر صرف

ساختیات تک محدود نہیں بلکہ پس ساختیات اور مابعد جدیدیت تک محیط ہے۔ آج فرد کی جگہ ساختوں نے، مصنف کی جگہ متن نے لے لی ہے۔ آج کا قاری معانی کی تلاش میں مصنف تک جانا ضروری خیال نہیں کرتا، بلکہ متن کی اس قوت سے رجوع کرتا ہے جو معنی آفرینی میں مصروف ہے۔ بیدل کی نگاہ تیز سے متن کی یہ قوت پوشیدہ نہیں تھی، لیکن اس کی علامتیں مختلف ہیں۔ اس کا طرز اظہار اپنی ثقافت و روایت سے پیدا ہوتا ہے۔ اس کی فکر آفاقی ہونے کے باوجود اپنی تہذیبی فضا میں سانس لیتی ہے۔'' (ضمیر علی بدایونی، بحوالہ نارنگ، ص 243)

بیدل کے یہاں 'سخن' کی اصطلاح کس طرح شاعرانہ فکر میں بنیاد کا کام کرتی ہے اور ان تمام مفاہیم کا احاطہ کرتی ہے جو دانشِ ہند کی کُنہ ہیں، قاری کی اپنی معنویت اور متن کی معنویت مل کر ایک نئی نقش گری کررہے ہیں، اور تو اور زماں و مکاں بھی سخن کے امکانات میں سے ایک ہیں، ضمیر علی بدایونی سے سنیے :

''ساختیاتی فکر نے متن، معنویت، مصنف اور قاری اور سب سے زیادہ تصور وقت پر اپنے اثرات مرتب کیے ہیں۔ آج ہم متن سے اٹھنے والی لہروں کو ایک نئی تعبیر سے آشنا کرتے ہیں۔ معنویت کا روایتی تصور اب اپنی اہمیت کھوتا جارہا ہے اور اس کی جگہ دوسرے تصورات لے رہے ہیں۔ جن میں افتراق اور التوائے معنی کے تصورات خاصے اہم ہیں۔ اب مصنف تصنیف کا واحد حوالہ نہیں رہا۔ قاری کی اپنی معنویت اور متن کی معنویت مل کر ایک نئی نقش گری کررہے ہیں۔ قاری اپنی قرأت کے عمل سے ادب پارے کو ایک نئی شکل عطا کرتا ہے اور اس کی متنی حقیقت (textual reality) کو اپنے طور پر دریافت کرتا ہے۔ متن اور قاری کی مشترکہ کاوشوں سے ادب پارہ حقیقت کا روپ اختیار کرتا ہے۔ کوئی ادب پارہ اپنی جگہ خود مکتفی نہیں ہوتا بلکہ وہ متون کی اجتماعی فضا ہی میں موجود رہ سکتا ہے۔ جسے متنی تفاعل بھی کہا جاتا ہے۔ بیدل نے ''سخن'' کی اصطلاح میں ان سارے مفاہیم کی شیرازہ بندی کی ہے جو ساختیاتی فکر میں بکھرے ہوئے ہیں۔ بیدل کا سارا عالمی تناظر (world view) اسی لفظ سخن میں پوشیدہ ہے۔ سخن صرف انسان کی قوت گویائی یا اظہار و بیان کا وسیلہ ہی نہیں بلکہ اس کی حیثیت وجودیاتی (ontological) ہے۔ کائنات میں اگر ارتقا کوشی کا

رجحان پایا جاتا ہے تو سخن اس ارتقا کا نقش دائمی ہے۔ غالب نے کہا تھا کہ طوطی کو شش جہت سے مقابل ہے آئینہ۔ تقریباً یہی صورت حال لفظ، لغت اور زبان کی ہے۔ بیدل کے نزدیک انسان گو سخن کے مظاہر میں مقید ہے لیکن یہی سخن اسے آزادی سے بھی آشنا کرتا ہے۔ بیدل کہتا ہے :

خاموش شو و بہ بیں کہ بے گفت و شنود
چیزی می گوئی و ہماں می شنوی

(خاموش ہوجا اور دیکھ کہ بغیر کہے سُنے تو کیا کہتا ہے اور کیا سنتا ہے)

دریدا کے نزدیک یہاں کوئی کائنات موجود نہیں، بجز متن کی کائنات کے اور بیدل کہتا ہے سخن کے بارے میں :

زاعجاز ایں عیسیٰ افسوں مپرس
جہاں زندۂ اوست افزوں مپرس

(اس کے اعجازِ مسیحائی کے بارے میں مت پوچھ، اس سے ایک جہانِ بے پایاں زندہ ہے بس اِس سے زیادہ کچھ نہ پوچھ)

(یعینہ یہی ہے) لاکاں (وید یا اپنشد) کے نزدیک زبان سے باہر حقیقت کا کوئی وجود نہیں اور بیدل کہتا ہے :

باخفا حقیقت بافشا مجاز
بہ تشبیہ عالم بہ تنزیہہ راز

(حقیقت کو چھپا اور مجاز کو ظاہر کر، عالم تشبیہہ ہے اور تنزیہہ راز ہے)

متن، زبان اور الفاظ کے بارے میں بیدل کے افکار ایک لفظ سخن کے استعمال سے اپنا اظہار پاتے ہیں۔ ساختیاتی مفکرین کے نزدیک یہ ہمیں متن کے ذریعے معلوم ہوتا ہے کہ کائنات موجود ہے اور زبان میں موجود ساختیں متن کی معنویت کی تشکیل کرتی ہیں۔ بیدل نے لفظ سخن کو بڑی جامعیت کے ساتھ استعمال کیا ہے اور وہ کئی مفاہیم کا احاطہ کرتا ہے۔

اپنی مشہور نثری کتاب 'چہار عنصر' میں لکھتا ہے۔

''ایں جا متحقق گردیدہ سخن روحِ کائنات است و اصل حقیقتِ موجودات۔ ہرگاہ باخفائے معنی کوشد جہانے رانفس دزدیدن است و چوں افشائے عبارت جوشد عالمے رابرخود بالیدن۔''

یعنی سخن کائنات کی روح اور موجودات کی اصل حقیقت ہے۔سخن جب اپنے معنی کو چھپا لیتا ہے تو دنیا بھی فنا ہوجاتی ہے اور جب عبارت میں اس کا اظہار ہوتا ہے تو عالم کا بھی ظہور ہوتا ہے۔'' (بحوالہ نارنگ،ص 245)

ضمیرعلی بدایونی نے فکرِ بیدل کو مابعد جدیدی مفکرین کے سیاق میں بھی دکھایا ہے۔ ہیڈیگر زبان (سخن) کو Being کہتا ہے اس لیے کہ انسان کو وجود کا علم زبان اور معنی کے ذریعے ہوتا ہے۔سوسیئر 'نشان' Sign (سخن) کے راز کو سگنیفائڈ کے رشتے میں حقیقت کے مماثل قرار دیتا ہے۔ دریدا کا 'متن' (Text) کا تصور وہی ہے جو بیدل کے یہاں سخن کا ہے۔ بارتھ کہتا ہے تحریر خود کو لکھتی ہے یعنی سخن نقش گری کرتا ہے۔ ہائیڈیگر اور ملارمے کے نزدیک انسان نہیں بولتا زبان بولتی ہے یعنی سخن۔ بقول ضمیرعلی بدایونی:

''بیدل ان رموز سے پوری طرح آشنا تھا۔ وہ ان مفکرین سے دو قدم آگے بڑھ کر کہتا ہے:

بہر رشتۂ وہم دیگر مپیچ
کہ غیر از سخن درجہاں نیست ہیچ''

(وہم وگمان کے رشتے کو پیچیدہ نہ کر۔سخن سے زیادہ دنیا میں کوئی چیز پیچیدہ نہیں ہے)

آج بیسویں صدی کی فکری بلندیوں پر پہنچ کر ہیڈیگر کہتا ہے کہ آسمانی قوت آخری بار زبان کی شکل میں نمودار ہوئی ہے اور زبان تاریخی امکانات میں سے ایک امکان نہیں ہے، بلکہ تاریخ زبان کے امکانات میں سے ایک امکان ہے۔ بیدل سخن کی حقیقت کی تلاش میں لوح وقلم تک پہنچ جاتا ہے بلکہ جبریل و وحی کی تہہ میں بھی سخن ہی کو کارفرما دیکھتا ہے اور کہتا ہے:

بفہمی اگر رمزِ لوح و قلم
کہ غیر از سخن چیست آنجا رقم

(اگر تو لوح وقلم کے رمز کو سمجھے تو تجھ پر کھلے گا کہ اس میں سخن کے علاوہ کچھ بھی نہیں لکھا ہوا ہے) (بحوالہ نارنگ، ص 246)

''زبان معنی سے لبریز ہے لیکن معنی کو استحکام نہیں کیونکہ معنی افتراقیت یعنی اپنی نفی سے قائم ہوتا ہے، اسی لیے معنی اندر سے خالی ہے۔ چنانچہ ہر وہ چیز جو زبان سے قائم ہوتی ہے وہ منحصر بالغیر ہے، یعنی تعین سے آزاد ہے، یا خود اپنے جوہر سے خالی ہے، یعنی شونیہ ہے۔ یہ وہ نکتہ ہے جس کا ذکر واگیش شکل نے بھی 'عرفان' کے حوالے سے کیا ہے اور جس کا سلسلہ بودھی جدلیاتی فکر شونیتا تک پہنچتا ہے۔ اس نوع کے تصورات دانش ہند ہی کی جڑوں سے آئے ہیں، اس لیے کہ دانش ہند سے پہلے ان تصورات کا سراغ کہیں اور نہیں ملتا۔ نئی فکر قبول کرتی ہے کہ زبان حقیقت کے مطلق اظہار سے عاجز ہے۔ بیدل بھی کہتا ہے کہ زبان میں کچھ ایسا نقص دائمی طور پر موجود ہے کہ صداقت تک اس کی رسائی نہیں ہوسکتی:

بیاں در وصفِ او ناقص کمند ست
عبث دامن مزن آتش بلند ست

(اُس کے وصف کا بیان بساط سے باہر ہے۔ عبث دامن سے ہوا نہ دے کہ شعلہ خود ہی بلند ہے)

زبان یعنی سخن کا مرکزی مبحث معنی ہے۔ بیدل واحد شخص ہے جو کہتا ہے کہ معنی شاعری میں پہلے سے موجود نہیں ہوتے۔ منشائے مصنف تو معنی کا ایک طور ہے۔ دریدا سے صدیوں پہلے بیدل کہتا ہے کہ جب تک سخن باقی ہے معنی کا سلسلہ آگے بڑھتا رہتا ہے۔ معنی دائمی طور پر تعین سے آزاد ہے۔ یہ وہ نکتہ ہے جو غالب کی جدلیاتی تخلیقی فکر کی بہت سی گرہیں کھول دیتا ہے۔ بیدل کے حوالے سے ضمیر علی بدایونی نے معنی کے مبحث کو خوبی سے سمیٹا ہے اور آئندہ غور وفکر کے بہت سے کلیدی نکات کا احاطہ کرلیا ہے۔

''ساختیاتی مفکرین سے پہلے بیدل نے ناصر علی سے گفتگو کرتے ہوئے کہا تھا کہ شعر خوب معنی ندارد۔ یعنی یہ ضروری نہیں کہ شاعری میں پہلے سے معنی موجود ہو۔ ہر قاری اور ہر سامع اپنے ذہن کے معنی آفریں عمل کو کس طرح معطل کر سکتا ہے؟ منشاے منصف تو معنی کا ایک قرینہ ہے۔ جب تک سخن باقی ہے معانی کے سلسلے جاری رہیں گے۔ دریدا ایک مابعد جدید مفکر ہے جس کے نزدیک متن میں معنی کا سلسلہ آگے بڑھتا رہتا ہے اور چونکہ رکتا کہیں نہیں اس لیے متن تعینِ معنی سے دائمی طور پر آزاد رہتا ہے۔ دریدا کے ردتشکیلی نقطۂ نظر (Deconstruction) کے مطابق معنی ہمیشہ موخر (defer) ہوتے رہتے ہیں۔ بیدل نے معنی کا جو تصور دیا ہے وہ دریدا کے تصورِ معنی سے کم معنی خیز نہیں۔ دریدا نے موخر کا لفظ استعمال کیا ہے اور بیدل نے معنی کے لیے عقبیٰ کا لفظ استعمال کیا ہے۔ کہتا ہے:

چہ دنیا؟ رہِ لفظ سر کردنش
چہ عقبیٰ؟ بمعنی نظر کردنش

(دنیا کیا ہے محض لفظ کی بازی گری ہے، اور عقبیٰ کیا ہے، معنی کی کارفرمائی ہے)

اور عقبیٰ کے متعلق کہتا ہے کہ وہ ہم سے ایک دائمی فاصلے پر ہے۔ بیدل کا تصورِ معنی دریدا کے تصورِ معنی کی طرح زمانی عنصر کا حامل ہے۔ یعنی زمانیت معنی کا لازمی جزو ہے۔ معنی ساکن نہیں حرکت میں ہے۔ متعین نہیں زیرِ تشکیل ہے۔ وہ ہے نہیں بلکہ ہونے کے عمل میں گرفتار ہے۔ اس موج کی طرح جو سطح دریا پر ہمیشہ لہراتی رہے گی اور اپنی دائمی روانی سے ہردم تازہ دم ہوتی رہے گی۔ بیدل کے نزدیک معنی تو قائم ہونا چاہتا ہے لیکن اس کی زمانیت اسے گردش میں رکھتی ہے۔ بیدل کا تصورِ وقت معنی کی روح ہے۔ وقت کو قرار نہیں اس لیے معنی بھی دائمی طور پر گریزاں رہتا ہے۔'' (بدایونی، بحوالۂ نارنگ، ص 248-247)

بیدل کی فکریات کے کئی پہلو ہیں، ایک سے ایک معنی خیز اور لائق غور۔ ہر کوشش کے بعد احساس ہوتا ہے کہ مزید غور کی ضرورت ہے۔ جو عالم حسن کی گریز پائی کا ہے وہی فکرِ بیدل کا ہے:

ہمہ عمر با تو قدح زدیم و نرفت رنجِ خمارِ ما
چہ قیامتی کہ نمی رسی زکنارِ مابہ کنارِ ما
(تمام عمر ساتھ ساتھ ہم پیالہ رہے لیکن رنجِ خمار نہیں گیا، کیا قیامت ہے کہ تو
پاس تھا بھی اور پاس نہیں بھی تھا)

سخن شناسی اور واک شناسی افتراق (Differance) اور التوائے معنی (Deferment) سے بہت آگے اکبری تحریر (Arch writing) تک کا سفر ہے۔ بیدل کا تصورِ معنی ژاک دریدا کے 'تصورِ معنی' سے کہیں زیادہ جامع، لطیف ترین اور معنی خیز ہے۔ اس میں بیک وقت دانش اسلامی اور دانش ہندی کا جوہر اصل کارفرما ہے۔ یہ قرآن حکیم کے 'تصورِ تحریر' کو اجاگر کرتا ہے جو بیک وقت الخالقُ، الباریُ اور المصورُ کا رمزکشا ہے۔ بیدل کی غیرمعمولی تخلیقیت افروز اور نت نئی معنویت کشا فکر بیک وقت 'لوح وقلم' اور 'وحیِ خفی اور وحیِ جلی' کی اسرارکشائی کرتی ہوئی 'تصورعقبیٰ' کی جانب راہ نمائی کرتی ہے۔ یہ درحقیقت لامحدودترین 'معنی اکبر' یا 'نورِ اکبر' کی جانب 'نظر' مرکوز کرنے کی توفیق عظمیٰ ہے۔ واک شناسی میں یہ واکیشور کا پرم درشن ہے۔

چہ عقبیٰ؟ بمعنی نظر کردنش
(عقبیٰ کیا ہے؟ معنی کی جانب 'نظر' کرنا ہے)

یہ عقبیٰ ہم سے ایک دائمی فاصلے پر ہے۔ لیکن یہ مراقبہ میں چشم زدن میں مکشوف بھی ہوتا ہے۔ یہ دانشِ اکبر (Philosophia) کے برخلاف بینش اکبر، دید اکبر اور مکمل آزادیٔ دید اکبر (Philosia) ہے۔ یہ لامحدود ترین (ٹھنڈے) شعلہ کی شناخت (آدی جیوتی) تجلیِ اعظم یا نورِ اکبر کا عرفان ہے۔ بیدل ایک عظیم بینشور (Philosiar) ہیں۔ وہ 'زمانۂ حال' کے لازماں بعد (The Timeless Dimension of the Present) کے بھی عارفِ کامل تھے۔

وید میں 'واک' (سخن) کے بارے میں کہا ہے:

''میرے (واک = سخن) کے ذریعے انسان کھاتا ہے

دیکھتا ہے، سانس لیتا ہے اور سنتا ہے جو کہا جاتا ہے
وہ ناش ہوجاتے ہیں جو مجھے نہیں پہچانتے
سنو جو کان رکھتے ہو یہ مقدس سچائی ہے''

(حاشیہ، نارنگ، ص 229)

اپنشد میں بھی وانٔی (سخن) کو شعورکلی کہا ہے:

''وانٔی (سخن) شعورِکُلی ہے، وانٔی ہی سے ہر شے کی تشکیل ہوئی ہے۔''

(حاشیہ، نارنگ، ص 230)

بیدل نے اپنے کلامِ عالیہ میں سخن کی بابت جو کچھ کہا ہے وہ بہت کچھ وہی ہے جو ہندستانی الوہی اور قدسی شعریات، شعوریات اور اشعریات میں واک ( ) کا نظریہ ہے۔

درحقیقت عہد عتیق سے اکیسویں صدی کی دوسری دہائی کے مابعد جدید تناظر میں نئے عہد کی تخلیقیت کی تیسری کائنات ہر دور میں ہر زبان (Langue) ثقافت اور تواریخ کے مختلف سیاق میں ہر نوعیت کے مردہ، غیرمتحرک اور غیرنامیاتی (ردایت) سے گریزاں زندہ، نامیاتی اور متحرک روایت کی جست گاہ سے زقند بھر کر نئے عہد کی تخلیقیت سے ہم آہنگ ہونا سخن شناسی ہے۔ سبک ہندی اپنے دور میں نئے عہد کی تخلیقیت ہی تھی۔ ژاک دریدا نے اپنے اس نئے فکریاتی قول زریں میں اس بلیغ ترین معنویاتی رمز کی نشاندہی کی ہے۔

Creativity and Meaning is context-bound. But context is boundless.

(تخلیقیت اور معنویت سیاق زائیدہ اور پروردہ ہے۔لیکن سیاق بیکراں محیط اعظم ہے)

پروفیسر گوپی چند نارنگ نے نئی تھیوری کے تیسرے رُخ کے وسیع تر، عمیق تر اور رفیع تر سیاق میں نئی بیدل شناسی اور نئی غالب فہمی کے نئے تخلیقیت افروز تنقیدی نکات اور نئے معنویت کشا نتائج کو اس بابِ ششم کے غیرمعمولی تنقیدی صداقت پارے میں بھرپور طور پر مکشوف کردیا ہے جو سخن شناسی اور واک شناسی کے آفاق کے روشنی کے دریچہ کو

بھی وا کر دیتا ہے۔

مرزا غالب اردو ادب میں ایک عظیم القدر اسطورہ بن گئے ہیں۔ غالب اور کلام غالب کے ضمن میں ہماری تذکراتی تنقید، سوانحی تنقید اور داستانوی تحقیق نے بہت سارے گمراہ کن مغالطّوں کی تشکیل کی ہے جو عموماً اسطورہ بننے والی شخصیت کا مقدر ہوتا ہے خواہ وہ اپنے عہد کا سب سے بڑا تخلیقیت افروز اور نومعنویت آفرین 'نکتہ دان' ہو جس نے دنیا کو 'بازیچۂ اطفال' سے زیادہ اپنی توجہ کے قابل نہ سمجھا ہو اور اپنی بے مثل خیال افروز شعری تخلیقیت اور معنویت سے اردو زبان کو فارسی زبان کے مدمقابل کھڑا کر دیا ہو جس کی تحسین اور تمجید کے لیے محمد حسین آزاد کا یہ ٹھٹھول آگیں جملہ 'شہرۂ آفاق ہوگیا' — ''ایک نقارہ زور کا بجایا۔ کوئی سمجھا کوئی نہ سمجھا مگر سب واہ واہ کرتے رہ گئے۔'' خود استانوی اسطور ساز آزاد کے اس فکاہیہ جملہ پر حالی کا یہ مصرعہ صادق آتا ہے۔ ''لاکھ مضموں اور اس کا ایک ٹھٹھول''۔ باب ہفتم 'اوراقِ پژمردہ، واردات اور دلِ گداختۂ' میں نارنگ نے اوراق پژمردہ یا کلام منسوخ کی بابت فروگزاشتوں، مفروضوں، مبالغوں، مغالطوں اور غلط فہمیوں کی نہایت تحقیقی دیدہ ریزی اور موشگاف تنقیدی چابکدستی سے بے محابا ردتشکیل کی ہے۔ اس سے ابتدائی کلام منسوخ کی بابت متحیرکن حقائق برافگندۂ حجاب ہوئے ہیں جو یکسر اسطورہ شکن ہیں اور بیش بہا تازہ کار معلومات کے خزینہ دار بھی۔ ان میں صرف چند کو بطور نمونہ اور بطور سند پیش کرنے میں کوئی مضائقہ نہیں ہے۔ ان نام نہاد، تحقیقی اور تنقیدی مغالطوں کا سلسلہ آزاد اور حالی سے ہوتا ہوا حمید احمد خاں اور شیخ محمد اکرام سے ہوتا ہوا مالک رام تک پہنچتا ہے۔ مالک رام ابتدائی کلامِ منسوخ کی بابت لکھتے ہیں:

''شروع میں ان کی توجہ زیادہ تر اردو ہی کی طرف رہی اور وہ بھی بیدل، اسیر اور شوکت کے رنگ میں پچیس برس کی عمر تک تقریباً دو ہزار شعر کا ایک دیوان تیار ہوگیا۔ اگر یہی روش رہتی تو ان کی ادبی موت میں کسے شبہ ہوسکتا تھا لیکن غنیمت ہے کہ ... انھوں نے یہ راہ ترک کردی اور اس دیوان کو نظری کردیا۔''

اس ضمن میں نارنگ معروضی تجزیہ کرتے ہیں: ''یعنی یہ کہ (1) بیدل وغیرہ کے

اثرات تمام کے تمام ایسے تھے کہ غالب کی ادبی موت یقینی تھی، نیز (2) ابتدائی عمر کا (سارا) کلام نظری کردیا گیا۔ یہ دونوں باتیں حددرجہ غلط اور گمراہ کن ہیں۔ اب یہ بات معلوم ہے کہ اسی نام نہاد کجروی کے عہد کے کلام کا معتدبہ حصہ (یعنی ساڑھے سات سو اشعار) متداول دیوان میں شامل ہے اور جن 50 سے زائد غزلوں کا حوالہ ہم نے دیا وہ سب کی سب اسی زمانہ کی ہیں اور کون کہہ سکتا ہے کہ یہ غالب کے مایۂ ناز کلام کا حصہ نہیں، یا ان کے ہوتے ہوئے غالب کی ادبی موت یقینی تھی۔'' (نارنگ، ص 275)

''(نخ) اور (ق) سے منقول یہ سارا کلام ان برسوں کا ہے جب غالب کو مطعون کیا گیا۔ ابتدائی کلام کے بارے میں اس طرح کے ایک دونہیں کئی گمراہ کن متھ رائج ہوگئے ہیں جن کی بڑی وجہ ابتدائی دونسخوں کے متن کے تحقیقی مطالعہ کی کمی ہے۔ یہ متھ اتنے گہرے ہیں کہ محتاط سے محتاط محققین کے ہاں بھی ان کا اثر دیکھا جاسکتا ہے۔'' (ایضاً)

''بہرحال ہر کمی یا کوتاہی کے لیے غالب کی 'بیدلیت' کو مطعون کرنا ایک شیوہ سا بن چکا ہے۔ نہیں بھولنا چاہیے کہ قطع نظر گرامر کے غلو کے، فارسی اثرات اور بیدل کے اثرات نے درحقیقت اردو کی ساخت و پرداخت اور شعریات پر اچھا اثر ڈالا اور نہ صرف اردو کی امتزاجی حسن کاری و فنکاری کو ایک غیرمعمولی امتیازی شان عطا کی، بلکہ اردو کی چستی، کھنک، رچاؤ اور لوچ کے ساتھ مل کر فارسی نے اردو میں معنی آفرینی اور دقیقہ سنجی کے ایسے ایسے امکانات اور ابعاد پیدا کردیے کہ باید و شاید۔ یہ سب بڑی حد تک سبک ہندی اور بیدل کا اثر تھا۔ چنانچہ ابتدائے عمر کا یہ کلام نہ صرف غالب کی تخلیقیت کے اولین دستخط ہیں، بلکہ یہ وہ اساس ہے جس پر آگے چل کر غالب کی عظمت و مقبولیت کا ایوان اٹھایا گیا۔'' (نارنگ، ص 276)

غالب کے ابتدائی کلام کی بابت اسطورسازی کا سبب نارنگ اُن کے ابتدائی دونسخوں کے متن کے تحقیقی مطالعہ کی کمی کو قرار دیتے ہیں۔ اردو کی داستان گزیدہ تحقیق اور نام نہاد سوانحی تنقید میں غالب کی ابتدائی شاعری اور بیدل کی تقلید پر اعتراض کی شروعات آزاد و حالی سے ہوتی ہے۔ آب حیات میں آزاد رقمطراز ہیں :

''''جس قدر عالم میں مرزا کا نام بلند ہے اس سے ہزاروں درجہ عالم معنی میں کلام بند ہے، بلکہ اکثر شعر ایسے اعلیٰ درجۂ رفعت پر واقع ہوئے ہیں کہ ہمارے نارسا ذہن وہاں تک پہنچ نہیں سکتے۔'' (نارنگ،ص 256)

حالی نے میر تقی میر کی پیشین گوئی کی جو روایت نقل کی تھی اس نے بھی بیدل کے تتبع کو کجروی اور مہمل نگاری قرار دینے میں خاصا کردار ادا کیا۔ حمید احمد خاں اور شیخ محمد اکرام کا یہ کہنا صحیح ہے کہ غالب کا سلسلۂ نسب بجائے اردو کے فارسی گوشعرا سے ملتا ہے۔ بیشک اس دور کے بہت سے اشعار ایسے ہیں جن میں ایک بھی دیسی اردو لفظ شامل نہیں:

178 اسدِ خستہ گرفتارِ دو عالم اوہام
مشکل آساں کنِ یک خلق تغافل تا چند (نخ)

بعض جگہ کوئی دیسی لفظ اتفاق سے آگیا ہے، مثلاً یہ مشہور شعر:

141 شمارِ سبحہ مرغوبِ بتِ مشکل پسند آیا
تماشاے بہ یک کف بردنِ صد دل پسند آیا (نخ)

لیکن اس کی یہ وجہ ہرگز نہیں تھی کہ غالب ریختے کی ایک صدی کو فراموش کرکے براہ راست فارسی سے رشتہ جوڑنے کا ڈھنگ نکالنے کی کوشش کررہے تھے۔ نوجوان غالب کا مسئلہ دراصل اتنا سادہ نہیں تھا جتنا حمید احمد خاں جیسے ذہین نقاد خیال کرتے ہیں، ان کا یہ کہنا کہ غالب کو ''گویا یہ احساس ہی نہیں تھا کہ میر نام کا بھی کوئی شخص ہوگزرا ہے'' محل نظر ہے۔'' (ایضاً،ص 257)

''مسئلہ فقط اردو سے قطع نظر کرنے یا فارسیت میں حلول کرنے کا تھا ہی نہیں، یعنی نوعیت کے اعتبار سے مسئلہ فقط لسانی نہیں تھا، یہ اتنا شعر کے خارجی لباس کا نہیں جتنا شعری عمل کی داخلی روح یا اندرونی نظام کا تھا۔ غالب متاخرین فارسی شعرا یا سبکِ ہندی کی شعریات میں ڈوبے ہوئے تھے۔ ان شعرا میں بالخصوص بیدل کی واردات کا ان کے دل و دماغ پر اتنا گہرا اثر تھا کہ اگر وہ کسی سے مسابقت کرتے ہیں تو فقط اس شعریات سے اور یہ بغیر پیچیدہ بیانی اور خیال بندی کے ممکن نہ تھا۔ یہ روایت تجریدیت اور نازک خیالی کی

پر پیچ راہوں سے گزرنے کے بعد خود فارسی میں 'خارج از آہنگ' سمجھی جانے لگی تھی، اور غالب نے تو اسے اپنے داخلی اضطراب و التہاب سے مزید پیچیدہ اور معمائی بنا دیا تھا۔'' (نارنگ، ص 272)

معتبر، مستند اور موقر محققانِ غالب یا ماہرین غالبیات میں روسی اسکالر نتالیہ پری گارینا ممتاز و منفرد مقام کی حامل ہیں۔ ان کی کتاب ''مرزا غالب'' جو 1997 میں حیدرآباد سے شائع ہوئی ہے۔ وہ غالب کے ابتدائی عہد کے کلام کی ناکافی قدرشناسی کے لیے حالی اور ان کے معاصر نام نہاد ناقدین کو موردِ الزام قرار دیتی ہیں۔ اس سلسلہ میں نارنگ نے ایک نہایت اہم پہلو کی طرف توجہ مرکوز کرائی ہے جو نفسیاتی طور پر غالب کی شخصیت کا نہایت متناقض جدلیاتی پہلو ہے اور غالباً غالب کی شخصیت، فکر وفن اور زندگی کے متناقضہ کی شاہِ کلید ہے۔

''ایک قابل غور نکتہ یہ ہے کہ جب یہ سب چل رہا تھا، غالب نے بالخصوص سفرِ کلکتہ کے بعد بوجوہ خود ہی 'اردو' سے کھنچنا اور فارسی کو ترجیحی بنیادوں پر اختیار کرنا شروع کردیا۔

1833 میں غالب نے پہلی بار 'منتخب اردو کلام' شائع کرنے کی غرض سے اشعار جمع کیے، لیکن تقریظ کے انتظار میں دیوان رکا رہا۔ 1841 میں جب پہلی بار دیوان اردو شائع ہوا جس میں اُس تمام کلام کا انتخاب شامل کیا گیا جو غالب نے کم وبیش 1833 تک لکھا تھا۔ سفر کلکتہ کے بعد وہ بہ حیثیت فارسی شاعر کے زیادہ مشہور ہوچکے تھے اور اب وہ منصوبہ بند طریقے سے چاہتے بھی یہی تھے کہ وہ بطور فارسی شاعر کے جانے جائیں، چنانچہ انھوں نے فارسی شاعری کو باعثِ کمال اور اردو کو کسرِ شان سمجھنا بھی اسی دور میں شروع کردیا۔ اس سیاق میں جب اردو کلام کو فارسی کے مقابلہ پر 'برگِ دژم' یعنی 'اوراقِ پژمردہ' کہا گیا تو اس کا مطلب یہی تھا کہ اب وہ ترجیحی طور پر فارسی کو ذریعۂ افتخار سمجھنے لگے ہیں:

نیست نقصاں یک دو جزوست از سواد ریختہ
کاں دژم برگی ز نخلستانِ فرہنگِ من است

(اس میں کیا ہرج ہے کہ ریختہ کے شعر میرے کلام کا ایک چھوٹا سا حصہ (ایک

دو جزو) ہیں، آخر وہ میرے گلستانِ معنی کے کچھ اوراقِ پژمردہ ہی تو ہیں)

حالانکہ غالب کے شاعرانہ قیاس اور منصوبہ بندی کے برخلاف یہ 'برگے دژم' 'اوراقِ پژمردہ' ہی 'پورے غالب' کا حقیقی ترجمان ہے اور شہرۂ آفاق جمالیاتی اور معنویاتی میناخانۂ تحیر اور صداقت ہے اور ابدیت کی صفحہ پر نہ صرف مرزا غالب بلکہ خدا کی دستخط ہے۔ (نظام صدیقی) غالب خود بہت بڑے انتخابی ذہن (Electic Mind) کے مالک تھے۔ غالب کے انتخابِ اشعار کے ضمن میں بھی غلط افواہیں مشہور ہیں۔ لیکن یہ خورشید نیمروزی حقیقت ہے اور نارنگ انکشاف کرتے ہیں کہ انتخاب اشعارِ غالب کا اپنا ہے۔ شیخ محمد اکرام کا بھی کہنا ہے کہ مرزا کے اپنے بیانات اور معاصر تذکروں سے خیال ہوتا ہے کہ انتخاب خود غالب نے کیا اور غالبًا یہ خیال درست ہے۔ اس ضمن میں نارنگ صاحب نہایت تنقیحی بصیرت کے ساتھ نشاندہی کرتے ہیں۔

''ہمارا خیال ہے کہ غالبًا قطع و برید کا سلسلہ ایک طویل مدت تک جاری رہا، نسخۂ شیرانی اور گلِ رعنا کے انتخاب تو خود غالب کے اپنے کیے ہوئے ہیں اور سفرِ کلکتہ سے کچھ پہلے (1826) اور دورانِ سفر (1828) کے ہیں۔ دہلی آنے کے بعد بھی یہ سلسلہ جاری رہا، فضل حق خیرآبادی کی تعظیم و تکریم اور مبینہ سختی کے پیش نظر ممکن ہے کہ اُن کو بھی دکھایا گیا اور ان کی رائے بھی لی گئی۔ لیکن 1833 میں آخری شکل جس سے دیوان شائع ہوا وہ غالب ہی کی دی ہوئی تھی۔''

نارنگ صاحب کے اس مدلل اور معتبر تنقیحی محاکمہ سے آزاد اور حالی کی داستانوی مِتھ سازی اور سوانحی تنقید کی متھک آفرینی کی اسطورشکنی ہوجاتی ہے۔ آزاد کی داستانوی روایت ہے کہ یہ انتخاب مولانا فضل حق خیرآبادی اور مرزا خانی کوتوال (دہلی) نے کیا۔ دونوں صاحبوں نے دیکھ کر کیا۔

حالی کی روایت ہے کہ جب مولانا فضل حق خیرآبادی نے بہت روک ٹوک کرنی شروع کی تو غالب نے اردو کلام میں سے جو اس وقت موجود تھا دو ثلث کے قریب نکال ڈالا اور ''اس کے بعد اس روش پر چلنا بالکل چھوڑ دیا۔''

نارنگ آزاد کی داستانوی روایت شکنی اور حالی کی روایت کی ردتشکیل کے بعد غالبیات کے ضمن میں "ایک دوسری روایت کی جانب" کی تشکیل کرتے ہیں۔

"لیکن انتخاب غالب کا اپنا ہے اور قطع نظر خارجی حالات کے، داخلی ذہنی ارتقائی عمل کا نتیجہ بھی ہے۔ یہ انتخابی عمل غالب کے یہاں بعد میں بھی جاری رہا۔ متداول اردو دیوان غالب کی زندگی میں پانچ بار شائع ہوا اور یہ معلوم ہے کہ بعد کے کہے ہوئے اپنے کلام میں سے بھی غالب نے ہر ہر شعر کو دیوان میں شامل نہیں کیا۔" (نارنگ، ص 270)

بھوپال میں ابتدائی کلامِ غالب کے جو نسخے دریافت ہوئے ان میں سے پہلا نسخہ جو غالب کے اپنے خط میں ہے، اس میں 19 سال تک کا کلام اور دوسرے نسخے میں 24 سال تک کا کلام ہے۔ یہ دوسرا نسخہ پہلے دریافت ہوا اور 1921 میں بھوپال سے نسخۂ حمیدیہ کے نام سے شائع ہوا دوسرا نسخہ کہیں پچاس برس بعد غالب صدی کے موقع پر دریافت ہوا اور تبھی شائع کیا گیا۔ غالب کی ابتدائی شاعری کی جو مذمت حالی و آزاد سے شروع ہوئی تھی، بجنوری کی محاسن کلام غالب اور نسخۂ حمیدیہ کی اشاعت کے بعد اس کی شدت میں کچھ کمی آئی اور ابتدائی کلام کی اہمیت کو پرکھا اور جانچا جانے لگا۔

پری گارنا کہتی ہیں کہ حالی کے محاکے کبھی کبھی کچھ زیادہ ہی سخت ہوتے ہیں۔ ان کا نظریہ وہ نہیں تھا جس کے بارے میں کسی نے کہا ہے 'کاش تم جانتے کہ شاعری کس خس و خاشاک میں بے جھجک اُگتی اور پروان چڑھتی ہے۔" (بحوالہ نارنگ، ص 262)

غالب کے اردو کلام کے بارے میں حالی کی روایات کے اثر سے بالعموم یہ خیال کیا جاتا رہا ہے کہ انتخاب کرتے ہوئے غالب نے اپنے ابتدائی کلام میں سے جو دو ثلث کے قریب نکال ڈالا تھا، وہ دو تہائی کلام تمام کا تمام ازحد پیچیدہ اور بعید از فہم تھا۔ عام طور پر یہ بھی سمجھا جاتا رہا کہ متداول دیوان غالب میں صرف بعد کے دور کا اور نسبتاً پختگی کو پہنچا ہوا کلام شامل ہے اور گویا خام اور ناقص ہونے کی وجہ سے ابتدائی دور کے تمام کے تمام کلام کو یکسر اس سے نکال دیا گیا۔ اس کلیتاً غلط خیال کے پیدا ہونے اور غالبیات میں تادیر قائم رہنے کی بڑی وجہ کلام غالب کے متن کی تاریخی ترتیب کا دستیاب نہ ہونا تھا، جس سے

یہ معلوم نہیں ہوسکتا تھا کہ دراصل حقیقت اس کے برعکس تھی اور ابتدائی کلام کا معتد بہ حصہ متداول دیوان میں شامل کیا گیا۔ جیسا کہ اب معلوم ہو چکا ہے کہ بہت سے عمدہ اشعار اور بعض بے مثال غزلیں جو متداول دیوان میں شامل ہیں وہ 1816 سے پہلے لکھی گئیں جب غالب کی عمر انیس برس سے بھی کم تھی۔ (نارنگ، ص 263)

ڈاکٹر عبداللطیف اور شیخ محمد اکرام نے اس راہ میں اولین قدم اٹھائے، ان کے بعد اس سلسلے کا سب سے جامع اور قابل قدر کام امتیاز علی خاں عرشی نے کیا۔ امتیاز علی خاں عرشی نے پہلے حصے کا نام 'گنج معانی' رکھا اور بعد کے کلام کو 'نوائے سروش' میں شائع کیا۔ پری گارنا نے شکایت کی ہے کہ ستم ظریفی یہ کہ اس بعد کے حصہ کے متن کو متداول دیوان کے متن کے مطابق رہنے دیا گیا اور اس کی وہ قرأت درج نہ کی جس کا تعلق ابتدائی دور سے تھا، اور ان اشعار کو 'گنج معانی' سے خارج کردیا گیا۔ چنانچہ پہلے سے چلی آرہی غلط فہمی جوں کی توں برقرار رہی اور سب اُسی پرانے ڈھرے پر چلتے رہے۔ بارے یہ کمی کالی داس گپتا رضا کے دیوان غالب (کامل) نسخۂ رضا کی اشاعت سے حال ہی میں کسی حد تک دور ہوئی ہے جس کا پہلا اڈیشن 1988 میں شائع ہوا۔ (ایضاً)

کالی داس گپتا رضا نے غالب کے تمام اردو کلام کو حتی الامکان تاریخی ترتیب سے مرتب کردیا ہے اور اس کا نام 'دیوان غالب کامل نسخۂ رضا' رکھا ہے۔ اس میں نسخۂ بھوپال بخطِ غالب (1816)، نسخۂ بھوپال (مشمولہ نسخۂ حمیدیہ) (1821)، نسخۂ شیرانی (1826) اور گلِ رعنا (1828) کو سامنے رکھنے سے ابتدائی دور کے کلام کا متن تمام و کمال سامنے آجاتا ہے جس سے ارتقائی تبدیلیوں کو بڑی حد تک جانچا پرکھا جاسکتا ہے اور معروضی رائے قائم کی جاسکتی ہے۔ ہم ذیل میں پورے مطالعے کے بعد بعض ترمیمات کو نشان زد کررہے ہیں جن سے روایت اول یعنی 19 برس تک کے کلام میں غالب نے بعد کو کیا تبدیلیاں کیں، اور وہ کن وجوہ سے تھیں، نیز کس نوعیت کی تھیں، اس کی تمام و کمال معروضی سائنسی تصویر سامنے آجاتی ہے۔ اوپر ہم یہ بحث اٹھا آئے ہیں کہ بالعموم جس تبدیلی کو طرزِفکر یا طرزِخیال کی تبدیلی کہا گیا وہ اتنی فکر و خیال، شعریات یا تخلیقی ذہن کی تبدیلی نہیں تھی جتنی

زبان و بیان اور ڈکشن کی تبدیلی تھی۔ ان ترمیمات سے نہ صرف یہ امر قطعی طور پر ثابت ہوجاتا ہے کہ تبدیلی ڈکشن و گرامر کی تھی، بلکہ کئی دیگر غلط فہمیوں کا ازالہ بھی اپنے آپ ہوجاتا ہے۔'' (ایضاً، ص 264)

اب نارنگ کی غیرمعمولی لسانیاتی اور اسلوبیاتی تجزیہ کے بعد نوتعبیراتی بصیرت خاطرنشیں ہو جو 19 برس سے پہلے کے کلام یعنی روایت اول کی ترمیمات کے ضمن میں یہاں وہاں سے منتخب کی ہیں جو بعد کو غالب نے ان محولہ بالا اشعار میں کیں، یہ نارنگ کی مطالعاتی نتائجیت کی اکسراتی باریک بینی غالبیات میں اضافہ ہے۔ سابقہ متن اور ترمیم شدہ متن کوغور سے ملاحظہ فرمائیں تو صاف اندازہ ہوجاتا ہے کہ غالب کی ترجیحات کیا ہیں اور ترمیم کیوں کی جارہی ہے؟

''جیسا کہ آگے چل کر ہم دیکھیں گے کہ روایت اول (1816) اور روایت دوم (1821) کے لسانی اور صرفی ونحوی رویوں میں زمین آسمان کا فرق ہے۔ ابتدائے عمر میں غالب فارسی مصادر، فارسی توابعِ فعل، فارسی حروفِ جار، فارسی لاحقوں، فارسی جمعوں اور بعض فارسی بندشوں کو یہ دیکھے بغیر کہ یہ اردو میں کھپ سکتی ہیں یا نہیں، جوں کا توں باندھ دیتے تھے۔ فارسی صرف ونحو کے کچھ اجزا بالخصوص عطف و اضافت اور تراکیب صوتی و معنوی تو پہلے ہی اردو میں جذب ہوچکی ہیں وہ اردو کا حصہ ہیں۔ اسی طرح بعض جمعیں اور حروف بھی اردو میں شیر وشکر ہوگئے ہیں جو آج اردو کے امتیازی حسن، کھنک اور چستی کا باعث ہیں۔ لیکن بعض صرفی ونحوی اجزا ایسے بھی ہیں جو اردو کے امتزاجی لسانی جینیئس سے میل نہیں کھاتے اور ان کا شمول دودھ میں شکر کی طرح نہیں بلکہ دودھ میں کنکر کی طرح ہے۔ زبانیں اپنے جینیئس اور مزاج کے مطابق اپنے فیصلے خود کرتی ہیں، اس میں قطعاً کوئی باہری زور زبردستی نہیں چلتی، چہ جائیکہ کوئی شاعر نابغۂ روزگار ہی کیوں نہ ہو۔ کچھ مستثنیات ضرور ہیں، جہاں اندر کی تخلیقی آگ اس نوعیت کی ہے کہ زبان پگھل جاتی ہے اور معنیاتی آتش کدہ سے اظہار کا لاوا ایسے ابلتا ہے کہ سب کچھ زیروزبر ہوجاتا ہے، لیکن ہمہ وقت ایسا نہیں ہوتا، اور زبان بالعموم ایسے تمام بیرونی صرفی ونحوی اجزا کو جو اس کے انجذابی جینیئس

کا حصہ نہیں بن سکتے، مسترد کر دیتی ہے یا پلٹ دیتی ہے۔'' (نارنگ، ص 267)

نارنگ صاحب آگے اردو کے امتزاجی لسانی جینس کی روشنی میں سابقہ متن اور ترمیم شدہ متن کا لسانیاتی اور اسلوبیاتی تجزیہ دو ڈھائی صفحات تک کرتے جاتے ہیں اور اپنی نوتعبیراتی بصیرت کی ترسیل کے لیے شواہد بھی پیش کرتے جاتے ہیں۔ میں اپنی صفحاتی تحدید کے باعث صرف ایک تعبیراتی مثال پر قناعت کرتا ہوں اور پھر ان صرف چند منتخب نتائج کو آپ کے سامنے رکھنے کی جسارت کرتا ہوں جو اس مطالعاتی دیدہ وری سے حاصل ہوئے ہیں۔

258 باغِ خاموشیِ دل سے سخنِ عشق اسد
نفسِ سوختۂ رمزِ چمن ایمائی ہے

اجنبی فارسی ترکیبوں کا مجموعۂ محض تھا، غالب نے اسے القط کرکے اردو کا رچاؤ لیے ہوئے ایک بولتا ہوا نیا مقطع اس کی جگہ رکھ دیا اور دیوان متداول میں بھی اسی کو شامل کیا:

258 اُگ رہا ہے در و دیوار سے سبزہ غالب
ہم بیاباں میں ہیں اور گھر میں بہار آئی ہے

اس میں اردو کا رچاؤ ہی نہیں، رس، روانی اور گھلاوٹ بھی ہے۔ غالب کے سلیس اشعار سے گماں ہوتا ہے کہ اشعار سادہ وسہل ہیں یا جیسا کہ حالی، آزردہ یا بعض معاصرین کو دھوکا ہوا تھا کہ سہل ممتنع ہیں۔ لیکن غالب کے ایسے اشعار اکثر مشکل سے بھی زیادہ مشکل ہوتے ہیں، اور کوئی نہ کوئی پیچ ایسا ہوتا ہے کہ معنی گرہ در گرہ اور پیکر در پیکر کھلتا ہے، اور جیسا کہ آگے کے سفر میں ہم دیکھیں گے، جدلیاتی وضع کے ذرا سے مس سے یا گھماؤ سے معنی کہاں سے کہاں پہنچ جاتا ہے اور اس کی تحلیل آسان نہیں رہتی۔'' (نارنگ، ص 268)

نارنگ صاحب نے اپنی جانکاہ مطالعاتی تحلیل و تجزیہ سے 16 نتائج اخذ کیے ہیں۔ صفحاتی تحدید کے باعث چند نتائج پیش کر رہا ہوں۔ اس میں نارنگ کے ماضی الضمیر کا جوہر اصل کارفرما ہے۔

خود غالب کا یہ کہنا کہ ''پچیس برس کی عمر تک مضامین خیالی لکھا کیا ... آخر جب تمیز

آئی تو اُس دیوان کو دور کیا، اوراق یک قلم چاک کیے...''

معروضی حقائق کی روشنی میں صحیح نہیں، کیونکہ تبدیلی کا انیس برس میں ہونا ثابت ہے۔ نیز مضامین خیالی سے مراد بجنسہٖ مضامین نہیں بلکہ وہ مضامین جو تجریدیتِ محض یالفظی شعبدہ بازی سے پیدا ہوتے ہیں۔ آگے چل کر اس سلسلے میں ہم مزید شواہد پیش کریں گے۔

انیس برس کے بعد سے جیسے جیسے فارسی کے غیرممزوج اجزا کا غلبہ اور شدت کم ہونے لگی، کلام میں اردو کے نکھار، رچاؤ، گھلاوٹ اور امتزاجی حسن کاری میں اضافہ ہونے لگا۔ متنِ (ق) یا (نخ) کے حاشیوں پر (نخ +، ق +) یعنی 19 سے 24 برس تک کی مدت کے متن میں ایسی ایسی رواں دواں اور مرصع غزلیں ملنے لگتی ہیں کہ باید و شاید۔ ان میں بہت سی غزلیں ایسی ہیں جن کا شمار غالب کے شاہکار کلام میں کیا جاتا ہے۔ کہنے کی ضرورت نہیں کہ یہ مایۂ ناز غزلیں بھی اسی زمانہ کی تخلیق ہیں جسے عرفِ عام میں غالب کی کجروی اور گمرہی کا زمانہ کہا گیا ہے۔ ان پانچ چھ برسوں یعنی (نخ) اور (ق) نیز ان کے حاشیوں پر ملنے والی یہ غزلیں ایک دو نہیں پچیس سے بھی زیادہ ہیں۔ پہلی ہی غزل 'غنچۂ ناشگفتہ کو دور سے مت دکھا کہ یوں' کا مقطع ہی اعلان کررہا ہے کہ تبدیلی ہوچکی ہے اور اب 'گفتۂ غالب' (یعنی ریختہ) 'رشکِ فارسی' بن کر فارسی سے آنکھیں لڑانے لگا ہے۔ (جمع کے نشان سے مراد ہے یہ کلام نسخہ کے حاشیہ پر ملتا ہے):

294 جو یہ کہے کہ ریختہ کیونکے ہو رشکِ فارسی

گفتۂ غالب ایکبار پڑھ کے اُسے سنا کہ یوں (نخ+)

یہ مطالعہ و تجزیہ خاصا طولِ عمل ہے، لیکن جب گمراہیاں اور متھ اتنا جڑ پکڑ چکے ہوں تو ثبوت کے لیے شواہد بھی کافی وشافی ضروری ہیں۔ (نارنگ، ص 274)

باب ہفتم 'اوراقِ پژمردہ، وارداتِ قلبی اور دل گداختہ' کا دوسرا حصہ غالب کے عشق ارضی اور وارداتِ قلبی کو برافگندۂ نقاب کرتا ہے اور غالب کی سرشت و نہاد میں حرکیاتِ نفی کی کارکردگی کی زیرزمین جڑوں کی نشاندہی کرتا ہے۔ ان کی متناقض زندگی میں جنس آتش عشق لَو ہے اور دُکھ، انسانی یک دردی (Empathy) اور کائناتی دردمندی نور ہے جو

بالآخر غیر مشروط ہمہ گیر انسانیت اور متناقض شعور و آگہی میں روشن، منور اور فروزاں ہوجاتا ہے۔

جنسیات، شہوانیات اور شبابیات (Libido) اور مماتیات، فنائیات اور عدمیات (Thanato) باہمدگر وابستہ ہیں۔ یہ ایک ہی اساسی توانائی کے مختلف رنگ و آہنگ ہیں۔ جنس کا آہستہ آہستہ ارتفاع عشق میں اور عشق کا صعودی ترفع بالآخر نور (پرم شونیتا) میں ہوتا ہے۔ یہ نپٹ مادیت سے بیکراں تجریدیت، تنزیئیت اور انتزاعیت تک کا سفر ہے۔ غالب اردو کے سب سے حشر خیز، طوفان پرور اور زبردست ہوسناک سخنور ہیں۔ ان کے ابتدائی کلام (روایت اول) کے حسن پارے اس کے شاہد ہیں۔ غالب کے روایتِ دوم کے تراشیدہ غزلیہ کلام میں بھی محتاط اور معتدل رنگین معنویت، ہوسناکانہ بلاغت، عاشقانہ اور لذت پرستانہ فلسفۂ آرزو و تمنا کا گرمیِ نشاطِ تصور و تخئیل حسن آرا اور معنی آرا ملتا ہے۔ وہ پختگی کی منزل میں دانشورانہ سطح پر ایک بہت بڑے شعری نابغۂ روزگار تھے جو آہستہ آہستہ جلوۂ اعتدال) پر گامزن ہوگئے تھے اور واقعتاً شونیتا (فنا) شناس تھے اور خاموشی کی اکبری تحریر (Arch writing) تک پہنچ گئے تھے۔ ان کے یہاں جذباتی سطحیت نہیں (روایت اول میں ہے تو سہی مگر روایت دوم میں کم کم) لیکن اُن کی اعلیٰ پایہ کی معنی آفریں جدلیاتی سرشت و نہاد نے مختلف اور متنوع اشعار میں جو جنسی کیفیات بیان کی ہیں اور جس پہلوداری کے ساتھ بہارِ بستر و نوروز آغوش کی تلاش کی ہے وہ یکسر نادرہ کار، پختہ کار اور مینا کار ہے۔ ان کی نئی اور انوکھی لفظیات اور اسلوبیات جوئی خالص جنسی آتشِ عشق کا نتیجہ ہے۔ اردو اور فارسی کے اکابر سخنور میں اتنا بڑا لفظیات اور اسلوبیات پسند اور کوئی نظر نہیں آتا اور یہ اس لیے کہ ان کے جنسی داعیوں کی تخلیق ترسیل اور تنویر کے لیے مخصوص ترین طرفہ لفظیات کے بغیر کوئی چارہ نہیں تھا۔ وہ شعری نابغۂ دوراں جو بہشت میں رہ کر بھی روزن در کی تلاش کرتے ہوں اور جستجوئے قتالہ میں مرے جاتے ہوں، ان کی روشنیِ طبع کی بابت کسے انکار ہوسکتا ہے۔ ان کی حدیث دلبری اور شیوۂ زندگی میں بڑی گرمی، لذت، رعنائی اور لطافت ہے جو شاہد ہے کہ ان کے دیدۂ بیدار پر حسن کا لطف و کرم تھا۔ گلاب خانۂ آگرہ میں غالب کی زندگی اس شعر کی مثال تھی:

اسد بہارِ تماشائے گلستانِ حیات
وصال لالہ عذرانِ سر و قامت ہے

وہ بیشتر شاعری، شاہد بازی، محفل آرائی اور قمار بازی مستغرق رہتے تھے۔ خود غالب کا نواب ضیاء الدین کو لکھا ہوا مکتوب اور ان کے ایک ابتدائی قصیدہ کی تشبیب اس ابتدائی جنسی رومان پرور دور کا جمالیاتی مکاشفہ ہے۔ اس کے ارتفاع کے بارے میں نتالیا پری گارنا کا دل گداز اور جاں گداز بیان قابل ذکر وفکر ہے۔

''غالب کا کلام شدید نورانی اور کربناک جذبۂ عشق کے پیکرِ خیالی سے منور ہے۔ عشق کے مضمون سے ان کا ابتدائی اردو کلام بھرا ہوا ہے اور بعد کے اردو اور فارسی کلام میں بھی اس کی نوائے دردناک صاف سنائی دیتی ہے۔''

پروفیسر گوپی چند نارنگ نہایت تحقیقی ژرف بینی سے غالب کی داخلی سوانح عمری کے تہ خانے میں روشنی مرکوز کرتے ہیں:

''غالب کے ابتدائی کلام کے بارے میں خواہی نخواہی بیدلیت کو مطعون کرنے اور بہت سی مقبول عام اور رائج غلط فہمیوں سے بحث کرنے کے بعد اب یہ دیکھنے کی بھی ضرورت ہے کہ یہی زمانہ غالب کے دل پر چوٹ کھانے اور اُس واردات سے گزرنے کا بھی ہے جس کا خون زندگی بھر رستا رہا۔ گویا اس واردات کے تخلیقی نشانات بھی روایت اول (نخ) اور روایت دوم (ق) میں تلاش کیے جاسکتے ہیں۔''

''تاہم غالب کی وارداتِ قلبی کے بارے میں ہماری معلومات نہیں کے برابر ہیں سوائے حاتم علی بیگ مہر کے نام ایک خط کے جس میں وہ اپنی نوجوانی کے دنوں کو یاد کرتے ہیں اور لکھتے ہیں کہ انھوں نے بھی ایک 'ڈومنی' کو مار رکھا تھا۔''

''... بھئی مغل بچے بھی غضب ہوتے ہیں۔ جس پر مرتے ہیں اس کو مار رکھتے ہیں۔ میں بھی مغل بچہ ہوں۔ عمر بھر میں ایک بڑی ستم پیشہ ڈومنی کو میں نے بھی مار رکھا ہے۔ خدا ان دونوں کو بخشے اور ہم تم دونوں کو بھی کہ زخم مرگِ دوست کھائے ہوئے ہیں، مغفرت کرے۔ چالیس بیالیس برس کا یہ واقعہ ہے۔ باآنکہ یہ کوچہ چھٹ گیا، اس فن میں بیگانہ

محض ہوگیا ہوں، لیکن اب بھی کبھی کبھی وہ ادائیں یاد آتی ہیں۔ اس کا مرنا زندگی بھر نہ بھولوں گا۔''

''بعض سوانح نگاروں کا خیال ہے کہ مرزا شعر وسخن کی دلدادہ ایک صاحبِ ذوق طوائف کے عشق میں گرفتار تھے۔ انھیں خطوط میں مغل جان نامی ایک طوائف کا تذکرہ بھی ملتا ہے۔'' (نارنگ، ص 279)

''مرزا نے خطوط میں اپنے کشیدہ قامت ہونے، اپنے چمپئی رنگ اور مردانہ حسن کا ذکر فخریہ کیا ہے۔ ان کے اشعار سے اندازہ ہوتا ہے کہ ان کا میرِ افسانہ دوسروں سے ناز برداری کی توقع رکھتا ہے۔ اپنی مقبولیت اور محبوبیت کا ذکر انھوں نے کئی جگہ کیا ہے:

با من کہ تاب ناز نکویاں نداشتم
بد کرد بد کہ جور و جفا کرد روزگار

(میں جسے حسینوں کے ناز اٹھانے میں عار تھا (یعنی حسن والے خود جس کے ناز اٹھاتے تھے) برا کیا زمانہ نے بہت برا کیا کہ میرے ساتھ دغا کی)

ایک شاہکار فارسی غزل میں بھی جسم و جمال کی لذتوں کا تذکرہ ملتا ہے اگرچہ اشارہ کسی خاص محبوبہ کی طرف نہیں۔ غالب کی غزل کے میرِ افسانہ کی بیخودی و سرمستی کو یہ غزل بھی بڑی شدت سے بیان کرتی ہے اور غزل کی ایمائی روایت اور غیرواقعیت کے باوصف یہ اندازہ لگانا مشکل نہیں کہ مرزا نے اپنے زمانہ میں کیسی بھرپور زندگی بسر کی ہوگی:

بیا کہ قاعدۂ آسماں بگردانیم
قضا بگردش رطلِ گراں بگردانیم

(آ کہ ہم دونوں مل کر آسمان کے قاعدے کو بدل ڈالیں اور شراب کے بڑے پیالے کو گردش میں لاکر قضا کو لوٹا دیں)

وارث کرمانی کا خیال ہے کہ مرزا کے فارسی کلام میں معشوقہ کے پیکرِ خیالی میں 'زرتشتی آتش ناکی' کی خصوصیات پائی جاتی ہیں۔ اس کا سبب وہ عجم سے مرزا کی والہانہ محبت کو قرار دیتے ہیں۔''

''مرزا کا میرِ افسانہ اس کی خاطر کچھ بھی کر گزرنے اور 'وارستۂ مذہب' ہونے کو بھی تیار تھا:

آخرکار گرفتارِ سر زلف ہوا
دلِ دیوانہ کو وارستۂ ہر مذہب تھا

(نارنگ، ص 283)

نتالیا پری گارنا کا خیال ہے کہ لگتا ہے سماجی دقتوں اور رکاوٹوں کی وجہ سے غالب کا عشق اور بھی بھڑک اٹھا۔ کہا جاسکتا ہے کہ ذیل کی غزل اس نورانی جذبۂ عشق کی ترجمانی کرتا ہے جس میں مرزا اس زمانے میں گرفتار تھے:

عشق مجھ کو نہیں وحشت ہی سہی
میری وحشت تیری شہرت ہی سہی (نخ+)

اس غزل کا نوتعبیراتی تجزیہ ذرا رک کر پیش کروں گا جو نارنگ کی بے مثل درک اور جمالیاتی بصیرت کا نوانسانیاتی مکاشفہ ہے۔ ان کی بیکراں روحانی زلزلیہ پیما قطعہ نما غزل 'درد سے میرے ہے ... الخ' جو نسخۂ حمیدیہ میں ملتی ہے، کافرحسن محبوبہ کا جاں گداز مرثیہ ہے۔ اس روح فرسا سانحہ کا ذکر غالب نے مظفرحسین خاں کے نام ایک فارسی خط میں بھی کیا ہے جو 'پنج آہنگ' میں شامل ہے۔ اس خط میں زخموں کا ٹانکا گویا کھل گیا ہے گویا اندر کی ہوک کھینچ کر عبارت میں آگئی ہو۔ (نارنگ، ص 286-285)

297-298

درد سے میرے ہے تجھ کو بیقراری ہائے ہائے م کیا ہوئی ظالم تری غفلت شعاری ہائے ہائے

اس وارداتِ قلبی نے غالب کے تخلیقی ذہن وشعریات پر کیا اثر ڈالا، پری گارنا اسے جن الفاظ میں لکھتی ہیں اس سے بہتر ممکن نہیں۔''

''سب جانتے ہیں کہ جذبے کی شدت فطرتِ انسانی کی گہرائی اور لطافت کی نشانی ہے لیکن جیسا کہ زبلوتسکی نے لکھا ہے ''قلبِ متلون کی نشانیوں کو صفحۂ قرطاس پر منتقل کرنا صرف ایک فنکار کے بس میں ہے۔'' اگرچہ اس کی شدت

میں کمی ہوگئی اور گردِ ایام نے اس کو قدرے دھندلا دیا لیکن اس عشق کی یاد شاعر کے دل و دماغ سے کبھی محو نہیں ہوئی، غمِ محبت کی ماہیت کے ادراک نے شاعر کی ساری زندگی کی دائمی قدر کی حیثیت اختیار کرلی۔ نوجوان مغنیہ ہمیشہ کے لیے غالب کی شاعری کا ایک جزو بن گئی اور اس کی جھلک کبھی ہم کو شوخ وطرار معشوقۂ ستم پیشہ کے پیکر میں تو کبھی پوشاک کے معاملے میں لاپروائی اور اپنی تنگ پیراہنی سے شاعر کے جذبات میں ہیجان پیدا کرنے والی دل فریب زہرہ وش مغنیہ کے روپ میں دکھائی دیتی ہے اور یا پھر شعر کا چست اور پھڑکتا ہوا آہنگ ہمیں اس کے وجود کی یاد دلاتا ہے۔'' (ترجمہ اسامہ فاروقی)

نارنگ آگے فرماتے ہیں: ''ہم نے دیکھا کہ اس دردناک واردات کا غالب کی ابتدائی شاعری سے کتنا گہرا تعلق ہوسکتا ہے، جس کی کچھ جھلک ہم نے اوپر پیش کی۔ لائق توجہ ہے کہ یہ ناپختگی اور آموزگاری کا وہی زمانہ ہے جس کے کلام کو صاحبانِ ذوق اور معاصر اہلِ قلم بعید از فہم اور دوراز کار قرار دیتے رہے ہیں۔ ہم نے دیکھا کہ کیسے شدید درد وغم کے خاموش قدموں کی چاپ اس پورے کلام میں سنائی دیتی ہے۔ نہیں بھولنا چاہیے کہ غزل کی دنیا میں سب کچھ ایمائی اور خیالی ہوتا ہے، جہاں مجاز اور حقیقت کے درمیان سرحد جیسا کہ پہلے اشارہ کیا گیا، اکثر دھندلی اور 'نا استوار' ہوتی ہے۔ موضوع کتنا ہی واقعاتی ہو، غزل کی ایمائیت اُسے تمثیلی و تعمیمی رنگ دے دیتی ہے اور یوں کوئی بھی واقعہ کسی لمحۂ خاص یا ذاتِ واحد کا نہ ہوکر عمومی کیفیات وصورتِ حال میں تحلیل ہوجاتا ہے۔ یوں بھی شعر کا محدود ہونا اس کے لامحدود ہونے میں حائل نہیں ہونا چاہیے۔ یہ سبکِ ہندی کے بنیادی تقاضوں میں سے ہے۔'' (نارنگ، ص 287)

''نوجوان غالب کی وارداتِ عشق کے ضمن میں جس غزل اور مرثیہ کا ذکر کیا گیا ہے اس کا تعلق انیس برس یا فوراً بعد کے زمانہ سے ہے۔ ان دونوں کا پہلا اندراج نسخۂ بھوپال بخطِ غالب (نخ) یعنی روایت اول کے حاشیہ پر ساتھ ساتھ ملتا ہے۔''

صفحاتی تحدید کے باعث غزل اور مرثیہ نما غزل کے متن کے ایک ایک شعر پہلے پیش کیے جاچکے ہیں۔ یکے بعد دیگرے دونوں غزلیں عشق کے جذبۂ نورانی کے درد وکرب

سے منور ہیں۔ ان غزلیہ اشعار میں غزل کے روایت گزیدہ مضامین کی بھرمار نہیں ہے بلکہ ان میں غالب کے ارضی عشق کی زندہ اور دھڑکتی ہوئی کیفیتیں کارفرما ہیں۔

298 عشق مجھ کو نہیں وحشت ہی سہی
میری وحشت تیری شہرت ہی سہی (نخ+)
قطع کیجے نہ تعلق ہم سے
کچھ نہیں ہے تو عداوت ہی سہی (نخ+)
میرے ہونے میں ہے کیا رسوائی
اے وہ مجلس نہیں خلوت ہی سہی (نخ+)

299 ہم بھی دشمن تو نہیں ہیں اپنے
غیر کو تجھ سے محبت ہی سہی (نخ+)
ہم کوئی ترکِ وفا کرتے ہیں
نہ سہی عشق مصیبت ہی سہی (نخ+)
کچھ تو دے اے فلکِ ناانصاف
آہ و فریاد کی رخصت ہی سہی (نخ+)
ہم بھی تسلیم کی خُو ڈالیں گے
بے نیازی تری عادت ہی سہی (نخ+)
یار سے چھیڑ چلی جائے اسد
گر نہیں وصل تو حسرت ہی سہی (نخ+)

'ہی سہی' کلمۂ تاکید ہے اور جہاں یہ ایک خاص طرح کے تعلق کو ظاہر کرتا ہے وہاں یہ بیک وقت بے تعلقی اور بے نیازی کو بھی ظاہر کرتا ہے۔ اب نارنگ کے نئے اور انوکھے اکسراتی تجزیہ کو ملاحظہ فرمایئے جو تخلیقی ادب میں یکسر نیا تجربہ ہے۔

''غالب کی جس جدلیاتی کیفیت کا ہم نے ذکر کیا تھا اور جس کے بارے میں اشارہ کیا تھا کہ ہوسکتا ہے اس کا تعلق لاشعوری افتاد و نہاد سے ہو۔ دوسرے لفظوں میں یہ وضع

گویا غالب کے تخلیقی دستخطوں کے مترادف ہوسکتی ہے۔ اگر واقعی ایسا ہے تو اضطراری کلام میں بھی اس کی جھلک ملنا چاہیے کیونکہ اضطراری کلام کا گہرا تعلق لاشعور کی گہرائیوں سے ہوسکتا ہے۔ چنانچہ سوال یہ پیدا ہوتا ہے کہ کیا ذہنِ غالب کے جدلیاتی قدموں کی چاپ نمایاں یا مدھم ابتدائے عمر کے اس نوع کے کلام میں سنی جاسکتی ہے یا نہیں؟ (نارنگ، ص 288)

لگتا ہے 'سہی' کی جدلیاتی نوعیت کی ردیف غالب کو خاصی مرغوب تھی۔ نسخۂ حمیدیہ کی ایک اور مشہور غزل/ نوحۂ غم ہی سہی نغمۂ شادی نہ سہی/ اور ایک رباعی/ دید سہی/ نیز بعد کی دوغزلوں/ نہ سہی ہم سے پر اس بت میں وفا ہے تو سہی/ (بعد 1857) اور/ سیر کے واسطے تھوڑی سی فضا اور سہی/ (بعد 1865) کی ردیفوں میں بھی 'سہی' سے فضا سازی کی گئی ہے۔ زیرِنظر غزل 'عشق مجھ کو نہیں وحشت ہی سہی' عشق اور وحشت (دیوانگی) کی کشاکش سے شروع ہوتی ہے، یعنی دعوائے عشق تو صادق ہے لیکن اگر تمھارے نزدیک یہ دیوانگی ہے تو دیوانگی ہی سہی۔ (یہاں نکتہ یہ ہے کہ دیوانگی، عشق کی ضد ہے لیکن لازمۂ عشق بھی ہے) مزید یہ کہ وحشت باعثِ رسوائی ہے لیکن وہی چیز جو عاشق کے لیے باعثِ رسوائی ہے، معشوق کے لیے باعثِ شہرت ہے۔ گویا عشق اور وحشت کی جدلیت کو گردش میں لاکر غالب کی تخلیقیت نے وحشت کے روایتی متعینہ معنی کی تقلیب کردی، یوں گرہ کے کھل جانے سے سامنے کے معمولی لفظوں میں ایک انوکھی معنیاتی کشاکش پیدا ہوگئی۔ (ایضاً، ص 290)

(2) دوسرے شعر قطع کیجیے نہ تعلق ہم سے، میں بھی حرکیاتِ نفی کا تفاعل 'تعلق' اور 'عداوت' کی کشاکش اور تقلیب میں کارگر ہے۔ عشق اور عداوت ظاہری ساخت میں ایک دوسرے کا رد ہیں لیکن غالب کے ابداع نے دونوں کی زیریں ساخت میں وحدت دیکھ لی کہ دونوں کی بنیاد میں ایک طرح کا تعلق (رشتہ) بھی ہے اور یہاں یہی رشتہ مقصود ہے۔ چنانچہ عشق نہیں تو عداوت ہی سہی گویا کچھ نہ کچھ رشتہ تو بنا رہے، عداوت ہی کا رشتہ سہی۔ غالب نے یہ مضمون اسی جدلیاتی گردش کے ساتھ اسی زمانے کی ایک اور غزل میں بھی برتا ہے۔

وارستہ اس سے ہیں کہ محبت ہی کیوں نہ ہو
کیجے ہمارے ساتھ عداوت ہی کیوں نہ ہو

یہاں محبت اور عداوت کا رشتہ ایک عام سے فعل 'کرنا' سے بندھا ہوا ہے اور غزل زیر بحث میں لفظ 'تعلق' سے۔ یوں عداوت جو معنی کے اعتبار سے منفی ہے، جدلیاتِ نفی سے اس کی منفیت کا ڈنک نکل گیا اور عداوت مبدل بہ قبولیت ہوگئی ہے جس سے شعر چلتا ہوا جادو بن گیا ہے۔ (3) یہی قطبینیت 'مجلس' اور 'خلوت' میں بھی ہے، 'ہی سہی' کی ردیف بجائے خود حرکیاتِ نفی کی فضاسازی میں مدد دے رہی ہے یعنی یہ نہیں تو وہ سہی۔ دکھ میں قلب اتنا گداز ہوگیا ہے کہ واردات میں سب کچھ گوارا ہے۔ غالب کے یہاں شعر کا لطف کہہ دینے میں نہیں محسوس کرا دینے میں ہے۔ یہاں غالب کی تخلیقیت نے irony کی جدلیت سے بھی کام لیا ہے یعنی مجلس میں اگر میرا ہونا باعثِ رسوائی ہے تو خلوت میں ہی سہی۔ اور عشق کا مقصود خلوت ہی تو ہے۔ یہ مکرِ شاعرانہ بھی ہے جو بجائے خود جدلیت اساس ہے۔ حرکیاتِ نفی کا ادنیٰ کمال یہ ہے کہ شعر کے خیالی پیکر میں معنی کی تقلیب ہوجاتی ہے اور لفظوں کی فوقیتی درجہ بندی ٹوٹ جاتی ہے جیسا کہ یہاں مجلس اور خلوت کی توقعاتِ معنوی میں ہوا ہے، غالب نے معشوق کی ترجیحاتِ مخالفانہ کو شعری منطق سے منقلب کر کے عاشق کے حق میں کرلیا ہے اور اس خوبی سے کہ اس کا توڑ نہیں ہوسکتا۔ (4) یہاں جدلیت، دشمنی اور دوستی میں ہے۔ جیسا کہ معلوم ہے کہ یہ غزل وارداتِ قلبی کے تناؤ اور کرب و اضطراب کے زمانے کی ہے۔ دونوں مصرعوں میں الگ الگ مقدمہ قائم کر کے اور پہلے سے دوسرے کا رد کر کے عاشق کی فوقیت کو قائم کردیا ہے۔ یہ جدلیت خارجی ساخت میں ہے، زیریں ساخت میں جدلیتِ خفی اور بھی پرلطف ہے یعنی کشاکش غیر اور اپنے میں ہے جو دکھائی نہیں دیتی، یعنی محبت غیر سے اور دشمنی اپنے سے، لیکن دشمنی میں 'نہیں' ڈال کر کہا ہے 'ہم بھی دشمن تو نہیں ہیں اپنے' گویا یہ ہمارے بس میں نہیں۔ لیکن خود سے دشمنی نہ کرنا (دوسرے لفظوں میں اپنے نفع نقصان کا خیال کرنا) یہ تو ہمارے بس میں ہے۔ اس قدر سادہ الفاظ میں اس قدر پیچیدہ خیال رکھ دینا اعجازِ شعری ہے، غالب کے تخلیقی ذہن کو اس میں کمال حاصل ہے اور اس کا ثبوت قدم قدم پر ملتا ہے۔ (5) وفا عشق کا شعار ہے، ترکِ وفا عشق کی نفی ہے۔ ترکِ وفا نہ کرنا نفی کی نفی ہے یعنی ہم قائم بہ وفا ہیں، بھلے ہی

عشق مصیبت ہو۔ حرکیاتِ نفی ترکِ وفا، عشق اور مصیبت میں ہے جو شعری حسن کاری کی جان ہے۔ (6) فلکِ ناانصاف اگر کچھ نہیں دیتا تو آہ و فریاد کی اجازت ہی سہی۔ یہ مضمون پیرایہ بدل بدل کر غالب کے یہاں بار بار ابھرتا ہے۔ کبھی ناکردہ گناہوں کی حسرت کی داد کے طور پر، کبھی فرشتوں کے لکھے پر ناحق پکڑے جانے پر، کبھی ارمانوں کے نہ نکلنے پر۔ یہاں قطبینیت کچھ نہ دینے اور آہ و فریاد کی رخصت دینے میں ہے، دونوں میں ربط فعل 'دینا' سے قائم ہوا ہے۔ (7) اس شعر میں معنی کی کثرت کی داد نظم طباطبائی نے بھی دی ہے جو داد دینے میں خاصے بخیل واقع ہوئے ہیں۔ سہا مجددی کے بقول شعر ادبی اعجاز کے مرتبے کو پہنچ گیا ہے۔ حرکیاتِ جدلیاتی واضح طور پر نیاز و بے نیازی میں ہے۔ نیازمندی کے لیے تسلیم آیا ہے لیکن لفظ عادت بمقابلہ خو کے موجود ہے۔ ہرچندکہ دونوں کم و بیش ہم معنی ہیں لیکن غالب نے یہاں تسلیم کی خو ڈالیں گے کہہ کر جدلیاتی گردش کو ایک اور بل دے دیا ہے اور لطف و تاثیر کو کہاں سے کہاں پہنچا دیا ہے یعنی بے نیازی کے مقابلے میں نیازمندی مزاج کا حصہ تو نہیں، لیکن اب مجبوری ہے تو کیا کریں، بہ امرِ مجبوری تسلیم کی خو ڈالنی پڑے گی۔ (8) مقطع میں بھی کشاکش اور نباہ کی وہی جدلیاتی کیفیت ہے گویا پوری غزل کی روح نچڑ کر آ گئی ہے۔ بظاہر کوئی کلمۂ نفی نہیں اور یار سے چھیڑ کے چلے جانے میں اثبات ہی اثبات ہے لیکن پورا شعر جدلیاتی تفاعل سے معمور ہے جو وصل اور حسرت کی قطبینیت میں تہ نشین ہے، اور سچ پوچھیے تو جس کی چھوٹ پوری غزل کی شعری تشکیل پر پڑ رہی ہے۔ (نارنگ، ص 292)

اس تجزیے کے بعد لاشعوری افتاد ذہنی اور جدلیاتی گردش کے بارے میں کسی مزید تبصرے کی ضرورت نہیں۔ یہ غزل اور وہ مرثیہ نما غزل دونوں روایت اول (نخ) کے حاشیہ پر تقریباً ساتھ ساتھ لکھی گئی ہیں جنھیں بعد میں فقط ایک لفظ کی تبدیلی سے دیوان متداول میں شامل کیا گیا۔ مقطع میں اولاً 'چھیڑ خوباں سے تھا' دیوان میں اسے 'یار سے چھیڑ' کر دیا گیا، علاوہ اس کے ایک لفظ بھی نہیں بدلا گیا۔'' (ایضاً، ص 293)

اب ایک نظر اس قطعہ بند غزل (درد سے میرے ہے تجھ کو بیقراری ہائے ہائے) پر

بھی ڈال لی جائے جسے نظم طباطبائی بھی معشوق کا مرثیہ کہتے ہیں۔ نہیں بھولنا چاہیے کہ یہ بھی انیس بیس برس کے زمانہ کا کلام ہے۔ ان اشعار کی شدت تاثیر اور دردمندی کو سبھی مبصرین اور شارحین نے نشان زد کیا ہے۔ اضطراری نوعیت کے کلام میں فنی وتخلیقی محاسن بالالتزام پائے جائیں یہ ضروری نہیں ہے کیونکہ باطنی کیفیت بہت کچھ آنکھوں سے ڈھلکنے والے آنسو کی ہوتی ہے جس پر اختیار تو کیا، کئی بار اس کی خبر بھی نہیں ہوتی۔

297-298

درد سے میرے ہے تجھ کو بیقراری ہائے ہائے م کیا ہوئی ظالم تری غفلت شعاری ہائے ہائے
تیرے دل میں گر نہ تھا آشوبِ غم کا حوصلہ م تو نے پھر کیوں کی تھی میری غمگساری ہائے ہائے
کیوں مری غم خوارگی کا تجھ کو آتا تھا خیال م دشمنی اپنی تھی میری دوست داری ہائے ہائے
عمر بھر کا تو نے پیمانِ وفا باندھا تو کیا م عمر کو بھی تو نہیں ہے پایداری ہائے ہائے
زہر لگتی ہے مجھے آب و ہوائے زندگی م یعنی تجھ سے تھی اسے ناسازگاری ہائے ہائے
گل فشانی ہائے نازِ جلوہ کو کیا ہوگیا م خاک پر ہوتی ہے تیری لالہ کاری ہائے ہائے
شرمِ رسوائی سے جا چھپنا نقابِ خاک میں م ختم ہے الفت کی تجھ پر پردہ داری ہائے ہائے
خاک میں ناموسِ پیمانِ محبت مل گئی م اُٹھ گئی دنیا سے راہ و رسمِ یاری ہائے ہائے
ہاتھ ہی تیغ آزما کا کام سے جاتا رہا م دل پہ اک لگنے نہ پایا زخم کاری ہائے ہائے
کس طرح کاٹے کوئی شب ہائے تارِ برشکال م ہے نظر خوکردۂ اختر شماری ہائے ہائے
گوش مہجورِ پیام و چشم محرومِ جمال م ایک دل تس پر یہ نااُمیدواری ہائے ہائے
عشق نے پکڑا نہ تھا غالب ابھی وحشت کا رنگ م رہ گیا تھا دل میں جو کچھ ذوقِ خواری ہائے ہائے
گر مصیبت تھی تو غربت میں اُٹھا لیتا اسد میری دلّی ہی میں ہونی تھی یہ خواری ہائے ہائے

یہ غزل مرثیے یا نوحے کے انداز میں لکھی گئی ہے، اس میں کوئی شک نہیں کہ اشعار سے سچا حزن و ملال ٹپکتا ہے۔ مخفی پیمانِ وفا، دوستداری، بیقراری، غمگساری وغیرہ تصورات عشقیہ شاعری کی روایت کا حصہ بھی ہوسکتے ہیں، لیکن شرمِ رسوائی، رازداری اور غفلت شعاری

کے پیچھے شرم و حیا سے متصف ایک خوددار اور غیرت مند پیکر خیالی بھی ابھرتا ہے۔ نارنگ آگے اس مرثیہ نما غزل کی اکتشافی تحلیل کرتے ہیں تو اس صداقت کا انکشاف ہوتا ہے کہ جدلیاتی تخلیقی وضع کے نشانات روایت اول یعنی 19 برس کے زمانے سے ملنے لگتے ہیں جو آئندہ کے سفر میں روشن تر ہوتے چلے گئے۔

''غزل کو پڑھتے ہوئے بادی النظر میں اس پر جدلیاتی گردش کا گمان نہیں گزرتا، لیکن کلیدی لفظوں کے خیالی پیکروں کو نظر میں رکھیں تو اندازہ ہوگا کہ دردمندی کی فضا ان تصورات کی کشاکش باہمی اور نفی درنفی سے گتھی ہوئی ہے۔ ہائے ہائے کی تکرار اور عشق و محبت کے تعلقاتِ باہمی کی بازآفرینی سے عجب سماں بندی ہوئی ہے۔ جانے والا جا چکا ہے، سرچشمۂ دردمیرِ افسانہ کا قلب ہے جو خون ہو چکا ہے اور درد و داغ اور حزن و سوز و ملال سے بھرا ہوا ہے۔ معشوقِ ستم پیشہ آخری الوداع کے بعد میرِ افسانہ کے درد سے بیقرار ہے۔ ظاہر ہے کہ غفلت شعاری محبت کی پردہ داری کے باعث تھی۔ مطلع ہی سے غالب نے بیقراری کو غفلت شعاری کے تخالف کے طور پر برتا ہے۔ نیز گزرے ہوئے زمانے کے کیف و نشاط و دوستداری و غمخواری اور موجودہ دائمی فراق و درد و سوگواری میں جو افتراقیت یا نفی مضمر ہے، اس کی شدت اور محرومی کو جگہ جگہ 'کیا' اور 'کیوں' کے استفہامیہ سے مزید گہرا کردیا ہے (/کیا ہوئی ظالم تری غفلت شعاری ہائے ہائے/ یا /گلفشانی ہائے نازِ جلوہ کو کیا ہوگیا / یا/ کیوں مری غم خوارگی کا تجھ کو آیا تھا خیال/ یا/ تو نے پھر کیوں کی تھی مری غم گساری ہائے ہائے/ ان استفہامیہ نحوی وسائل سے بھی اشعار کی جدلیاتی گردش جو نشاط اور محرومی کے خیالی پیکروں میں مضمر ہے مزید مہمیز ہوجاتی ہے۔ دوسرے شعر میں آشوبِ غم کا حوصلہ نہ ہونا غمگساری سے کشاکشِ باہمی کے رشتے میں ہے۔ نہ تو نے اس قدر دوستداری کی ہوتی نہ آج اتنا زیادہ دردِ جدائی ہوتا، گویا دوستداری ہی دشمنی تھی۔ یہاں جدلیاتی تفاعل سے دوستداری کے معنی منقلب ہوگئے۔ عمر بھر کے پیمانِ وفا میں اثبات ہے لیکن عمر کی ناپائیداری کی نفیِ ظاہر سے اس کا رد کردیا ہے۔ گل فشانی ہائے نازِ جلوہ عجیب و غریب خیالی پیکر ہے۔ خاک پر لالہ کاری ہونا غالب کا محبوب تصور ہے (خاک میں کیا

صورتیں الخ ...) 'کیا ہوگیا' کہہ کر غالب نے چشم زدن میں یادوں کی ایک دنیا آباد کردی ہے جو گل فشانی ہائے نازِ جلوہ کے معدوم ہونے سے درد کی ٹیس میں بدل گئی ہے۔ غور طلب ہے اگرچہ گل فشانی اور لالہ کاری دونوں کی اساس پھول میں ہے لیکن دونوں کے پیکر الگ الگ ہیں اور دونوں میں تخالف ہے، لالہ کاری لہو رنگ ہے اور گل فشانی نازِ جلوہ کی ہے۔ گویا دونوں ایک دوسرے کی تقلیب سے معنویت حاصل کرتے ہیں، یعنی پہلے تو اپنے جلوۂ ناز کے پھول برساتا تھا، اور اب خود تجھ پر پھول برسائے جارہے ہیں۔ اسی طرح تیغ آزما اور زخم کاری میں نسبت ہے لیکن دونوں مصرعوں میں کیفیت جدلیاتی گردش کی ہے۔ یہی معاملہ عشق کے وحشت کا رنگ نہ پکڑنے اور ذوقِ خواری کے رہ جانے کا ہے۔ اگلے شعر میں ہائے ہائے کی تکرار نفی مملو ہے ہی کیونکہ ہائے کلمۂ درد ہے جو اپنے معنی حاصل کرتا ہے خوشی کے غیاب سے۔ بعینہٖ ذوقِ خواری، ناامیدواری، خوکردۂ اختر شماری، زخمِ کاری، پردہ داری، ناسازگاری، ناپائیداری، یہ سب دال ہیں محرومی کی صورتِ حالات پر جو اندوہناک ہے۔ یہی صورتِ حالات پہلے مصرعوں کی بھی ہے یعنی شرمِ رسوائی سے نقابِ خاک میں جا چھپنا، عشق کا وحشت کا رنگ نہ پکڑ سکنا، گوش کا مہجورِ پیام یا جسم کا محرومِ جمال ہونا، وغیرہ یہ سب محرومی و غیرموجودگی کے جدلیت اساس خیالی پیکر ہیں جو کسی ایسے تصور کے سیاق میں ہیں جو کبھی تھا اور اب نہیں رہا، یہ حرکیاتِ ہست و بود اس پورے قطعے کی ساخت اور بین السطور میں جاری و ساری رہتی ہے جس سے یہ مرثیہ نما غزل ایسا درد آلود مرقع بن گئی ہے جس کی شدت اور تاثیر کبھی کم نہ ہوگی۔ عشق نے پکڑا نہ تھا غالب ابھی وحشت کا رنگ میں غالب نے عشق اور وحشت میں فرق کیا ہے اور دونوں کو بطور binary بھی برتا ہے، گویا وحشت مظہر ہے درجۂ تکمیل عشق کی، یعنی ابھی جذب وجنوں کی وہ کیفیت پیدا ہی نہ ہوئی تھی اور ذوقِ خواری کی حسرت نکلی ہی نہ تھی کہ موجِ خوں سر سے گزر گئی۔ (غور طلب ہے جس طرح وحشت کے معمولہ معنی بے دخل ہوگئے، ذوقِ خواری کے معمولہ معنی کی بھی تقلیب ہوگئی ہے) مقطع سے معلوم ہوتا ہے کہ جب یہ قیامت گزری تو غالب دہلی میں تھے:

298 گر مصیبت تھی تو غربت میں اٹھا لیتا اسد
میری دلّی ہی میں ہونی تھی یہ خواری ہائے ہائے

بعد کو جب یہ مرثیہ نما غزل متداول دیوان میں شامل کی گئی تو مقطع کو جس میں امرِ واقعہ سے مطابقت کے واضح شواہد موجود تھے، غالب نے القط کردیا، اور اوپر کا شعر 'عشق نے پکڑا نہ تھا' ... جس میں تخلص بھی آیا ہے غالب نے بڑھا دیا، غالباً اس لیے کہ اصل مقطع کی واقعیت غزل کی شعری ایمائیت کے خلاف تھی۔'' (نارنگ، ص 95-293)

پروفیسر نارنگ کے زیرِ تجزیہ دونوں غزلیہ صداقت پاروں میں جدلیاتی معنویت آفرینی اور طرفگی ہی نہیں، نشریت، برجستگی اور موتیوں کی سی آب و تاب بھی ہے جو آئندہ دور میں غالب کا غزلیہ نشانِ امتیاز بن جاتی ہے۔ نوتعبیر غالب کے ضمن میں نارنگ غالب کی افتاد ذہنی اور تخلیقی عمل میں کارفرما جدلیاتی حرکیات نفی کی کارکردگی کی بابت ایک نئے متبادل تنقیدی رویہ اور معروضی تحلیلی طریقِ کار کی تلاش میں کلی طور پر کامران ہیں اور انھوں نے اپنے یکسر منفرد اور یگانۂ روزگار معروضی تحلیلی رنگ و آہنگ سے غالب سے 'راہِ سخن' وا کرلیا ہے۔

غالب کی شعری کائنات کسی پابند تصور، نظریہ یا قید فکر و نظر کی حامل نہیں ہے۔ وہ آزادیٔ دید اور آزادیٔ تخلیق کی امین ہے۔ وہ یک پہلوئی نہیں، ہمہ پہلوئی (Omnijective) ہے۔ وہ کسی بھی نوعیت کی تبلیغ، تلقین، تحکیم اور تقلید کی خوگر نہیں ہے بلکہ وہ صحیح معنوں میں حقیقی نئی تخلیقیت اور حقیقی نئی معنویت کی جوئندہ اور پابندہ ہے۔ اس کا اول و آخر عندیہ اپنے نوگرمئی نشاطِ تصور و تخیل کی تخلیقی ترسیل ہے۔ اپنے جدلیاتی افتاد و نہاد کے حرکیاتِ نفی کی کارکردگی سے پیدا ہمہ گیر نوتخیلی تجربہ کی نئی فنی تنویر ہے۔ لیکن تخلیقی ترسیل اور جمالیاتی تنویر کے لیے ساری ذمہ داری صرف غالب کی نہیں۔ اس حلقۂ اربابِ ذوق و فکر کی بھی ہے جو ادب کے کسی نہ کسی مخصوص آہن پوش تصورِ فکر و فن اور برف پوش قید فکر و نظر سے آزاد نہیں ہوسکتا ہے۔ اگر کسی کے ٹیلی ویژن سیٹ کی بصری ترسیل یا صوتی ترسیل ناقص ہے یا محض ایک لہر کو قید کرسکتی ہے تو اس میں لہریں ترسیل کرنے والے حربہ (Device) کا کیا قصور

ہے؟ منفرد نو گرمئ نشاطِ تصور و تخئیل سے پیدا غالب کا تخلیقی تجزیہ نو بہار آفریں جمالیاتی اور معنویاتی قدر و قیمت رکھتا ہے۔ یہ دل نشیں اور جاذبِ فکر و نظر ہے اور بظاہر غیر لطیف، ناخوشگوار اور مکروہ تجربات و حقائق سے بھی گہری تخلیقی بصیرت اور انسانی معرفت حاصل کرتا ہے جس طرح شیو نے بیکراں وجودیاتی اور عرفانیاتی سمندر کے زہر سے امرت کی کشید کی تھی بعینہٖ غالب نے بھی زندگی کے بحر ناپید اکنار سے بدیع اور تفیع تخلیقی معنویتوں اور کیفیتوں کے آب حیات کو کشید کر اپنی غزلیہ تخلیقات میں منور کیا ہے جو آج کے بھی حساس اور باشعور قاری کے جذبات اور محسوسات کو شدید طور پر متاثر اور متحرک کرتا ہے۔ ان کا ہمہ گیر فنی حسن اور نوانسانیاتی عظمت و رفعت آج بھی مقامی، قومی اور عالمی انسانی برادری کے جذبات، محسوسات اور شعوریات کو بیدار کرنے میں منفرد ہے۔ یہ غیر معمولی تخلیقی اہلیت اور جمالیاتی کارکردگی زندگی اور کائنات کی ہمہ پہلو اور ہمہ رُخی نوانسانیاتی بصیرت، نوانسانیاتی یک دردی (Empathy) اور غیر مشروط نو آفاقی دردمندی میں پنہاں ہے جو اکیسویں صدی کے مابعد جدید تناظر کی دوسری دہائی کے حساس اور آگاہ قاری کو بھی حقیقی نوانسانیاتی متناقض (Paradoxical) تجربہ پر مبنی معلوم ہوتی ہے۔ یہ پُرتضاد جدلیاتی نفسیاتی تجربہ غالب کے بیک وقت نہایت متضاد طور پر اپنے نہاں خانۂ دل میں مستغرق ہونے اور اپنے غیر معمولی جدلیاتی تخلیقی شعور و آگہی کے حرکیات نفی کے تفاعل سے نصیب ہوا تھا جس نے اپنے عہد کی فوقیتی ترتیب کی درجہ بندی کی نام نہاد عظمت، رفعت، علویت اور قدسیت کے معیاروں کی بے محابا شکست و ریخت کردی تھی۔ اس نے اپنے منفرد اور یکتا حقیقی تجربے سے حقیقی تجزیے اور حقیقی تجزیے سے نوتخلیقی شعر اور نوتشکیل شعر کی طرف غالب کو راغب کیا تھا۔ اس نوتخلیق شعر اور نوتشکیل شعر میں ہر قطرہ میں دجلہ اور ہر ذرہ میں صحرا دکھائی دینے لگا تھا۔ اس کے عقب میں وہی غائر تخلیقی متناقض بصیرت اور شاعرانہ رویا (Vision) کارفرما ہے جو پہلے معانی اور مفاہیم کی رسّی بٹنے کا خوگر تھا۔ بعد ازاں وہ آگ میں گلاب اور گلاب میں آگ دیکھ سکنے پر قادر ہوگیا۔

'پورے غالب' کے انضمام ضدین (The Unity of Opposites) تک رسائی کے

لیے نیا مطالعاتی فکریاتی اجتہاد ناگزیر ہے جو غالب کی شاعری کے روایت اول، روایت دوم اور پھر متداول دیوان کی درایت کی معنی آفرینی اور جدلیاتی افتاد کا بھرپور طور پر انکشاف کر سکے۔ روایت اول اور روایت دوم کے تجرباتی غزلیہ اشعار پر غور وفکر کرنے سے یہ سورج آسا صداقت روشن تر ہوتی ہے کہ غالب کے ان تجرباتی غزلیہ اشعار میں پختگی کے دور کے تراشیدہ درخشاں اشعار اور مرکبات کا نقشِ اول نظر آتا ہے۔ گوپی چند نارنگ نے 'سارے غالب' کی کثیر معنویاتی اور کثیر حسنیاتی جہات، اطراف اور ابعاد کی نئی تفہیم اور تعبیر کے لیے جدلیاتی وضع، شونیتا اور نئی شعریات کے وسیع اور رفیع تر تناظر میں روایت اول، روایت دوم اور پھر متداول دیوان بشمول گل رعنا اور نسخۂ شیرانی پر پہلی بار ایک ساتھ یکسر جامع اور مانع اطلاقی تنقید کو بھرپور طور پر برتا ہے۔ غالبیات کے ضمن میں لکھی گئی معدودے چند تنقیدات عالیہ میں اس کا فکریاتی اور شعریاتی رینج سب سے وسیع تر ہے۔ باب ہشتم کے 'روایت اول بخط غالب، معنی آفرینی اور جدلیاتی افتاد' میں بیک وقت نہایت تحقیقی دیدہ وری اور نئی مجتہدانہ دانشوری کے ساتھ گوپی چند نارنگ نشاندہی کرتے ہیں:

''غالب کے تخلیقی سفر، ذہن و زندگی اور فکر وفن کے بہت سے گوشے ایسے ہیں اور بہت سے پیچیدہ سوال اس نوعیت کے ہیں کہ ان کے جواب ہنوز فراہم نہیں کیے جا سکے، غالب کے گنجینۂ معنی کے طلسم کے بھی کئی در ایسے ہیں جو ہنوز وا نہیں ہوئے۔ متن کی قوت زماں کے محور پر قاری کے تفاعل کے ساتھ مل کر معنی پروری کر رہی ہے اور کرتی رہے گی۔ یوں بھی کوئی تعبیر آخری تعبیر نہیں ہو سکتی نہ ہی کوئی تعبیر آئندہ تعبیروں کے امکانات ختم کر سکتی ہے۔ پھر غالب کا تو معاملہ ہی ایسا ہے کہ ہر تعبیر خواہ وہ کتنی ہی مکمل نظر آئے تشنۂ تکمیل رہتی ہے۔ متن کو دیکھنے اور متن میں داخل ہونے کے کئی طریقے اور کئی پیرائے ہیں۔ ایک پیرایہ ایک تجسس ہمارا بھی ہے کہ غالب کی افتاد ذہنی، یا سائیکی میں، یا لاشعوری تخلیقی نہاد میں وہ کیا چیز ہے جو ہر سامنے کے تصور کو 'نکارتی' یا منقلب کر دیتی ہے اور روزمرہ کی معمولہ حقیقت میں طرفگی کا کوئی نہ کوئی نیا پہلو نکال لیتی ہے۔'' (نارنگ، ص 300-299)

اوراق آئندہ میں نارنگ تحقیقی تلاش مدام تلاش کے ساتھ اپنا نوتعبیراتی اور تنقیحاتی سفر جاری رکھتے ہیں اور پہلے اس کلام کا احاطہ کرتے ہیں جو نام نہاد کجروی یا ناپختگی کے دور سے منسوب ہے۔ اس دور کے کلام کے خاصے حصہ کو مغلق اور بعید از فہم سمجھ کر منسوخ کر دیا گیا تھا۔ نارنگ آگے نشان زد کرتے ہیں :

''روایت اوّل یعنی نسخۂ بھوپال بخط غالب مکتوبہ 1816، یعنی 19 برس تک غالب کے کل اشعار کی تعداد 1784 تھی، اور روایت دوم یعنی نسخۂ بھوپال (حمیدیہ) مکتوبہ 1821 یعنی 24 برس کی عمر تک یہ تعداد کل 2585 اشعار تک پہنچ گئی، جیسا کہ خود غالب نے لکھا ہے کہ اشعار کا اچھا خاصا بڑا دیوان مرتب ہوگیا۔ (ایضاً،ص 159) اس کا انتخاب جو متداول دیوان کہلاتا ہے جب پہلی بار شائع ہوا تو اس میں کل 1093 اشعار تھے، اس میں سے 753 اشعار نوعمری کے ان دونوں نسخوں سے لیے گئے تھے، (رضا،ص 29، 79) باقی اشعار کو منسوخ کردیا گیا جن پر عرف عام میں ''خام''، ''ناقص''، ''پیچیدہ'' یا ''بعیداز فہم'' ہونے کا الزام تھا۔'' (نارنگ،ص 300)

نارنگ آگے تحقیقی تفہیماتی زاویۂ نگاہ سے نہایت صاف و شفاف انداز میں وضاحت کرتے ہیں کہ انھوں نے کن تحقیقی منابع سے استفادہ کیا اور ان کا معروضی و تجزیاتی اطلاقی طریقِ کار کیا ہے؟

''زیرنظر باب میں ہم 19 برس تک کے کلام کو نظر میں رکھیں گے۔ اگلے باب میں چوبیس پچیس برس تک کا کلام زیر بحث آئے گا۔ مزید یہ کہ اس میں سے جو کلام متداول دیوان کے لیے منتخب ہوا، اس کو بھی نشان زد کرتے چلیں گے تاکہ منسوخ کلام اور منتخب کلام دونوں میں ہم اپنے مبحث کے مرکزی مسئلہ کا سراغ لگا سکیں۔''

''نوعمری کے کلام کو نشان زد کرتے ہوئے کہ کون سا انیس برس سے پہلے کا ہے اور کون سا چوبیس برس سے پہلے کا یا کون سا منسوخ کیا گیا اور کون سا منسوخ نہیں کیا گیا تھا یعنی منتخب کیا گیا، اس کے لیے ہم وہی علامتیں استعمال کریں گے جو امتیاز علی خاں عرشی نے نسخۂ عرشی میں مقرر کی تھیں اور جنھیں کالیداس گپتا رضا نے برقرار رکھا ہے۔'' (نارنگ، ص 302)

''نسخۂ بھوپال بخطِ غالب (نخ) کا اصل قلمی نسخہ بھی غائب ہو چکا ہے اور نسخۂ بھوپال (ق) جو نسخۂ حمیدیہ کے نام سے چھپا تھا اس کا اصل مخطوطہ تو پہلے ہی گم ہو چکا تھا، یعنی دونوں کے اصل نسخے دستیاب نہیں۔ ہم اپنے قدیم آثار کا کیسا اچھا خیال رکھتے ہیں۔ نسخۂ رضا جو ہمارے پیشِ نظر ہے اس میں نسخۂ بھوپال بخطِ غالب کی عرشی زادہ اور نثار احمد فاروقی کی عکسی اشاعتیں بنیاد بنائی گئی ہیں۔ اسی طرح نسخۂ بھوپال (مشمولہ نسخۂ حمیدیہ) مرتبہ مفتی محمد انوارالحق کے لیے اس کے تین مطبوعہ نسخوں اور چوتھے اہم مطبوعہ نسخے مرتبہ حمید احمد خاں کے متن کو بنیاد بنایا گیا ہے جو ہر اعتبار سے معتبر اور مستند ہے۔ سنین کے تعین کے لیے نسخۂ کالیداس گپتا رضا اور توقیتِ غالب مرتبہ رضا سے مدد لی گئی ہے، جہاں کسی دوسرے ماخذ سے استفادہ کیا گیا ہے اس کا بھی ذکر کر دیا گیا ہے۔'' (ایضاً، ص 303)

''اپنے مطالعے میں امکانی حد تک ہم کلام غالب کی تاریخی ترتیب کو نظر میں رکھیں گے تاکہ ارتقائی ذہنی افتاد کا کچھ اندازہ رہے جو روایتی ردیف وار ترتیب میں ممکن نہیں ہے۔ مزید یہ کہ ہم فقط ان اشعار سے سروکار رکھیں گے جو کسی نہ کسی اعتبار سے غورطلب ہیں اور ہمارے مرکزی مبحث سے کچھ نہ کچھ علاقہ رکھتے ہیں۔ شعروں کے انتخاب میں رسوائی مضمر ہے۔ تنقید لاکھ معروضی و تجزیاتی ہونے کا دعویٰ کرے، موضوعیت سے یکسر آزاد نہیں ہوسکتی۔ متن معصوم نہیں ہے، یعنی غیر جانب دار یا بے لوث نہیں ہے۔ اس لیے کہ خود مصنف کا ذہن تاریخ و تہذیب کی تشکیل ہے۔ یہی کیفیت نقاد کے ذہن کی بھی ہے۔ لہٰذا تنقید کیونکر معصوم ہوسکتی ہے۔ تاہم متن جو ثقافتی تشکیل اور سربستہ راز ہے، تنقید کا کام اس کے طلسمات کو کھولنا، اس سے ہم کلام ہونا، اس کی داخلی و خارجی ساختوں کو دیکھنا اور امکانی حد تک اس کے رازوں تک رسائی حاصل کرنا ہے۔ یہ کام کماحقہٗ اپنے مقصد پر پورا اترے، یہ ضروری نہیں ہے۔ تنقیدی مفروضہ اگر وہ غلط توقعات پر قائم کیا گیا ہے تو بعض نکات کی تعمیم و تکرار سے یا تو اپنے آپ ساقط ہوجاتا ہے، یا اگر تنقید کا سفر صحیح راہ میں ہے تو ہر قدم کے ساتھ معنیاتی امکانات اور انکشافات روشن تر ہوتے چلے جاتے ہیں۔''
(نارنگ، ص 301)

140 آگہی دامِ شنیدن جس قدر چاہے بچھائے
مُدّعا عنقا ہے اپنے عالمِ تقریر کا (قِ+)

''یہ شعر غزل سرِ دیوان کا ہے یعنی 'نقش فریادی ہے کس کی ...'۔ نسخۂ بھوپال بخطِ غالب یعنی روایت اوّل (مشمولہ حمیدیہ) کا آغاز بھی اسی غزل سے ہوتا ہے اور زیرِ نظر اہم شعر بھی اسی غیر معمولی غزل کا حصہ ہے جو حاشیہ 'ق' پر بڑھایا گیا۔ ہر چند کہ کالیداس گپتا رضا نے 'نشنیدن' والے شعر کو 15 برس کی ذیل میں رکھا ہے لیکن شعر زیرِ بحث 'آگہی دام شنیدن...' یقیناً نشنیدن والے شعر سے پہلے کا ہے اور شروع جوانی کے زمانے کا ہے جب غالب پر چاروں طرف سے یلغار تھی کہ وہ ناقابل فہم اور مہمل شعر کہتے ہیں۔ وہ رواجِ عام سے بیحد نفرت تو کرتے ہی تھے، اصل مسئلہ یہ تھا کہ اُن کا ذہن حقیقت کو جس طرح انگیز کرتا تھا اور جس طرح سے تشکیل شعر کرتا تھا وہ عام روش سے بہت کچھ الگ تھا۔ ان کے جہانِ معنی میں شروع ہی سے ایک تموج تھا وہ معنی کے جس گلشنِ ناآفریدہ کی بات کرنا چاہتے تھے، سامنے کی روایتی زبان اس کی تاب نہ لاسکتی تھی۔ اس راز کو غالب نے کچھ تو اپنی ذہنی اپج سے اور کچھ سبکِ ہندی بالخصوص خیال بند بیدل کے اثر سے شروع ہی میں پالیا تھا کہ معنی فقط اتنا نہیں جتنا آنکھوں کے سامنے ہے۔ یعنی معمولہ معنی جس کی ترجمانی روایتی زبان یا رواجِ عام کرتا ہے، وہی کل معنی نہیں۔ روایتی رسمی زبان معنی پر پردے ڈال دیتی ہے اور جہانِ معنی کے اَن چھوئے خطے یا اَن دیکھے جزیرے نظر ہی نہیں آتے۔ غالب نے شروع ہی سے روایتی طرز اظہار سے بہ شدت عمداً گریز کیا، اگرچہ انھیں بہت کچھ سننا اور سہنا پڑا لیکن خداداد ذہانت اور طباعی سے اس نکتہ کو انھوں نے پالیا تھا کہ معمولہ معانی رسمی یا حاضر معانی ہیں اور حاضر معانی نادر یا نایاب یا انوکھے معانی نہیں ہوسکتے۔ معانی جتنے حاضر ہیں یا رواج عام سے سامنے ہیں، اتنے غیاب میں بھی ہیں اور ان کی پرتیں یا سوچ کا عمل بھی فقط اتنا نہیں جو فہم عام کا عمل ہے۔ فہم عام کا عمل میکانکی یا منطقی عمل ہے اور تخلیقی عمل میکانکی عمل نہیں۔ سامنے کی زبان میکانکی طور پر سوچتی اور دیکھتی ہے اور فقط عام قاری کے لیے قابل قبول ہوسکتی ہے۔ لیکن پُرتموج متخیلہ یا داخلی واردات یا تجربہ و احساس

کی وہ پرتیں جو اندھیرے یا تجرید یا غیاب میں ہیں، زبان کے روایتی منطقی اظہار اور رواج عام سے باہر ہیں۔ چنانچہ جب تک فہم عام کی پامال راہ سے انحراف نہ کیا جائے گا یا روایتی منطقی زبان کے بندھے ٹکے طور طریقوں کو پاش پاش نہ کیا جائے گا، جدتِ ادا یا طرفگیِ خیال کا حق ادا نہیں کیا جاسکتا۔ اس کا ایک طریقہ سامنے کے معنی، روایتی متن یا معمولہ معنی کو پلٹنا تھا۔ یہ اس وقت تک ممکن نہیں تھا جب تک زبان کے رسمی ڈھانچے کو توڑا نہ جائے اور عرف عام کی روایتی منطق کو رد نہ کیا جائے۔ جہانِ معنی بطور دریا کے ہے جس کا پاٹ بے حد و حساب ہے۔ ہم ایک کنارے پر ہیں جہاں سے دوسرا کنارا دکھائی نہیں دیتا۔ دکھائی نہ دینا اس کا ثبوت نہیں کہ دریا کا دوسرا کنارا نہیں ہے۔ دریا کا صرف ایک کنارا ہو یہ بھی ممکن نہیں۔ وہ کنارا جس پر ہم ہیں رسمی زبان کا کنارا ہے اور وہ کنارا جو غیاب میں ہے اس تک رسائی کے لیے رسمی زبان کے قید و بند سے رہائی پانا ضروری ہے۔ رہائی پانے کا عمل زبان کی افتراقیت کی تہہ میں اترنے کا عمل ہے۔ مگر زبان کا جبر بھی اپنی جگہ ہے۔ فکر و خیال پر بھی اسی کا پہرہ ہے اور اظہار پر بھی اسی کا پہرہ ہے۔ اس کے جبر کو توڑنا یا اس کے خول سے باہر نکلنا آسان بھی نہیں۔ اس سے یکسر باہر نکلنے سے عرصۂ اہمال میں داخل ہونے کا خطرہ بھی ہے جو غالب بار بار مول لیتے ہیں۔ شعر کتنا بھی یا زبان کتنی بھی خودمرتکز ہو اس کو قاری سے کچھ تو کہنا ہے۔ یعنی اسلوب و اظہار اَن دیکھے معنی کی تشکیل بھی کرے یا ندرت و طرفگی کا حق بھی ادا کرے اور قاری سے یکسر بے نیاز بھی نہ ہو، اس کے لیے راستہ فقط ایک ہی تھا کہ زبان کی رسمی زمین پر ہی اسے غیر رسمی بنانے کی سعی کی جائے۔ (ایضاً، ص 304)

تخلیق کی راہ میں سب سے بھاری پتھر زبان ہی ہے۔ جو کچھ کہنا ہے اسی کے ذریعہ کہنا ہے۔ پہلے سے کہے کو کہنے پر یہ قادر ہے لیکن اگر اَن سنا، اَن کہا یا نادر و نایاب کہنا ہے تو اس کے لیے بھی اسی کی حدود کے اندر گنجائش نکالنا پڑتی ہے۔ غالب کا تخلیقی تموج چونکہ اَن دیکھے، اَن کہے، اَن سنے کو گرفت میں لانے کا جویا تھا، غالب کے یہاں زبان کا بخیہ اکثر اُدھڑنے لگتا ہے۔ اکثر وہ رسمی زبان کی اُن سرحدوں پر ملتے ہیں جہاں زبان اور بے

زبانی یا رسمی معنی اور طرفہ معنی یک گونہ آنکھ مچولی کھیلتے ہیں۔ یہ کشمکش نسخۂ بھوپال بخطِ غالب سے نسخۂ حمیدیہ کے متن اور حواشی کے اشعار تک کئی جگہ دکھائی دیتی ہے۔ (ایضاً، ص 305)

غالب زبان کے کوہِ طور کی سیر کا عزم رکھتے ہیں تاکہ شاہد معنی کی جلوہ گری ہو سکے اگرچہ لازم نہیں کہ سب کو ملے ایک سا جواب۔ لگتا ہے غالب کے ذہن میں دقیق اور پیچ در پیچ معنی کی ایک نیم تاریک نیم روشن دنیا آباد تھی۔ رسمی زبان کو چیلنج کرنے کا ایک طریقہ اس میں 'لا' ڈالنے یعنی جدلیاتِ نفی سے رائج رسومیات کو پلٹنے، اس پر سوال قائم کرنے، روایتی معنی کو رد کرنے، لفظوں کے معمولہ خول کو شق کرنے اور اَن دیکھنے طرفہ شاہد معنی کو سامنے لانے کا تھا۔ یہ عمل خاصا دقت طلب اور صبر آزما تھا۔ اپنے عصر سے متصادم ہونے اور صدمہ پہنچانے والا خود کس درد و کرب سے نہیں گزرتا اس کا اندازہ آسان نہیں۔ معنی کے ابداع اور طرفگی سے بے معنویت، خاموشی یا سناٹا صرف ایک قدم ہے۔ عرف عام کی آگہی کے لیے تو اس کا مدعا عنقا ہی ہے۔ وہ تمام بڑے اذہان جو حقیقت کے اَن دیکھے جزیروں کی سیاحت کا جوکھم لیتے ہیں، مدعا کے عنقا ہونے یا خاموشی ( ) کو اصل مدعا یا معنی کی کُنہ قرار دینے سے احتراز نہیں کرتے۔ ممکن ہے کہ معمولہ کے ہر پہلو کو رد کرنے یا گنجینۂ معنی کے طلسم بلاخیز کو سامنے لانے کی باطنی تڑپ ہی وہ بے اختیارانہ تخلیقی تموج ہو جس کے اضطراب سے حرکیاتِ نفی کا تفاعل غالب کے ذہن و مزاج کا حصہ بنتا چلا گیا حتیٰ کہ ان کی تخلیقی افتاد میں بمنزلہ جوہر کے جاگزیں ہو گیا۔ ہم دیکھیں گے کہ ان کا ذہن و شعور جدلیاتی تفاعل میں اس حد تک رچا بسا ہوا ہے کہ ان کی بدیع گوئی و طرفگیِ خیال فطری طور پر اگر کسی لباس میں ظاہر ہوتی ہے تو اسی لباس میں ظاہر ہوتی ہے۔ یوں تو یہ پوری غزل ہی ایک نہایت طباع اور غیر معمولی شاعر کے طلوع کا پتہ دیتی ہے، تاہم زیرنظر شعر جو آگہی کے دام شنیدن بچھانے اور مدعا کے عنقا ہونے کی جدلیاتی کشاکش کو مرکز نگاہ بناتا ہے، غالب کے تخلیقی ابداع کا دستخط تو ہے ہی، تہ در تہ امکانات سے بھرپور ایک نئی معنیات کی آمد آمد کا اعلان نامہ بھی ہے۔" (نارنگ، ص 306)

153 لطافت بے کثافت جلوہ پیدا کر نہیں سکتی
چمن زنگار ہے آئینۂ بادِ بہاری کا

اس شعر کا شمار بھی غالب کے شاہکار اشعار میں ہوتا ہے۔ اس میں بھی انھوں نے دو مقدمات کے رد در رد سے مضمون آفرینی و طرفگی کا سامان پیدا کیا ہے۔ لطافت اور کثافت دونوں سادہ نہیں، کہ ایک کے بغیر دوسرے کا تصور نہیں کیا جا سکتا۔ یہ بطور قول محال ہے اور دلیل دوسرے مصرع میں ہے کہ دیکھ لو بادِ بہاری مثل آئینہ کے ہے اور جہاں آئینہ ہے وہاں زنگار (کثافت) لازم ہے، سو چمن بادِ بہاری کے آئینے کے زنگار کا زنگار ہے۔ دوسرے لفظوں میں روحانیتِ محض یا ذاتِ محض بے معنی ہے، روحانیت کا بغیر مادّیت کے یا ذات کا بغیر صفات کے آئینۂ ادراک میں آنا محال ہے۔ غالب کا شعر لطافت، کثافت، آئینہ، زنگار کسی تصور کو جامد نہیں رہنے دیتا بلکہ نفی پیہم کی جدلیاتی گردش سے تمام خیالی پیکروں کی معمولہ معنویت کو کلیتاً بدل دیتا ہے۔ دیکھا جائے تو غالب جو کہہ رہے ہیں وہ بودھی فلسفۂ لسان Apoha (تفریقات) کے عین مماثل ہے یا یوں کہیے کہ سوسیئر سے پہلے وہ سوسیئر کے اس راز سے آگاہ تھے:

IN LANGUAGE THERE ARE ONLY DIFFERENCES
WITHOUT POSITIVE TERMS

دوسرے لفظوں میں غالب کے شعر نے اس فلسفہ کو کہ معنی کی کارگزاری میں حرکیات نفی کا جوہر جاگزیں ہے دو مصرعوں میں ایسے سمیٹ دیا ہے کہ شعر معنی کی حسن کاری کا کرشمہ بن گیا ہے۔ (ایضاً، ص 312)

162 بر رُوے شش جہت درِ آئینہ باز ہے
یاں امتیازِ ناقص و کامل نہیں رہا (نخ)
وا کر دیے ہیں شوق نے بندِ نقابِ حُسن
غیر از نگاہ اب کوئی حائل نہیں رہا (ق+)

''آئینہ استعارہ ہے عالم حیرت سے، غالب کہتے ہیں کہ فیضانِ غیب کا پرتو بر روئے شش جہت یعنی سارے عالم پر کھلا ہے، لیکن عام و خاص، ناقص و کامل سب حیرت میں ڈوبے ہوئے ہیں اور حقیقت ناشناسی میں سب ایک جیسے ہیں۔ یعنی پرتوِ حقیقت کی نوعیت کچھ ایسی ہے کہ زبان گنگ اور عقل و دانش بے بس ہے، چنانچہ عارف و جاہل کا امتیاز جو

ویسے برحق ہے حقیقت کی بے خبری کے اعتبار سے بے معنی محض ہے۔'' (ص 312) یہ قید فکر ونظر (Philosophia) کا مقدرِ محض ہے۔

''شوق کا کمال یہ ہے کہ وہ ہمہ تن دید ہوجائے، یعنی خود نظر ہوجائے۔ عالمِ شوق نے نقابِ حسن کے بند کھول دیے ہیں اور حسن ہی حسن کا وفور ہے۔ لیکن غالب کی باریک بیں نظر نے جدلیات نفی کے ذرا سے مس سے شعر کو کہاں سے کہاں پہنچا دیا ہے۔ حسنِ بے حجاب کا 'جلوہ' تو 'نگاہ' ہی سے ہوگا۔ لیکن غالب کہتے ہیں کہ حسن بے حجاب تو ہے لیکن غیراز نگاہ کوئی حائل نہیں۔ یہ دوہری نفی ہے (یعنی 'غیر' اور 'نہیں') شعر عجیب و غریب لطافت اور نکتہ آفرینی کا حامل ہے۔ اول تو یہ کہ غیراز نگاہ کوئی حائل نہیں یا اب صرف نگاہ حائل ہے، دونوں پیرایۂ بیان ایک نہیں یا سو فیصد ہم معنی نہیں، ہو ہی نہیں سکتے۔ پہلے کلمہ میں تفاعلِ نفی نے معنی میں جو اٹکاو (resistance) اور نتیجتاً جو شدت پیدا کردی ہے، دوسرے کلمہ یعنی مثبت پیرایہ میں وہ بات نہیں۔ دوسرے یہ کہ نگاہ جو غیرمرئی ہے غالب کے پیرایۂ بیان اور حرکیات نفی نے اُسے غیرمرئی نہیں رہنے دیا، گویا وہ کوئی 'غیر' شئے (intruder) ہے جسے بندِ نقابِ حسن کے وا ہونے کے بعد وہاں نہیں ہونا چاہیے تھا۔ نفی کی معمولی سی گردش سے نگاہ کو جو بجائے خود شوقِ مجسم ہے، شوق اور جلوۂ حسن کے درمیان 'غیر' بنادینا نکتہ آفرینی اور خیال بندی کا اعجاز ہے۔'' (نارنگ، ص 313)

مقام حیرت (عالم حیرت) سے بہت آگے مقامِ شعریت، شعوریت اور اشعریت (عالم اشعریت) ہے۔ بیدل اس سے آگے کے مقام یا عالم کی نشاندہی کرتے ہیں۔

''تو اے حباب، چہ یابی خبرز 'حسنِ محیط'
کہ چشم شوق تو 'رنگِ نقاب' می ریزد

(بیدل)

اس رنگ التباس یا التباس رنگ سے آگے انسانی ذہن کی رسائی ممکن نہیں۔ یہ نوماورائے ذہن اور ماورائے زماں کا قدسی تجربہ ہے۔ اس ضمن میں ذہن و زماں کی رنگ مالا کی نفی (ترک) ناگزیر ہے تو وحیِ جلی (Divine Clair Voyance) اور وحیِ خفی (Divine Clair Audience) کی بخشش ربانی ہوتی ہے اور عالم شعریت، عالم شعوریت

اور عالم اشعریت کا آغاز ہوتا ہے۔

آدمی 'دید' است باقی پوست است
دید آں باشد کہ 'دیدِ دوست' است
خشک تار و خشک چوب و خشک پوست
از کجا می آئد ایں 'آوازِ دوست'

(رومی)

'زدٗ' (Time) کے بعد 'لانہایت' ہے۔ یہ نام یزد بخشندہ (لانہایت) ہی -Supreme most cosmic whole ہے۔ یہ امجد ترین لاشیئت (No-thingness) ہی لانہایت ترین نوریں، انوریں اور انواریں معموری (Fullness) ہے۔

بظاہر سادہ اشعار مشکل اشعار سے بھی زیادہ مشکل و پیچیدہ ہیں۔ غالب کی سادگی اکثر و بیشتر نظر کا دھوکا ہے۔

207 ادب نے سونپی ہمیں سرمہ سائیِ حیرت
زبانِ بستہ و چشمِ کشادہ رکھتے ہیں (نخ)

غالب کا ذہن خاموشی کو زبانوں کی زبان جانتا ہے اور خاموشی کے زبان کی کُنہ ہونے کے تصور پر قادر ہے۔ زبان کی مناسبت سے سرمہ سائی کا امیج غالب کی شعریات میں بار بار ابھرتا ہے اور زبان، ترسیل اور ادراک کے بارے میں طرح طرح کے سوالات اٹھاتا ہے۔ یہاں سرمہ سائیِ حیرت آدابِ دنیا کے باعث ہے کہ دنیائے دوں اس قابل ہے ہی نہیں کہ یہاں رازِ حقیقت بیان کیا جائے۔ زبان بستہ ہے، لیکن چشمِ کشادہ سے زبانِ بستہ کی تقلیب کرکے غالب سرمہ سائی حیرت (خاموشیِ حیرت) پر ادراک کا در وا کردیتے ہیں۔ (نارنگ، ص 321)

210 ہوں گرمیِ نشاطِ تصوّر سے نغمہ سنج
میں عندلیبِ گلشنِ ناآفریدہ ہوں

اس غزل میں متعدد شعر لاجواب و بے مثال ہیں، لیکن غالبًا نامانوس فارسی بندشوں کے قافیہ میں آنے کی وجہ سے نظرانداز ہوگئیں اور یکے از اعلیٰ اشعار بالخصوص 'ہوں گرمیِ نشاطِ تصور سے نغمہ سنج' جیسا بے پناہ شعر بھی عین ایک صدی کے بعد دریافت ہوا، اور تب سے اب تک ماہرین اسے غالب کی اپنے کلام کے بارے میں پیش بینی کے بطور پیش کرتے ہیں کہ میں اپنے نشاطِ تصور کی مستی سے نغمہ سنج ہوں کیونکہ میں جس باغ کا بلبل ہوں وہ ہنوز وجود میں نہیں آیا۔ اس کی ایک تعبیر یہ بھی ہے کہ گلشن ناآفریدہ شونیہ ہے کیونکہ لاموجود ہے۔ عندلیب کا تعلق گلشن سے ہے۔ جب گلشن ہی لاموجود ہے تو عندلیب کی نغمہ سنجی کس کے لیے؟ چنانچہ اس کا اپنے نشاطِ تصور میں مگن ہونا ہی سمجھ میں آتا ہے۔ دیکھا جائے تو متن میں کوئی قرینہ ایسا نہیں کہ یہ مان لیا جائے جیسا کہ کہا جاتا ہے کہ 'گلشنِ ناآفریدہ' آگے چل کر آفریدہ ہوجائے گا۔ جب زبان اپنا بدیعی اور ریطوریقائی کھیل کھیلتی ہے تو منشائے مصنف بھی قولِ فیصل کا کام نہیں دیتا اور موضوعی تعبیریں بھی جُل دے جاتی ہیں، کسی تعبیر کے لیے یہ دعویٰ برحق نہیں کہ صرف وہی تعبیر حتمی ہے۔ کیونکہ متن کی قوت اپنی موجزنی سے معنی پروری کررہی ہے اور تفاعلِ نفی سے معنیاتی عرصہ لبالب بھرا ہوا ہے۔ (نارنگ، ص 322)

213 ہے طلسمِ دہر میں صد حشر پاداشِ عمل
آگہی غافل کہ ایک امروز بے فردا نہیں

''یہ تمام اشعار نوعمری کے یعنی انیس برس سے پہلے کے ہیں۔ تعجب ہے کہ غالب نے ان اشعار کو منسوخ کیا تو کیا سوچ کر کیا اور اگر مولانا فضل حق خیرآبادی یا کسی اور نے کیا تو کیوں کیا۔ یہ دنیا فریبِ نظر ہے سو طلسمِ دہر کہا ہے۔ یہاں مناسبت صدحشر سے ہے۔ قیامت تو ایک ہے اور مقرر ہے۔ غالب روایتی مفہوم کو ردتشکیل کرتے ہیں کہ اے غافل ہوش سے کام لے، جس طرح ہر آج کے بعد کل کا آنا لازم ہے، عمل کی پاداش بھی لازم ہے۔ معنی کی تقلیب اس کے ماورا ہے یعنی یہ کہ قیامت ایک نہیں سیکڑوں ہیں (سزا اور جزا کے روپ میں) اور زندگی کے بعد نہیں بلکہ اسی جادو کے کارخانے میں جس کا نام

دنیا ہے۔''

247 خبر نگہ کو نگہ چشم کو عَدو جانے
وہ جلوہ کر کہ نہ میں جانوں اور نہ تو جانے

''شعر بطور معمۂ حال ہے اور اس کی تحلیل بھی اسی میں ہے۔ جلوہ مشہود ہے دیکھنے والا شاہد اور شیئے موجود شہود۔ یعنی جلوہ گستری اس طرح سے کر کہ نہ مجھے معلوم ہو اور نہ تجھے معلوم ہو یعنی خبر کو معلوم ہو تو نگہ کو معلوم نہ ہو اور نگہ کو معلوم ہو تو چشم کو معلوم نہ ہو۔ جلوہ کے سیاق میں خبر، نگہ اور چشم ایک دوسرے سے مربوط ہیں اور مل کر عمل آرا ہوتے ہیں، غالب نے اس ارتباط باہمی کو شق کر کے انھیں ایک دوسرے کے خلاف صف آرا کر دیا جو قول محال کا درجہ رکھتا ہے۔ اس میں تو پھر بھی ارضیت اور امر واقعہ ہے اگرچہ محال ہے، لیکن دوسرا مصرع تو یکسر لاشعوری و وجدانی ہے اور محویت کی ایسی کیفیت پر دال ہے جو ایک دوسرے ہی عالم میں پہنچا دیتی ہے۔ مزے کی بات ہے کہ پہلے تو خبر، نگہ اور چشم کی تجسیم کر کے انھیں الگ الگ تشخص عطا کیا گیا جو بجائے خود طرفگیِ خیال کا زائیدہ ہے، لیکن دوسرے مصرع نے شعر کو کہاں سے کہاں پہنچا دیا، اس میں بھی تین پیکر خیالی ہیں، 'میں' جو سراپا تمنا ہے 'تو' جو سراپا حسن ہے اور 'جلوہ' جو سراپا مقصود ہے، اس میں دوہرا قول محال ہے کہ غالب کے جدلیاتی تخلیقی ذہن نے ان تینوں کو نشاط و سرمستی کی وحدت نامحسوس میں تبدیل کر دیا ہے حالانکہ یہ تینوں الگ الگ ہیں۔ یہ شعر گوئی نہیں سحر و اعجاز ہے۔ حیرت ہے کہ بہت سے دوسرے عمدہ اشعار کی طرح یہ شعر بھی القط کر دیا گیا۔ ہوسکتا ہے مشورہ دینے والے علما نے کہا ہو یہ کیا بکا ہے کہ نگہ کو خبر ہو اور چشم کو خبر نہ ہو، یا وہ جلوہ کر کہ نہ تجھے خبر ہو نہ مجھے خبر ہو، یہ کیسے ہوسکتا ہے۔ یہ سراسر لغو ہے پھر جلوہ کرے گا کون؟ یوں نہ صرف اس شعر کو بلکہ پوری غزل کو قط لگا کر الگ کر دیا۔ کہنے کی ضرورت نہیں کہ شعر دقیقہ سنجی اور معنی بندی کی لطیف ترین کیفیت کا منھ بولتا شاہکار ہے۔'' (نارنگ، ص 329)

اس کے بعد نارنگ نے ان غزلوں کے اشعار کو لیا ہے جو نسخۂ بھوپال بخطِ غالب کے حاشیہ پر بڑھائی گئیں (بعد از 1816)، یعنی جو انیس برس کے کچھ بعد کا کلام ہے۔ وہ

کہتے ہیں کہ یہ وہ زمانہ ہے جب غالب اردو کے رس اور رچاؤ کے باعث اب خود ہی محسوس کرنے لگے ہیں اور یہ اعلان کرنے پر خود کو مجبور پانے لگے ہیں۔

294 جو یہ کہے کہ ریختہ کیونکے ہو رشکِ فارسی
گفتۂ غالب ایک بار پڑھ کے اُسے سنا کہ یوں (نخ+)

یہ شعر مندرجہ بالا غزل کا ہی مقطع ہے، گویا فارسیت کے ضرورت سے زیادہ غلبے سے ڈکشن کی غیر ہموار روش جاتی رہی ہے اور فارسی کا رچاؤ اردو کی اردوئیت میں گھل مل کر جادو جگانے لگا ہے۔ لیکن بس کچھ ہی برسوں کی بات ہے کہ غالب فارسی گویانِ پیشیں سے ٹکر لینے اور اپنی فارسی دانی پر ناز کرنے کے لیے زیادہ سے زیادہ فارسی پر توجہ کرنے لگیں گے، اور پھر کئی دہائیوں تک یہی اردو نہ صرف ان کی نظروں سے اتر جائے گی بلکہ بوجوہ 'مجموعۂ بے رنگ' نظر آنے لگے گی۔ (ایضاً، ص 337)

294 غنچۂ ناشگفتہ کو دور سے مت دکھا کہ یوں
بوسے کو پوچھتا ہوں میں منھ سے مجھے بتا کہ یوں (نخ+)
پُرسشِ طرزِ دلبری کیجیے کیا کہ بِن کہے
اُس کے ہر اک اشارے سے نکلے ہے یہ ادا کہ یوں (نخ+)

''اس غزل میں خاص طرح کی ڈرامائی کیفیت اور ہلکی سی شوخی کی تہہ ہے۔ ردیف 'کہ یوں' سے مطلوبہ فضا آفرینی کی تشکیل میں خوب مدد ملی ہے۔ غنچۂ ناشگفتہ استعارہ ہے محبوب کے دہن سے جو بند رہتا ہے اور کچھ نہیں کہتا۔/ دور سے مت دکھا/ کی تقلیب قربت سے کہ بوسہ قربتِ تام ہے، اور/منھ سے مجھے بتا/ میں ایک نہیں دونوں مفہوم ہیں کہ بوسہ منھ سے دیا جاتا ہے اور بولنا بھی منھ سے ہوتا ہے۔

اس کے دل موہ لینے کے طور طریقے کے بارے میں کیا کہیں کہ زبان گنگ ہے، اور اس کا ہر ہر اشارہ گویا کلام کرتا ہے کہ دلبری کی ادا یہ ہے۔ غالب نے یہاں پھر زبان کی نارسائی پر انگلی رکھی ہے کہ زبان ہر اظہار پر قادر نہیں ہے۔ حرکیاتِ نفی بن کہے اور اشارے میں ہے اور حسن کا ہر اشارہ گویا خود زبانِ گویا ہے۔'' (نارنگ، ص 338)

ذیل بے نظیر غزل بھی دور اول کا کلام ہے۔ نسخۂ بھوپال بخط غالب میں اس کے صرف 13 شعر حاشیے پہ درج ہیں یعنی 19 برس کے کچھ ہی بعد کہے گئے۔ مطلع اور پہلے دو شعر کا اضافہ پہلی بار نسخۂ بھوپال (حمیدیہ) میں 24 برس کی عمر میں ہوا اور چوتھا شعر دو برس بعد نسخۂ شیرانی میں بڑھایا گیا۔ غالب کو اپنی یہ غزل اس قدر پسند رہی ہوگی کہ تمام 17 اشعار متداول دیوان میں شامل کیے گئے۔

301 مدت ہوئی ہے یار کو مہماں کیے ہوئے
جوشِ قدح سے بزم چراغاں کیے ہوئے (نخ+)

دل پھر طوافِ کُوے ملامت کو جائے ہے
پندار کا صنم کدہ ویراں کیے ہوئے (نخ+)

مانگے ہے پھر کسی کو لبِ بام پر ہوس
زلفِ سیاہ رُخ پہ پریشاں کیے ہوئے (نخ+)

چاہے ہے پھر کسی کو مقابل میں آرزو
سُرمے سے تیز دشنۂ مژگاں کیے ہوئے (نخ+)

اِک نوبہارِ ناز کو تاکے ہے پھر نگاہ
چہرہ فُروغِ مَے سے گلستاں کیے ہوئے (نخ+)

جی ڈھونڈھتا ہے پھر وہی فرصت کے رات دن
بیٹھے رہیں تصورِ جاناں کیے ہوئے (نخ+)

اس غزل کی تمام بحث کتاب میں دیکھنا چاہیے، یہاں فقط کچھ حصہ بطور اشارہ اقتباس کہا جاتا ہے:

"گویا کوئی زمانہ تھا کہ جوشِ قدح سے بزم چراغاں تھی اور یہ سب کچھ میسر تھا، لیکن آج اس سب کی نفی ہے۔ کلمۂ نفی ایک بھی نہیں لیکن داخلی ساخت میں غیاب ہی غیاب ہے جس کو پُر کرنے یعنی جگرِ لخت لخت کو جمع کرنے یا دعوتِ مژگاں کرنے یا نظارہ و خیال کا سامان کرنے یا پندار کا صنم کدہ ویران کرنے کی تمنا ہے۔ مطلع کے بعد کے دس اشعار میں

خیالی پیکر ہی پیکر ہیں جن سے تمنا کی حدّت اور بے قراری کا اندازہ ہوتا ہے۔ دل پھر طوافِ کُوئے ملامت کو جائے ہے یا پھر شوق کررہا ہے خریدار کی طلب یا پھر چاہتا ہوں نامۂ دلدار کھولنا سے گریز ہوتا ہے، اس کے بعد کے اشعار گویا غزل کا کلائمکس ہیں جہاں امیجری اور بھی بے پناہ ہوگئی ہے جس سے کسی مائل بہ کرم شوخ وطرار پیکرِ جمال کے حسیاتی رنگ بڑھنے لگتے ہیں، یوں زلفِ سیاہ رخ پر پریشاں کیے ہوئے ایک دلفریب نو بہارِ ناز کا چہرہ ابھرتا ہے جو فروغ مَے کی مستی سے کھلے ہوئے پھول کی مانند ہے۔''

(ایضاً، ص 347)

''نظم طباطبائی نے لکھا ہے 'تا کے ہے' مرزا نے تاک اور مَے کی مناسبت سے کہہ دیا ہے، یہاں 'ڈھونڈھے ہے' کہنا چاہیے تھا۔

حقیقت یہ ہے کہ جی ڈھونڈھتا ہے اس سے اگلے شعر میں موجود ہے اور ہر فعل کی اپنی کیفیت ہے۔ تاک اور مئے کی نسبت معمولی نسبت ہے اور یہاں اس کا مقام بھی نہیں۔ 'تا کے ہے' میں جو بات ہے ڈھونڈھے ہے میں نہیں ہے۔ غورطلب ہے کہ ہر امیج ایک فعل سے بندھا ہوا ہے جو نفی درنفی کا تموج پیدا کرتا ہے۔ اس کلائمکس کے بعد آخری تین شعر اختتام کے ہیں جو تصورِ جاناں کی ٹھہری ہوئی پرسکون آرزومندی پر ختم ہوتے ہیں۔

گویا اب نہ وہ فرصت کے رات دن ہیں نہ وہ سامانِ صد گلستاں نہ وہ تصورِ جاناں۔ جیسا کہ پہلے اشارہ کیا گیا پوری غزل میں بظاہر کوئی کلمۂ نفی نہیں، نہ ہی لفظ 'پھر' کلمۂ نفی ہے۔ لیکن 'پھر' زیادہ سے زیادہ اعادہ چاہتا ہے ان باتوں کا جو کبھی تھیں اور اب نہیں رہیں۔ گویا داخلی ساخت میں حرکیاتِ نفی ہی نفی مضمر و موجزن ہے۔ آرزومندی اپنی تخیئلی غذا محرومی سے حاصل کرتی ہے، تمنا اور شکستِ تمنا یا آرزو اور شکستِ آرزو میں مضمر رشتہ جدلیت کا ہے غالب کا ذہن وشعور جس میں رچا بسا ہوا ہے۔ یہ جدلیت فقط عیش گزشتہ اور اس کے غیاب ہی میں نہیں، یہ جدلیت نشاط و یاس کے عمومی رشتے میں بھی ہے جس سے امیجری کی فضاسازی ہوئی ہے۔ جیسا کہ پہلے کہا گیا اس میں جہاں حسن و نشاط و کیف و سرور کے رنگ ہیں وہاں درد وحرماں وتنہائی کی ٹیس بھی ہے۔ گویا دونوں کیفیتوں میں تناؤ

بھی ہے اور یہ باہمدگر مربوط بھی ہیں جس سے جمالیاتی نشاط و سرور کی ایسی کیفیت پیدا ہوئی ہے کہ باید و شاید۔

اس بات کو یوں بھی سمجھا جاسکتا ہے کہ اگر اس غزل سے کسی ایک امیج کو کم کردیا جائے تو زیادہ فرق ہوگا یا نہیں۔ (خود غالب نے متعدد اشعار کا اضافہ بعد کو کیا، ان اشعار سے پہلے بھی غزل کی قرأت ممکن تھی اور بعض اشعار کے بغیر اب بھی ممکن ہے) لیکن اگر حزن و نشاط کی جدلیت کے رشتے کو یا آرزومندی سے اس کے اعادے کے رشتے کو منہا کردیں تو معنیاتی حسن آفرینی و فضاسازی کا سارا نظام درہم برہم ہوجائے گا، جبکہ یہ بھی صحیح ہے کہ معنیاتی فضاسازی کی حتمی تحلیل ناممکن ہے۔ جدلیاتِ نفی کے تفاعل کی نوعیت ہی ایسی ہے اور یہ اتنا گوناگوں اور بوقلموں ہے کہ اس کی تمام تر کیفیات کا احاطہ کرنا قریب قریب ناممکن ہے۔ کلام غالب میں قدم قدم پر اس نارسائی کا احساس ہوتا ہے اور یہی جدلیت کا سب سے بڑا نشان ہے۔'' (نارنگ، ص 348-346)

302 پنہاں تھا دام سخت قریب آشیانہ کے
اڑنے نہ پائے تھے کہ گرفتار ہم ہوئے (نخ+)

302 تیری وفا سے کیا ہو تلافی کہ دہر میں
تیرے سِوا بھی ہم پہ بہت سے ستم ہوئے (نخ+)

303 لکھتے رہے جنوں کی حکایاتِ خونچکاں
ہرچند اس میں ہاتھ ہمارے قلم ہوئے (نخ+)

''پہلے دونوں شعروں کی تخلیقیت میں بھی تفاعلِ نفی درجۂ کمال پر ہے، لیکن آخری شعر تو اس نوع کا ہے کہ اس کے معنیاتی نظام کو تجزیاتی میکانکی زبان کی گرفت میں لایا ہی نہیں جاسکتا۔ یہ سنت منصور و سرمد کا شعر ہے۔ غالب نے جنوں کی حکایاتِ خونچکاں کا اشارہ کرکے ہاتھوں کے قلم ہونے کا جو امیج خلق کیا ہے اس کی ہولناکی کا کچھ اندازہ اس لاجواب پینٹنگ سے لگایا جاسکتا ہے جو صادقین نے اس شعر پر بنائی ہے۔ جنوں، حکایات، خونچکاں اور قلم ہونے میں جو مناسبتیں ہیں، ایک اور سطح پر لکھنے، ہاتھ، قلم اور

حکایات میں جو رشتہ ہے، مزید ایک اور سطح پر خونچکاں اور قلم ہونے میں جو ربط ہے، وہ تہ در تہ اور حرکیات نفی کے پیچ در پیچ تفاعل سے بندھا ہوا ہے۔ اور جدلیت یعنی معنی کی تشکیل و ردتشکیل بھی اپنا جادو جگاتی ہے کہ گویا ہاتھ قلم ہو چکے ہیں لیکن لکھنے کا عمل جاری ہے۔ دوسرے لفظوں میں جس چیز پر قہر و غضب اور پابندی ہے اسی کے کیے جانے پر اصرار ہے۔ لکھنے کا عمل یوں بھی آزادی کا استعارہ ہے، اور جنوں کی حکایاتِ خونچکاں بھی انتہائی موثر ایمائی پیکر ہے نفس انسانی کی عظمت و سربلندی و فتح مندی کا کہ جبر و استبداد اور ظلم و بے انصافی کے خلاف کلمۂ حق کہنا اور بڑی سے بڑی قربانی دینا عین سعادت ہے۔'' (نارنگ، ص 349)

گوپی چند نارنگ نے اردو ادب میں سب سے یکسر الگ تھلگ اپنی غیر معمولی ہمہ گیر اور ہمہ جہت لسانیاتی، اسلوبیاتی، پس ساختیاتی اور نوتعبیراتی، تفہیماتی و تنقیحاتی بصیرت کے ساتھ 'پورے غالب' کی جدلیات نفی کے تناظر میں روایت (مردہ یا موصولہ روایت) سے زندہ، نامیاتی اور متحرک سبک ہندی کی روایت تک اور سبک ہندی کی زندہ روایت سے حقیقی غالبیاتی درایت (تخلیقیت) کے دانشورانہ اور شاعرانہ سفر مدام سفر کی ذہنی، قلبی اور روحانی سوانح عمری کو نسخۂ اول بخط غالب کے ہمہ پہلو اشعار کے میناخانہ میں برافگندہ حجاب کردیا ہے جو ہاتھ قلم ہونے کے بعد بھی عظیم تر جنون اور بڑے نابغۂ شعور کی طرفہ جدلیاتی حکایات خونچکاں سے لبریز ہے اور طریقت و حقیقتِ منصور، سرمد اور شمس تبریزی کے باعث ابدیت کے صفحہ پر خدا کی دستخط ہے۔

یہ حالی کا فیض عالیہ ہے کہ انیسویں صدی کی آخری دہائی 1897 میں غالب کے اردو کلام کے حسن، عظمت، رفعت اور علویت سے اردو دنیا ایک انتخابی حد تک آشنا ہوئی۔ لیکن حالی کو سبک ہندی سے بیر تھا۔ انھیں آدھے ادھورے غالب ہی محبوب تھے۔ لہٰذا ایک صدی تک مقلدین 'سارے غالب' کو ٹکڑے ٹکڑے کر کے پیش کرتے رہے۔ غالب کو بیشتر کسری رنگ و آہنگ میں نمایاں کیا گیا۔ بیسویں صدی کی دوسری دہائی 1917 میں غالب پرست جواں مرگ ناقد عبدالرحمٰن بجنوری نے غالب کو آفاقی پس منظر میں پیش کر ان کے

اردو کلام کی گہری معنویت اور قدر و قیمت کو ایک انتخابی حد تک رفیع ترکسینی اسلوب میں بیان کیا۔ حتیٰ کہ تحسینِ غالب کے وفور میں مبالغہ کا تڑکا لگانے میں کوئی مضائقہ نہ سمجھا۔ لیکن انیسویں صدی کی دوسری دہائی میں پروفیسر گوپی چند نارنگ نے 'پورے غالب' کے پورے اردو کلام نسخۂ غالب بخطِ غالب، نسخۂ حمیدیہ اور متداول دیوان مشمولہ نسخۂ شیرانی و گل رعنا کے متن کی ہمہ رُخی اور ہمہ پہلوئی معنویت اور وقعت کو پہلی بار 'شونیتا' کے بودھی، ژین اور تاؤ کے وسیع تر ایشیائی پس منظر میں اپنی تازہ کار اور نادر کار باریک بیں معروضی قرأت سے بھرپور طور پر جامع مدلل انداز میں مکشوف کیا ہے۔ یہ صحیح معنوں میں قاری اساس جدلیاتی مطالعہ اردو تنقید و تحقیق میں ایک نئی زمین کو توڑنے کے مترادف ہے۔ حالی تا حال اردو ادب میں غالبیاتی تحقیق و تنقید 'ابداع' کے گرد کولھو کے بیل کے مانند اپنی آنکھوں پر پٹی باندھے دیوانہ وار چکر لگاتی رہی ہے۔ خواہ وہ مکالمہ غالب کے ابہام، اشکال اور اہمال کی منطق کی بابت قائم کیا گیا ہو یا استعارہ سازی کے مخاطبہ سے اس میں استعاروں کا جھرمٹ کھوجنے کی کاوش ہو یا کسی مرکزی استعارہ کی تلاش وتفحص ہو جس کو کسی رمزمیہ اور علامیہ کی تحقیق کا درخشاں عنوان دیا گیا ہو، یا انشائیہ اور خبریہ اسلوب میں منشیانہ اور محررانہ سطح پر تفاوت کرنے اور انشائیہ اسلوب کے مبہم اور مغلق حوالہ سے غالب کے اردو کلام میں معنی خیزی کی تلاش ہو، یا استفہامیہ کے حوالہ سے معنی کی امکانات جوئی کی آمرانہ غیر تخلیقی اور غیر معنوی گفتگو ہو۔ یہ ساری تنقیدی کاوشیں بالآخر کیسے عبرتناک انجام پر پہنچتی ہیں کہ ''مشکل کہ تجھ سے راہِ سخن وا کرے کوئی۔'' حتیٰ کہ وہ نام نہاد بوسیدہ اور فرسودہ کاوشیں بھی جو غالب کے اردو کلام کا ان کے ماقبل کے شاعروں کے کلام سے موازنہ کرنے کے ضمن میں ضائع ہوئی ہیں، اسی 'ابداع' کی تشریح، تفسیر، تعبیر اور تفصیل کے مکڑ جال کا دوسرا نام ہے۔

اس غالبیاتی تحقیق اور تنقید کی روایت سے انحراف کرتے ہوئے 'پورے غالب' کے پورے اردو کلام کا جامع جدلیاتی معروضی مطالعہ درحقیقت غالبیاتی تحقیق و تنقید کی ایک دوسری زندہ، نامیاتی اور متحرک روایت کی حقیقی کھوج ہے جو غالب کی حقیقی جدلیاتی درایت

(تخلیقیت و معنویت) کی روح سے ہم کلام، ہم دل اور ہم روح ہے۔ غالب کا جدلیاتی کلامیہ اکیسویں صدی کی دوسری دہائی کے مابعد جدید تناظر کے مابعدجدید ذہن و مزاج سے ہم آہنگ ہے جو ثقافتی جڑوں کا بھی جوئندہ اور یابندہ ہے۔ غالب نہ صرف مغل جمالیات اور قدریات کے رمز شناس ہیں، وہ بیک وقت ایشیائی اور ہندستانی فلسفیانہ، وجودیانہ اور عارفانہ ثقافتی وجدان و عرفان کے صحیح معنوں میں شناشندہ ہیں۔ غالب کی جدلیاتی شعریات کا نوانسانیاتی آزادگی، نوثقافتی کشادگی پر زور دینا اور تمام معنویاتی طرفوں کا کھلا رکھنا مابعد جدید شعور و ذہن سے خصوصی نسبت رکھتا ہے۔ نارنگ نے صحیح زور دیا ہے کہ مابعد جدید شعور و مزاج بھی ہر نوعیت کے مقتدروں، آمریت اور ادعائیت کے خلاف نبردآزما ہے۔ غالب کی باغیانہ اور مجتہدانہ تخلیقیت افروز اور نومعنویت پرور فکر بھی ہر نوعیت کے آمرانہ تعینات اور تحکمانہ تصورات کی ردتشکیل کرتی ہے جو فکر ونظر کی آزادی کو مسلوب کرتے ہیں۔ مابعد جدید تناظر میں نئی تھیوری کا تیسرا رُخ نئے عہد کی تخلیقیت و معنویت متشدد نظریوں کی تحکمانہ ادعائیت، جکڑبندی، تنگ نظری اور ہر نوعیت کی تحدید کے خلاف ہے اور انسان کی آزادی، مسرت اور تخلیقی بصیرت کی جویا ہے۔ باب نہم 'روایت دوم مشمولہ نسخۂ حمیدیہ، معنی آفرینی اور جدلیاتی افتاد' بیک وقت جمالیاتی اور معنویاتی سطح پر شاہد عادل ہے کہ غالب کے اردو کلام میں 'پابستگیِ رسم و رہِ عام' سے بغاوت کی جدلیاتی گونج کی بازگشت ہمیشہ بلند ہوتی ہے۔ حتیٰ کہ بیکراں دشتِ امکاں کونوتخلیقیت آفریں اور نومعنویت کشا لانہایت انسانی کاوش اور بے نہایت سعیِ پیہم کے مقابلہ میں گوپی چند نارنگ یکسر مختصر قرار دیتے ہوئے نوجمالیاتی اور نومعنویاتی اکتشاف کرتے ہیں کہ انسانی تمنا کے تخلیقی اضطراب کی یہ نوکائنات ساز کیفیت ہے کہ بے پایاں دشتِ امکاں نئے انسان کے ایک نقش پا کے مساوی ہے اور ہر ثانیہ تخلیقی انسانی روح مضطرب ہے کہ تمنا کا دوسرا قدم اٹھائے تو رکھے کہاں؟ یہ نوانسانیاتی اور نوفکریاتی تمنا کا دوسرا قدم ہی مابعدجدیدیت سے نئے عہد کی تخلیقیت تک کی نِت نئی معنی آفرینی اور جدلیاتی شعور، ذہن اور مزاج کا نِت نئی سطح پر حسن آرا، معنی آرا اور عمل آرا ہونا ہے۔

318 تیشے بغیر مر نہ سکا کوہ کن اسد
سرگشتۂ خمارِ رسوم و قیود تھا (ق)

نارنگ صاحب محولا بالا شعر کے ضمن میں نشاندہی کرتے ہیں۔ فارسی اردو شعریات کی قدیمی روایت ہے کہ عاشق خود کو قیس و فرہاد سے بڑھ کر قرار دیتا ہے لیکن غالب کی شعری منطقِ جدلیاتی توقع پیدا کر کے طرفہ دلیل لاتی ہے کہ تیشے سے مرنا تو عام سی چیز ہے، بات تو تب تھی کہ فرہاد سرگشتۂ خمارِ رسوم و قیود نہ ہوتا یعنی موت کو کسی اور طور گلے سے لگاتا۔ غالب کے یہاں روشِ عام کا رد ہر ہر چیز میں جاری و ساری رہتا ہے اور اس کی جدلیاتی گونج بار بار سنائی دیتی ہے۔

319 کہتے ہو نہ دیں گے ہم دل اگر پڑا پایا
دل کہاں کہ گُم کیجے ہم نے مدّعا پایا (ق)
ہے کہاں تمنّا کا دوسرا قدم یارب
ہم نے دشتِ امکاں کو ایک نقشِ پا پایا (ق)
سادگی و پُرکاری بیخودی و ہُشیاری
حُسن کو تغافل میں جرأت آزما پایا (ق)

''پہلا اور تیسرا شعر متداول دیوان میں موجود ہے، تینوں شعر لاجواب ہیں، لیکن دوسرا شعر جو القط کر دیا گیا اور جو نسخۂ حمیدیہ کے بعد عام ہوا اتنا عمدہ ہے کہ انسان کی سعی و جستجو، بلند حوصلگی اور آرزومندی کا نشانِ امتیاز بن گیا۔ اگرچہ پہلا شعر معشوق کی شوخی، دوسرا تمنا کی بیقراری اور تیسرا حسن کی مرقع کاری پر مبنی ہے لیکن درحقیقت تینوں میں وہی انوکھی منطق کارگر ہے جو روایتی معنی کو جدلیاتی گردش سے کالعدم کر کے طرفوں کو کھول دیتی ہے اور معنی آفرینی کے نئے امکانات کو اجاگر کرتی ہے۔ مطلع ایجاز کا بھی کمال ہے کہ اتنا بڑا مکالمہ سادہ سے دو مصرعوں میں سما گیا۔ دل کا پانا دال ہے دل کے ہونے پر، غالب اسے رد کرتے ہوئے کہتے ہیں کہ دل تو ہے ہی نہیں، وہ تو پہلے ہی دے چکے ہیں۔ چنانچہ محبوب کا انکار کہ نہ دیں گے ہم، عینِ اقرار ہے کہ یہی تو عاشق کی مراد ہے کہ دل معشوق

کے پاس رہے۔ شعر کی داخلی ساخت میں بھی دوہری نفی ہے یعنی نہ دیں گے اور گم کیجیے، اور اثبات بھی دوہرا ہے یعنی پڑا پایا اور مدعا پایا۔ غالب کا کمال یہ ہے کہ نفی بہ نفی اور اثبات بہ اثبات کے کھیل سے معنی کی ایک انوکھی تشکیل وضع کردی ہے جو شوخی اور دل لگی پر منتج ہے۔ نگاہ شوخی و دل لگی پر ٹھہر جاتی ہے اور بالعموم اندازہ نہیں ہوتا کہ اصل کرشمہ کاری جدلیاتِ نفی کی ہے جو غالب کے ذہن وشعور میں پیوست ہے۔

''دوسرا شعر جیسا کہ پہلے کہا گیا شاہکار ہے جس کی داد زمانہ نے دی ہے۔ بظاہر اس میں کوئی اشکال نہیں اور دشتِ امکاں کا ایک نقشِ پا ہونا جدلیاتِ نفی کو بروئے کار لانے کی کھلی وضع رکھتا ہے۔ ایسے بے مثال اور بلیغ شعر کو خود غالب نے یا ان کے سخن فہم احباب نے کیونکر خارج کردیا اس بارے میں اکثر بحث کی گئی ہے، لیکن قرینِ قیاس یہی ہے کہ اس زمانے میں روایتی محاسن و معائب کی جکڑبندی اتنی شدید تھی کہ غالباً تنافرصوتی کی بنا پر اس کو خارج کرنا پڑا اور مضمون کا اعلیٰ یا ارفع ہونا اس کی عمدگی کا جواز نہ بن پایا۔ دشتِ امکاں لامحدود ہے اور انسان کی تمنا و جستجو، سعی و تجسس اور تگ و تاز کی کوئی حد نہیں۔ غالب دشتِ امکاں کو انسانی سعی و عمل کی تگ و تاز کے مقابلے میں مختصر قرار دیتے ہوئے کہتے ہیں کہ تمنا کی بیقراری کا یہ عالم ہے کہ پورا دشتِ امکاں ایک نقشِ پا کے برابر ہے اور روحِ انسانی مضطرب ہے کہ دوسرا قدم اٹھائے بھی تو رکھے کہاں۔ اس میں کلام نہیں کہ تمنا کی بے پایانی کے اس حد درجہ لطیف مضمون کو غالباً سبک ہندی کی روایت و بیدل کے لاشعوری اثر اور غالب کی افتادِ ذہنی میں پیوست حرکیاتِ نفی کے تخلیقی تفاعل نے اپنے طور پر خلق کیا ہوگا، لیکن یہ بھی حقیقت ہے کہ ہندوستان کی اساطیری فضا میں اس نوعیت کے آرکی ٹائپ صدیوں سے کارگر رہے ہیں کہ یہ ممکن نہیں کہ اس کا خیال آئے اور ذہن پرانوں کی روایتوں کی طرف نہ جائے جن میں ایک معمولی دکھائی دینے والے اوتار نے ایک قدم میں سرشٹی ناپ لی تھی اور راجا سے کہا تھا بتا اب اگلا قدم رکھوں تو کہاں رکھوں۔

تیسرے شعر کا پہلا مصرع ضرب المثل کا درجہ اختیار کرچکا ہے۔ اس میں دو ناممکنہ چیزوں کو یکجا دکھایا ہے۔ یعنی جہاں 'سادگی' ہو وہاں 'پُرکاری' نہیں ہوسکتی، جہاں 'بیخودی' ہو

وہاں 'ہُشیاری' نہیں ہوسکتی۔ جدلیات نفی کا پیچ دوسرے مصرع میں ہے یعنی تغافل تو تغافل ہے، شعری منطق اس جدلیاتی نکتہ پر استوار ہے کہ حسن انوکھا اسی لیے ہے کہ یہ تغافل میں بھی جرأت آزما ہے اور نہ اس کی سادگی سادگیِ محض ہے، نہ بے خودی بے خودیِ محض، یعنی 'سادگی' 'پرکاری' کا اور 'بیخودی' 'ہشیاری' کا پہلو رکھتی ہے۔ غالب رواں دواں اشعار میں بھی سادہ لفظوں کو جس طرح شق کرکے دو رخا یا پہلودار بنا دیتے ہیں، اور سامنے کے معمولہ معنی کو تکثیریت میں بدل کرلٹّو کی طرح گھما دیتے ہیں، دیکھنے سے تعلق رکھتا ہے۔

320 عشق سے طبیعت نے زیست کا مزا پایا

درد کی دوا پائی دردِ بے دوا پایا (ق)

یہ زمین غالب کو اس قدر پسند خاطر تھی کہ اس میں دو غزلیں ہیں۔ گھلاوٹ لیے ہوئے یہ کلام بھی نوعمری کے زمانہ کا ہے اُسی نام نہاد غرابت اور اشکال پسندی کے دور کا۔ لیکن رچاؤ اس درجہ ہے کہ لفظ موتی کی لڑی بن گئے ہیں اور روانی ایسی کہ زباں پر ازخود رواں ہوجاتے ہیں۔ کہنے کی ضرورت نہیں کہ مطلع کے دوسرے مصرعے میں سارا کرشمہ قول محال اور جدلیاتِ نفی کا ہے کہ عشق سے طبیعت نے زیست کا مزا اسی لیے پایا کہ درد کی دوا پائی اور ایسا درد بھی پایا جو لا دوا ہے۔ یعنی درد کے روایتی پامال یا معمولہ تصور کی ردتشکیل ہوگئی اور ایسا تصور سامنے آگیا جو ہر طرح کے تعین سے بے نیاز ہے۔

320 بوے گل نالۂ دل دُودِ چراغِ محفل

جو تری بزم سے نکلا سو پریشاں نکلا (ق)

'بزم' مقامِ دلجمعی ہے اور 'پریشاں ہونا' اس کا رد۔ شعر میں تین امیج ہیں دو غیرمرئی یعنی بوئے گل اور نالۂ دل، اور ایک مرئی یعنی دُودِ چراغِ محفل، تینوں میں پریشانی کا علاقہ ہے اور ان میں قدرِ مشترک ان کا حرّکی ہونا ہے یہ تینوں جڑے ہوئے ہیں فعل 'نکلنا' سے جونفی ہے دلجمعی کی، یعنی نکلنا راجع ہے پریشان ہونے پر اور دال ہے دل نامراد کے حالِ زار پر۔ شعر کے حسنِ معنی میں خاص کردار شعری منطق کا ہے جو مربوط ہے لفظ نکلا کی سہ رخی جدلیات سے یعنی ان تینوں میں سے جو بھی تیری بزم سے نکلتا ہے پریشان حال ہوکر نکلتا ہے۔

322 شوق ہر رنگ رقیبِ سر و ساماں نکلا
قیس تصویر کے پردے میں بھی عُریاں نکلا (ق)

ہر رنگ استعارتاً ہے بمعنی ہر حالت یا ہر صورت میں، لیکن لغوی معنی کو بھی نظر میں رکھیں تو شوق ہر رنگ اور رقیبِ سروساماں میں کشاکش نظر آئے گی، لیکن اصل کشاکش دوسرے مصرعے میں ہے جو مثالیہ ہے۔ غالب نے بجائے تصویر کے پردۂ تصویر کہہ کر پہلے تو پردہ پوشی کی توقع پیدا کی، پھر لفظ عریاں سے اس توقع کو رد کیا کہ قیس اس پردے میں بھی عریاں ہی رہا۔ یہاں معمولی لفظ 'میں' (یعنی تصویر کے پردے میں) کا کردار بھی معمولی نہیں۔ پردے 'پہ' کہا جاتا تو معنی محدود ہوجاتے اور لطف جاتا رہتا۔ یہاں پردہ بطور استعارہ ہے کہ قیس 'پردے میں' بھی عریاں ہی رہا جیسا وہ اصلاً تھا۔ پردہ بطور ایہام بھی ہے یعنی سطحِ تصویر۔ نفی کی کشاکش پردے اور عریاں میں صاف ہے۔ دیکھا جائے تو تصویر ورقِ سادہ پر بنائی جاتی ہے اور تصویر کشی کا عمل اس فرد سادہ میں سے تصویر نکالنا یعنی عدم کو وجود میں لانا ہے، لیکن عدم یہاں عدم ہی رہا۔ غالب کے تخلیقی عمل میں جدلیات اس درجہ جاگزیں ہے کہ اس کے ذرا سے مس سے سامنے کی بات کو گھما کر اس میں کوئی ایسا نادر پہلو پیدا کردیتے ہیں کہ لطف و انبساط کی گرہ کھل جاتی ہے۔ عشق کا رقیبِ سر و ساماں ہونا سامنے کی بات ہے، تصویر کے پردے میں قیس کا عریاں نکلنا پہلے معنی کی توثیق بھی کرتا ہے لیکن اس کو دوسری انتہا پر پہنچا کر اس کی طرفیں بھی کھول دیتا ہے۔ غالب کے یہاں جس بے ساختگی سے یہ سب کچھ ہوتا ہے اس سے گمان گزرتا ہے کہ شاید اس جدلیاتی شعری منطق کا استعمال شعوری بھی ہوتا ہو اور لاشعوری بھی۔

322 ہے نوآموزِ فنا ہمتِ دُشوار پسند
سخت مشکل ہے کہ یہ کام بھی آساں نکلا (ق)

تیسرے شعر میں ہمتِ دشوار پسند کا موضوع ہے جو غالب کا پسندیدہ مضمون ہے۔ غالب کے شعرشناس جانتے ہیں کہ غالب اکثر اس کو بھی سادہ نہیں رہنے دیتے اور اس کی ردتشکیل کردیتے ہیں، یعنی ہمت دشوار پسند تو ہے، لیکن دشوار تو یہی ہے کہ دشوار بھی نہیں۔

تصوف میں فنا اور دانش ہند میں شُونیہ تا کی آگہی دشوارترین مرحلہ ہے۔ لیکن غالب کہتے ہیں کہ سخت مشکل ہے کہ یہ کام (یعنی دشوار ترین کام) بھی آسان نکلا۔ جدلیاتی گردش کی کارفرمائی کرشمہ کاری کی حد تک ہے۔ کمال یہ ہے کہ غالب اسے جادو بنادیتے ہیں اور سہلِ ممتنع کی وجہ سے نظر چندھیا جاتی ہے، سہلِ ممتنع اس لیے کہ بظاہر اس سے زیادہ آسان پیرایۂ بیان میں اتنی پیچیدہ اور گھومتی ہوئی بات نہیں کہہ سکتے۔

نارنگ صاحب نے 'اتنی پیچیدہ اور گھومتی ہوئی بات' کے رمزیہ اور علامیہ سے برقِ جوالا یا خطِ پرکار کی صداقت کو منکشف کردیا ہے کہ یہ ماورائے گنتی ہے۔ احدیت اور بختیت اکائی سے زیادہ دائروی ہے۔ یہ وحدت کی بھی ماہیت ہے۔ یہ 'سواں نام' ہے۔ پرم شونیتا ہے۔ یہ (1) وحیدیت، (2) وحدت، (3) احدیت اور بختیت کا سفر در سفر ہے۔ یہ بیک وقت بہاؤ میں ٹھہراؤ اور ٹھہراؤ میں بہاؤ کی متناقض کیفیت ہے۔ یہ مبتدالاعداد سے زیادہ صفر اصل الاصول ہے۔ پرم شونیہ ہی پرم پورٹ ہے۔ لاشیئت (Nothingness) ہی Fullness معموری ہے۔ اس کے بعد خاموشی محیط ترین ہوجاتی ہے جو درحقیقت بیک وقت ہمہ لاشیئیت، ہمہ معموریت، ہمہ نوریت، ہمہ شعوریت اور ہمہ آگاہیت کا مخفی خزینہ ہے۔

Silence is ultimate music.

اکیسویں صدی کے مابعدجدید تناظر کے ایک اہم سخنور مقیم اثر بیاولی کے دو شعر خاطرنشیں ہوں تو یہ عارفانہ نقطہ بیک وقت فنا اور شونیتا کے رمز کو بھرپور طور پر منور کردے گا۔

میں بھی پرکارِ حق کا ایک نقطہ
دائرہ دائرہ سفر میرا
خاموشی کو 'منبر کی روشنی' سمجھتا ہے
'بے خودی' کو دیوانہ آگہی سمجھتا ہے

یہ بے خودی (شونیتا) درحقیقت 'لاخودی' (Anatta) ہے۔ غالب مابعد جدیدیت سے نئے عہد کی تخلیقیت تک کے نمائندوں کے لیے آج بھی ہمہ رخی روشنی کا مینار ہے۔

327 بسکہ دُشوار ہے ہر کام کا آساں ہونا
آدمی کو بھی میسر نہیں انساں ہونا (قِ)
عشرتِ قتل گہِ اہلِ تمنا مت پوچھ
عیدِ نظّارہ ہے شمشیر کا عُریاں ہونا (قِ)
328 کی مرے قتل کے بعد اُس نے جفا سے توبہ
ہائے اُس زود پشیماں کا پشیماں ہونا (قِ)

''یہ غزل اور اس سے پہلے کی غزلیں (نشان زد 'ق') نسخۂ حمیدیہ کی غزلیں ہیں یعنی یہ چوبیس برس سے پہلے کا کلام ہیں۔ عین ممکن ہے کہ یہ ایک ہی برس میں کہی گئی ہوں۔ سابقہ غزل کے فقط تین شعر متداول دیوان میں منتخب ہوئے جبکہ مندرجہ بالا شاہکار غزل کے نو کے نو اشعار شامل ہوئے۔ سابقہ غزل کے آخری شعر ... سخت مشکل ہے کہ یہ کام بھی آساں نکلا، اور مندرجہ بالا غزل کے مطلع ع بسکہ دشوار ہے ہر کام کا آساں ہونا، میں مطابقت ظاہر ہے۔ وہاں تخصیص فنا کی تھی، یہاں تعمیم ہر کام کی ہے یعنی ہر کام کا آسان ہونا دشوار ہے۔ تعمیم دوہری ہے، یعنی کام کی بھی اور آدمی کی بھی۔ آدمی کو generic معنی میں استعمال کیا ہے اور اس کی تفریق انسان سے کر کے تخصیص انسان کی کی ہے۔ جدلیات کا عمل یہاں تہ در تہ اور حددرجہ پیچیدہ ہے جو شعر کو کہاں سے کہاں پہنچا دیتا ہے۔ گویا ہر کام کا آسان ہونا دشوار ہے، حتیٰ کہ آدمی جو بظاہر انسان ہے اس کو بھی انسان ہونا میسر نہیں۔ یہ ان اشعار میں سے ہے جہاں جدلیاتِ نفی چلتا ہوا جادو بن گئی ہے اور شعری منطق کی جان ہے۔ بظاہر نہایت سادہ اور معمولی لفظوں کی معمولہ توقعات پلٹنے سے شعر خیال افروزی کا کرشمہ بن گیا ہے، اور وہی فرسودہ اور معمولہ لفظ اپنی عمومیت سے ماورا ہوکر طرفہ چراغاں کا سماں پیدا کردیتے ہیں۔ بظاہر آدمی اور انسان ہم معنی ہیں، خود غالب کی تعریف میں حالی کا نہایت عمدہ مصرع /'معنیِ لفظِ آدمیت تھا' / یا مومن کا کہنا /مومن آیا ہے بزم میں تیری؛ صحبتِ آدمی مبارک ہو/ آدمی اور انسان کی ہم معنویت کا کھلا ہوا ثبوت ہیں۔ لیکن غالب کی شعری منطق غالب کی شعری منطق ہے اور دعویٰ محتاج ثبوت نہیں کہ

استدلالیہ سحرِ حلال ہے، دونوں مصرعے ایک دوسرے کی طرف راجع ہیں۔ آدمی جاندارِ محض ہے اور انسان خال خال ہے بالکل جیسے ہر کام آسان نہیں ہوا کرتا اُسی طرح ہر آدمی بھی انسان نہیں ہوا کرتا۔ سوائے بسکہ کی فارسی ترکیب کے سب لفظ سامنے کے لفظ ہیں، لیکن غالب کے ابداع کا کمال ہے کہ نفی کی منطق سے خیال بندی کچھ اس نوع کی ہوئی ہے کہ وہی سیدھے سادے عام لفظ انوکھے اور طرفہ معنی سے برقیا گئے ہیں۔

''تیسرا شعر ان اشعار میں ہے جہاں امیج معنی کی تحلیل سے پہلے ذہن کے پردے پر نقش ہوجاتا ہے۔ غالب کے مصوروں نے ایسے اشعار سے خوب خوب استفادہ کیا ہے۔ قتل گاہ سے زیادہ اندوہ و اذیت کی جگہ کیا ہوگی۔ شہادت وقتل وخون غزل کی ایمائی شعریات کا حصہ ہیں، عشق میں قتل عین سعادت ہے۔ یہ ظلم و جفا سے استعارے کے رشتے میں بھی ہے۔ چنانچہ قتل کے ساتھ عشرت کا لفظ اسی رعایت سے ہے اور شمشیر کے عریاں ہونے کو عیدِ نظارہ کہنا تصور کی منفیت کو حدِ انتہا تک منقلب کرنا ہے جو باعثِ لطف ہے۔ پری گارنا نے غالب کے ایسے اشعار کی امیجری پر ایک مبسوط مضمون لکھا ہے (انڈین لٹریچر، شمارہ اکتوبر 2002، ص 176-154) اور انھیں سرمد کی شہادت کے سانحے سے جوڑا ہے جو غالب سے لگ بھگ ایک صدی پہلے ہوا تھا اور جس کے المناک آرکی ٹائپ عوام کے اجتماعی لاشعوری حافظے میں زندہ تھے۔

''آخری شعر غالب کے ان اشعار میں ہے جو ضرب المثل کا درجہ اختیار کرچکے ہیں اور زبان زد خاص و عام ہیں اور مختلف وقتوں، مختلف موقعوں اور مختلف صورتوں میں پڑھے جاتے ہیں اور نکتہ رسی کا حق ادا کرتے ہیں۔ پہلے مصرعے میں امرِ واقعہ کا بیان ہے کہ محبوب نے قتل کے بعد جفا سے توبہ کرلی، اول تو پشیمانی ہی اس کے مزاج سے بعید ہے کہ جفا کی نفی ہے جو معشوق کا عین مزاج ہے۔ irony یوں کہ جفا کاری کی انتہا یعنی قتل کا ارتکاب ہوچکا ہے، اب باقی کیا رہا۔ سو irony کا پہلا عنصر یہ ہے کہ پشیماں ہونا ردِ تشکیل ہے جفا کاری کی۔ لیکن غالب کی طرفگی اتنے ہی پر اکتفا نہیں کرتی، غالب نے فقط پشیماں ہی نہیں کہا زود پشیماں کہا ہے، زود پشیمانی میں طنز کی دھار تیز ہے، بہت خوب، ستم تو ہو

چکا۔ یوں دوہری تقلیب سے irony بھی دوہری ہوگئی اور طنز اور درد و کرب کا وار بھی گہرا گیا۔ وفا و جفا انسانی رویے کے دو رخ ہیں، غالب نے نفی درنفی کی گردش سے دو انتہاؤں سے ہٹ کر معنی کا ایک نیا عرصہ خلق کردیا جو انسانی صورتِ حال کے بیک وقت ان گنت دردناک اور مضحک پہلوؤں کی ترجمانی کرتا ہے اور روایتی میکانکی زبان کے ماورا ہے۔ ایسے اشعار کو ہر کوئی اپنے تناظر میں پڑھتا اور لطف اندوز ہوتا ہے۔ دریدا جب کہتا ہے کہ معنی لامحدود ہے کیونکہ تناظر لامحدود ہے، تو متن کی زمانیت کے قولِ محال کو سمجھنے میں لوگوں کو دقت ہوتی ہے۔ غالب کے اشعار تقریباً ڈیڑھ دو صدی پہلے اس حقیقت کو منکشف کر چکے ہیں۔

334 آہ کو چاہیے اک عمر اثر ہوتے تک
کون جیتا ہے تری زلف کے سر ہوتے تک (ق)
دامِ ہر موج میں ہے حلقۂ صد کام نہنگ
دیکھیں کیا گزرے ہے قطرے پہ گہر ہوتے تک (ق)
عاشقی صبر طلب اور تمنا بیتاب
دل کا کیا رنگ کروں خونِ جگر ہوتے تک (ق)
ہم نے مانا کہ تغافل نہ کروگے لیکن
خاک ہوجائیں گے ہم تم کو خبر ہوتے تک (ق)

''تعجب ہوتا ہے جن تمام بے مثل غزلوں کا ذکر آرہا ہے وہ چوبیس برس کی عمر سے پہلے کی ہیں۔ ان میں سے اکثر اشعار گنجینۂ معنی کے طلسم بلاخیز سے لبریز ہیں۔ ستم ظریفی سی ستم ظریفی کہ تقریباً ایک صدی تک غالب کے مداح ان مایۂ ناز غزلوں کو بعد کے زمانے کا کلام سمجھتے رہے اور پہلے کے تمام کے تمام کلام کو کجروی کا شکار، بعید از فہم اور دور از کار کلام سمجھتے رہے۔ سر کرنا بمعنی فتح مندی اور مسخر کرنے کے ہے۔ یعنی کسی مہم کا سر کرنا، لیکن سر زلف کی رعایت سے بھی ہے۔ غالب نے آہ کی حدتِ تاثیر اور زلف کی درازی کے پیش نظر زلف کا سر ہونا باندھ کے زلف کو ناتسخیر مہم کے معنی میں رد تشکیل کیا ہے۔ کون

جیتا ہے بمعنی میں رہوں گا ہی نہیں جب تک اثر ہوگا عمر گزر چکی ہوگی۔ عمر، اثر، جینا، زلف کی درازی، سر، سب اثبات کے نشانات ہیں، ان کی نفی 'کون جیتا ہے' سے کی ہے اور موت کے خیالی پیکر کا تصور وجہِ کشاکش معنی اور موجب لطف و سرور ہے۔

''دوسرے شعر کی تمثیل میں قطرہ وہی ہے جو موج ہے۔ لیکن موجوں کا جال دہن نہنگ کے سیکڑوں حلقوں کی طرح ہے جو منھ کھولے ہوئے ہیں۔ ان سب کی نفی قطرۂ نیساں ہے جو صدف کی آغوش میں گُہر بنتا ہے۔ تمثیل کے کردار اپنی جگہ پر لیکن حسنِ معنی کی کیفیت 'دیکھیں کیا گزرے ہے' کے خیالی پیکر کی توقع سے پیدا ہوتی ہے۔ پہلے مصرعے میں مجسم نفی کی منظرکاری ہے جو خوفناک ہے۔ جس کا ردخطرات کے اس تصور سے کیا ہے جن سے گزرنے کے بعد قطرۂ نیساں جو بطور انسان کے ہے، گُہر کا مرتبہ پاتا ہے۔ پوری غزل مرصع ہے اور ہر ہر شعر زبان زدِ خاص و عام ہے۔ (نارنگ،ص 364-352)

اس شعر کی بابت نارنگ کی مجتہدانہ لسانیاتی اور اسلوبیاتی بصیرت ملاحظہ ہو جس سے ان کا قاری اساس معروضی اطلاقی مطالعہ ایک مفکرانہ رنگ و آہنگ اختیار کرلیتا ہے اور غالب کی ردیفوں اور ان کی معنویاتی فضابندی پر تحقیقی کام کی ضرورت، معنویت اور اہمیت کا شدت سے احساس دلاتا ہے۔ اس ضمن میں بھی وہ خود ہی پہل کردیتے ہیں۔ اس اولین بوند میں پورا ساگر سمایا ہوا ہے۔ اب آگے کسی اور نئے لسانیاتی، اسلوبیاتی، ساختیاتی، پس ساختیاتی اور ردتشکیلاتی غواص کی مزید غواصی کی ضرورت ہے۔ نارنگ نے باب نہم میں جو غزلیں پیش کی ہیں وہ غالب کی نکتہ رس حسن شناسی اور برجستہ معنی آفرینی کا شاہکار ہیں۔ لیکن صفحات کی تحدید کے باعث ان پر مزید تنقیدی تنقیحات جوئندگی اور یابندگی کی گنجائش نہیں ہے۔ پھر بھی اکادکا غزلوں کے منتخب اشعار کے معروضی تجزیہ میں کوئی مضائقہ نہیں ہے جن میں غالب کا آرٹ اپنے درجۂ کمال، جمال اور جلال پر نظر آتا ہے۔ اردو غزلیہ ادب میں ابھی تک غالب سے بڑا اور انوکھا آرٹسٹ پیدا نہیں ہوا ہے۔ نارنگ کی تازہ کار اور نادرہ کار معروضی اطلاقی تنقید (Applied Criticism) کی تجزیاتی گہرائی، گیرائی اور درّاکی خاطرنشیں ہو جو اردو تنقید میں کنواری برف توڑنے کے مترادف ہے۔

''عاشقی صبر طلب ... میں جدلیاتِ نفی نسبتاً زیادہ نمایاں ہے۔ دل کا کیا رنگ کروں اور خونِ جگر ہوتے تک میں جو نسبت ہے اس کا جواب نہیں۔ خونِ جگر کھانا رائج محاورہ ہے، جگر خون ہونا بھی ممکن ہے لیکن خونِ جگر ہوتے تک دل کا کیا رنگ کروں، یہاں رنگ کے روایتی معنی ردتشکیل ہوگئے۔ بالخصوص اس تناظر میں کہ تمنا قرار کی اور عاشقی صبر کی ضد ہے۔ ان دونوں میں مدت کی گیرائی نہیں جبکہ دل کا خونِ جگر ہونا زماں طلب ہے۔ دراصل 'ہوتے' میں استمرار ہے اور 'تک' میں زمانی مدت کی گنجائش۔ اس وجہ سے اس غزل کے تمام اشعار میں ایک ایسی دھندلی فضاسازی ہے جو استمرار زمانی کی توقع سے پیدا ہوتی ہے اور حسرت و ارمان کو راہ دیتی ہے۔ افسوس کہ ابھی غالب کی ردیفوں اور ان کی معنیاتی فضابندی پر قاعدے کا کوئی کام نہیں ہوا ہے۔ اس سے انکار نہیں کیا جاسکتا کہ ردیفوں میں اکثر و بیشتر حروف جار، افعال، امدادی افعال یا کثیرالاستعمال سہل وسادہ الفاظ آتے ہیں جن میں طویل مصوّتوں اور غنّیت کی تکرار ہوتی ہے جو روانی و نغمگی اور کیفیت کی سماں بندی میں مدد دیتی ہے۔ غالب کے یہاں معنی کی کرشمہ کاری کا ایک پہلو یہ بھی ہے کہ وہ سامنے کی ردیفوں سے اور معمولی افعال وحروف کی الٹ پھیر سے ایسے ایسے معنی نکالتے اور سماں بندی کرتے ہیں کہ دیکھتے بنتی ہے۔غزل کے ہر شعر کا مفہوم ہر چندکہ الگ ہوا کرتا ہے تاہم ہم نے مانا... کو اگر مطلع کے معنیاتی تسلسل میں پڑھا جائے تو شعر کا لطف دوبالا ہوجاتا ہے۔ استمرار تو ہے ہی، یہاں مستقبل کی پرچھائیں بھی ہے۔ مانا کہ عاشق کا سینہ امید سے بھرا ہوا ہے کہ محبوب کرم کرے گا ہی کرے گا۔ تغافل نہ کروگے میں ہر چندکہ نفی ہے لیکن اس کی تہ میں اثبات ہی اثبات ہے یعنی امکان ہے کہ کرم کروگے۔ تاہم تم کو خبر ہونے تک میں ایک لمبی مدت درکار ہے۔ مزے کا ایک پہلو یہ بھی ہے کہ بظاہر خاک ہوجائیں گے ہم میں کچھ 'ہونا' بتایا گیا ہے اور ہونا میں اثبات کا شائبہ ہے لیکن بطور محاورہ ختم ہوجانا مٹ جانا۔ ظاہر ہے کہ حسنِ معنی توقع کے رد اور کشاکش میں ہے۔

346 ہر قدم دوریِ منزل ہے نمایاں مجھ سے
میری رفتار سے بھاگے ہے بیاباں مجھ سے (ق)

گردشِ ساغرِ صدجلوۂ رنگیں تجھ سے
آئنہ داریِ یک دیدۂ حیراں مجھ سے (قِ)

''بے پناہ حرکیاتی مطلع ہے۔ غالب کی شاعری انسان کے ہار نہ ماننے والے عزمِ مسلسل، جدوجہد اور سعی وجستجو کا پُرتشویق استعارہ ہے۔ یہ کشمکش ہی جدلیات اساس ہے یعنی جتنی ناکام ہوتی ہے اتنی مہمیز ہوتی ہے، جتنی رفتار تیز کرتا ہوں، بیابان اتنا آگے بھاگتا ہے، جتنا قدم اٹھاتا ہوں منزل اتنی ہی دور ہوجاتی ہے۔ تصوف کے سفر میں منزل امکان میں تو ہے، غالب کے جدلیاتی سفر میں منزل ممکن ہی نہیں، یہ مسلسل تحرّک ہے اور لامختتم ہے۔

مقطع میں معشوق کے جلوۂ رنگیں کو ساغرِ ہوشربا سے تشبیہ کیا ہے، اور آئینہ داریِ یک دیدۂ حیراں کو خود سے نسبت کیا ہے۔ دونوں میں قطبینیت ظاہر ہے۔ لطیف نکتہ جسے نظم طباطبائی نے بھی نظرانداز کردیا یہ ہے کہ حیرانی کو نسبت آئینہ سے تو ہے لیکن آئینہ داری، جلوۂ رنگیں کی ہوشربا کیفیت کو اور بھی بڑھا دیتی ہے اور نتیجتاً حیرت کو بھی۔ دوہری گردش ظاہر ہے۔

یہاں سے وہ اشعار شروع ہوتے ہیں جو نسخۂ حمیدیہ کے حاشیے پر بڑھائے گئے اور محققین نے جن کو 1821 کے کچھ بعد کا قرار دیا ہے۔ یعنی یہ 24 کی عمر کے کچھ بعد کا کلام ہوسکتا ہے۔'' (ایضاً، ص 367)

354 دھمکی میں مرگیا جو نہ بابِ نَبرد تھا
عشقِ نبرد پیشہ طلب گارِ مرد تھا (قِ+)
جاتی ہے کوئی کشمکش اندوہِ عشق کی
دل بھی اگر گیا تو وہی دل کا درد تھا (قِ+)

''مثالی عاشق کا مضمون غزل کی شعریات کا لازمہ ہے۔ غالب نے یہاں بھی مثالی عاشق کے لیے الگ گنجائش نکالی ہے۔ عشق کی نسبت سوزِ دروں اور گداختگی سے ہے۔ اول تو اسی کی ردتشکیل ہوئی ہے۔ غالب پے در پے ایسے لفظ لائے ہیں جن سے فولادی عزم اور صلابت کا تاثر ابھرتا ہے۔ بابِ نبرد، نبرد پیشہ، طلب گارِ مرد نیز لفظوں کے سُر میں 'ر' اور

'ذ' کی تکرار نظر میں رہے، مزید یہ کہ نبرد کی 'ب' باب کی 'ب' اور طلب کی 'ب' سے نسبت رکھتی ہے۔ یہ آوازیں پانچ پانچ بار آئی ہیں۔ 'ب' بندشی آواز ہے اور 'ر' سیال یعنی بندشی نہیں ہے۔ توجہ طلب ہے کہ ان تمام آہنی لفظوں سے جس دبدبے اور ولولے کی توقعات پیدا ہوتی ہیں، لفظ دھمکی اُن کو آنِ واحد میں ڈھا دیتا ہے۔

''جاتی ہے کوئی کشمکش ... میں نفی مضمر ہے، یعنی اندوہِ عشق کی کشمکش نہیں جاتی۔ لطف بیان کا ایجاز دوسرے مصرع میں ہے۔ دل بھی اگر گیا تو وہی دل کا درد تھا۔ عشق میں دل تو جاتا ہی ہے سو وہ چلا گیا یعنی محبوب نے لے لیا۔ غالب کہتے ہیں ہرچندکہ دل چلا گیا لیکن دل کا درد باقی ہے اور اندوہِ عشق کی کشمکش جوں کی توں بنی ہوئی ہے۔ یہ مضمون سبک ہندی کے اساتذہ کے یہاں کئی جگہ ملتا ہے کہ دل تو چلا گیا لیکن جہاں دل تھا وہاں درد ہی درد کا عرصہ بنا ہوا ہے۔ ظاہر ہے/ دل کا درد/ ، / دل بھی اگر گیا/ سے نفی کے رشتے میں ہے اور اندوہِ عشق کی کشمکش کے بنے رہنے سے اس کی ردتشکیل ہوئی ہے۔ (ایضاً، ص 368)

354 محرم نہیں ہے تو ہی نواہاے راز کا
یاں ورنہ جو حجاب ہے پردہ ہے ساز کا (ق+)
کاوش کا دل کرے ہے تقاضا کہ ہے ہنوز
ناخن پہ قرض اس گرہِ نیم باز کا (ق+)

''نسخۂ حمیدیہ کے حاشیہ کی غزل ہے۔ سب کو اتفاق ہے کہ مطلع بے مثل ہے۔ نسبت بھی اور قطبینیت بھی محرم اور حجاب؛ اور ساتھ ہی نواہائے راز اور پردۂ ساز میں ہے۔ شعر کشاکش اور ندرتِ معنی سے لبریز ہے اور لطف کی بات ہے کہ مناسبتِ لفظی کی بھی نہایت عمدہ مثال ہے۔ لیکن معنی کی کیفیت اپنا الگ سماں پیدا کرتی ہے۔ محرم، حجاب، راز، پردہ، ساز، سب 'نوا' کی نسبت سے ہیں۔ شعر کو شارحین نے بالعموم حسنِ شاہدِ حقیقی کے معنی میں لیا ہے۔ لیکن دیکھا جائے تو یہ جلوۂ معنی یعنی متن کی معنی پروری کا شعر بھی ہے کہ ملفوظی نظام ہرچندکہ بمنزلہ حجاب کے ہے لیکن بطور پردۂ ساز کے دعوتِ نظارہ بھی دے رہا ہے اور متن معنی پروری کے امکانات یعنی نواہائے راز سے لبریز ہے۔

''شعر کا کلیدی پیکر لفظِ 'گرہ' ہے جس کو نسبت کیا ہے تنگیِ دل یا دل گرفتگی سے جس کے کھولنے کی کاوش و کوشش ناخن پر قرض ہے اور کشائش معنی بھی اسی میں ہے۔ دیکھا جائے تو طرفیں یہاں بھی کھلی ہوئی ہیں کہ ہر کوشش ادھوری اور ناتمام ہے، دل گرفتگی جیسے باقی رہتی ہے، لطفِ معنی کی گرہِ نیم باز بھی زمانیت کے ناخن پر قرض رہتی ہے اور کاوش یعنی قرأت سے تقاضا جاری رہتا ہے۔'' (ایضاً، ص 369)

355 عشرتِ قطرہ ہے دریا میں فنا ہوجانا
درد کا حد سے گزرنا ہے دوا ہوجانا (ق+)

''پہلے تینوں شعر مثالیہ ہیں۔ یہ معلوم ہے کہ سبک ہندی کی خیال بندی اور مضمون آفرینی میں جو صنعت سب سے زیادہ استعمال ہوتی ہے وہ مثالیہ یا استدلالیہ ہی ہے۔ غالب کی تخلیقی ہنرمندی کا کمال یہ ہے کہ ہر ہر صنعت شعر کے دوسرے لوازم اور متن کی معنی پرور ساخت کا اس حد تک حصہ ہوجاتی ہے اور جاری و ساری جدلیاتی تفاعل بھی اتنا تحلیل ہوجاتا ہے کہ جب تک معنیاتی نظام کی ایک ایک گرہ کو نہ کھولا جائے، تہ نشیں کارکردگی کا پورا اندازہ ہو ہی نہیں سکتا۔ نسخۂ حمیدیہ کی آخری غزلوں میں زبان کا رچاؤ اور دیسی روزمرہ کی گھلاوٹ اور بے ساختگی بھی ایسی حدِ کمال پر ملتی ہے کہ باید و شاید۔ مطلع سلاست اور شعری منطق کا شاہکار ہے، فنا فی الذات کے سامنے کے مضمون کو کہاں سے کہاں پہنچا دیا ہے، عشرت بمعنی کامیابی و کامرانی۔ شعر کو معمائی کیفیت اور اعجاز کی سطح دوسرے مصرع کے قولِ محال نے دی ہے۔ درد اور دوا میں مناسبت ہے کہ دوا درد کو رفع کرتی ہے لیکن یہاں خود درد یعنی 'عدمِ دوا' ہی دوا ہے کہ جب کوئی تکلیف حد سے گزر جاتی ہے تو لا دوا ہوجاتی ہے۔ غالب کے ایسے اشعار میں اکثر سامنے کی معمولہ حقیقت بدل جاتی ہے اور لفظوں کے روایتی معنی پلٹ جاتے ہیں اور ایک نئی حقیقت نئی معنویت کے ساتھ جلوہ گر ہوجاتی ہے۔'' (ایضاً، ص 370)

357 نہیں گر سرو برگِ ادراکِ معنی
تماشائے نیرنگِ صورت سلامت (ق+)

''اکثر شارحین نے معنی کو 'حقیقت' اور صورت کو 'مجاز' کے معنی میں لیا ہے لیکن شعر اس سے کہیں زیادہ کہتا ہے۔ اور غالب کا مسئلہ بھی اس سے مختلف ہے۔ بیدل نے معنی کے مسئلہ پر ناصر علی سرہندی سے جو کہا تھا اور مثنوی 'عرفان' میں سخن کے باب میں جو گفتگو آئی ہے اس سے ہم باب ششم میں بحث کر آئے ہیں۔ سرو برگ بمعنی ساز و سامان۔ نہیں کی وجہ سے یہ مبنی بر نفی ہے جبکہ دوسرا مصرع راجع بہ نشاط ہے۔ معنی فقط اتنا نہیں جس کو عرفِ عام میں معنی کہا گیا ہے۔ شعر فہمِ عام کی تکذیب کے معنی میں بھی کلام کرتا ہے گویا 'گر نہیں ہیں مرے اشعار میں معنی نہ سہی' اور زندگی کی نشاط کو ہر سطح پر انگیز کرنے کی دعوت بھی دیتا ہے 'نہیں نگار کو الفت نہ ہو نگار تو ہے؛ روانیِ روش و مستیِ ادا کہیے' مزید یہ کہ صورت و معنی کا میکانکی رشتہ غالب کو کبھی منظور نہیں رہا، عدمِ معنی بھی سخن کرتا ہے اور خاموشی ام اللسان ہے، یعنی 'خاموشی ہی سے نکلے ہے جو بات چاہیے'۔ (ایضاً، ص 371)

360 دیکھنا قسمت کہ آپ اپنے پہ رشک آجائے ہے
میں اُسے دیکھوں بھلا کب مجھ سے دیکھا جائے ہے (ق+)
ہاتھ دھو دل سے یہی گرمی گر اندیشے میں ہے
آبگینہ تُندیِ صہبا سے پگھلا جائے ہے (ق+)
غیر کو یارب وہ کیونکر منعِ گستاخی کرے
گر حیا بھی اُس کو آتی ہے تو شرما جائے ہے (ق+)
گرچہ ہے طرزِ تغافل پردہ دارِ رازِ عشق
پر ہم ایسے کھوئے جاتے ہیں کہ وہ پا جائے ہے (ق+)
ہو کے عاشق وہ پری رُخ اور نازک بن گیا
رنگ کُھلتا جائے ہے جتنا کہ اُڑتا جائے ہے (ق+)
نقش کو اس کے مصور پر بھی کیا کیا ناز ہیں
کھینچتا ہے جس قدر اتنا ہی کھنچتا جائے ہے (ق+)

''یہ ان تین چار غزلوں میں سے ہے جو (ق) کے آخر میں اضافہ ہوئی ہیں یعنی 25

یا 26 برس کا کلام ہے، متن کا رچاؤ اور بیساختگی دیکھنے سے تعلق رکھتی ہے۔ خیال بندی، دقیقہ سنجی اور فلسفیانہ پیچیدگی جو پہلے صاف ظاہر ہوتی تھی اب گویا متن کے ریشوں میں ایسی گھل گئی ہے کہ بے غور کیے پتہ ہی نہیں چلتا، جدلیاتی تفاعل بھی اب کہیں زیادہ تہ نشیں ہوگیا ہے۔''

''غالب میں فارسی کی خداداد قابلیت تو تھی ہی، اردو کے دیسی روزمرہ کی قابلیت بھی کم نہیں جس سے بعد کا اکثر و بیشتر کلام دوآتشہ ہوگیا ہے اور اس میں ایجاز و معمائی شان پیدا ہوگئی ہے۔'' اب پوری غزل کے بجائے اکادکا شعر پیش خدمت ہیں گو نارنگ نے پوری پوری غزلیں قاری اساس تفہیماتی تحلیل کے ساتھ وقت کی گردشوں سے ہمیشہ کے لیے محفوظ و مامون کردی ہیں۔

363 قیامت ہے کہ ہووے مدعی کا ہم سفر غالب
وہ کافر جو خدا کو بھی نہ سونپا جائے ہے مجھ سے (ق+)

''مقطع کو شارحین نے رشک کی انتہائی مثال کے طور پر پیش کیا ہے۔ اس میں بھی دو مقدمے ہیں، مناسبتِ لفظی بھی ایسی ایسی کرشمہ کاریاں کرتی ہے کہ دیکھتے بنتی ہے۔ پہلے مصرعے میں سفر کا تناظر اور دوسرے میں خدا کو بھی نہ سونپنے کا ادّعا۔ دونوں مقدمات ایک دوسرے کے مدّمقابل ہیں۔ وقت سفر کہتے ہیں خدا کو سونپا۔ غالب اس کو ردتشکیل کرکے کہتے ہیں، کہ مجھ سے تو وہ کافر خدا کو بھی نہیں سونپا جاتا، کیا قیامت ہے کہ وہ مدعی کا ہمسفر ہو۔ غالب نے نہ صرف محاورے 'خدا کو سونپا' کونفی سے بدل دیا بلکہ جدلیاتی کشاکش کی پوری قوت سے مدعی کے ہم سفر ہونے پر بھی سوالیہ نشان کھینچ دیا۔ زیریں ساخت میں کافر اور خدا کی افتراقیت بھی کم معنی پرور نہیں۔'' (نارنگ، ص 375)

363 پلادے اوک سے ساقی جو ہم سے نفرت ہے
پیالہ گر نہیں دیتا نہ دے شراب تو دے (ق+)

''نسخۂ حمیدیہ کے آخر کی غزل ہے۔ ظاہری ملفوظی ساخت سے ہرگز اندازہ نہیں ہوتا کہ متن کی گہرائی میں جدلیاتی وضع کارگر ہے اور طرفگی اور لطف بیان کی جڑیں اوپری سطح پر

نہیں ہیں۔ نفی کا پہلا بیج ردیف 'تو دے' کی 'تو' میں ہے۔ غالب کا بچپن برج کے علاقہ میں رچا بسا ہوا تھا، فارسی کے گٹھاؤ کے ساتھ ساتھ اکثر بھاشا کی گھلاوٹ سے غالب زبان کی امتزاجی دو آتشہ لطف کاری اور معنی آفرینی کا عجیب و غریب سماں پیدا کر دیتے ہیں۔ شعر کی شوخی اور سحر کاری میں دیسی لفظ 'اوک' نے عجب بے تکلفی اور لاجواب کر دینے والی منطق کا جواز پیدا کر دیا ہے۔ کمال پیالہ کو 'اوک' سے تشبیہ کرنے میں بھی ہے اور پھر جدلیاتی تفاعل سے پیالہ کو بیچ سے ہٹا دینے اور شراب کو ترجیح دینے میں بھی ہے کہ پیالہ نہ سہی چلو اوک ہی سے پلا دو۔ جبکہ پیالہ بالعموم شراب کے معنی میں ہے، یہاں اس معنی کو شق کر کے انوکھا مضمون پیدا کیا ہے جس سے شعر ندرتِ بیان اور بیساختگی کا چلتا ہوا جادو بن گیا ہے۔'' (ایضاً)

باب نہم کے آخری حصص 'امیج سازی : شاخِ گل جلتی تھی مثل شمع گل پروانہ تھا' میں روایت اول اور روایت دوم کے اردو کلام سے ایک طرف غالب کی پیکر تراشی کی باریک بیں دید و یافت اور دوسری طرف اپنے اصل مقدمہ جدلیاتی وضع، جدلیاتِ نفی اور جدلیاتی کارکردگی سے سرمو تجاوز نہ کرنا درحقیقت دیوہیکل سنگلاخ چٹان کے قلب القلوب کا انشراح کر بنفشہ کے پھولوں کو بے ساختہ اُگا اور رسمسا دینے کی معجزہ کاری ہے جو اہل ذوق، اہلِ دل، اہلِ دانش اور اہلِ بینش قاری کو بیک وقت جمالیاتی تسکین اور معنویاتی شفائی قوت عطا کرتی ہے۔ مجھ کو نارنگ صاحب کی نوعہد ساز کتاب 'ساختیات، پس ساختیات اور مشرقی شعریات' میں شامل ان کی تنقیدات عالیہ 'سنسکرت شعریات اور ساختیاتی فکر' اور 'عربی فارسی شعریات اور ساختیاتی فکر' کے غائر مطالعہ سے اندازہ ہوگیا تھا کہ ان کو بیک وقت مشرق اور مغرب کی شعریاتِ عالیہ پر بے تکلف دسترس حاصل ہے۔ آج یہ کہنے میں مجھے کوئی نفسیاتی پس و پیش نہیں ہے کہ وہ اردو ادب میں نئی فکریات کے Rock Of The Faith (عقیدہ کی ناقابلِ تسخیر چٹان) ہیں۔ انھوں نے اردوئی تہذیب و ثقافت میں نئی فکریات کی کلیسا کو ہمیشہ ہمیش کے لیے قائم و دائم کر دیا ہے۔ گو ان کے نئے فکریاتی خوابِ عرفان (Vision) کی عقبی زمین پر جلیل القدر مشرق کی شعریات کا کعبہ بھی اپنی پوری آب

وتاب سے زندہ، تابندہ اور پائندہ ہے۔ وہ نت نئی فکریاتی روشنی کے نہ صرف ہندستانی، نہ صرف ایشیائی بلکہ عالمی سفیر ہیں۔ وہ نہ مغرب سے حذر کرتے ہیں اور نہ مشرق سے۔ نہ آئینِ نو سے ڈرتے ہیں اور نہ طرزِ کہن پر اڑتے ہیں۔ انھوں نے نہایت شعوری سطح پر بامعنی 'امیجزم' سے بھی حسبِ ضرورت فیضان حاصل کیا ہے۔ پیکراتی اور تمثیل سازی (امیج پیٹرن) میں سب سے زیادہ نامیاتی اکائی (Organic Unity) کی ضرورت ہوتی ہے۔ اس معنویاتی پہلو کو مدنظر رکھتے ہوئے نارنگ نے اپنی معروضی قاری اساس اطلاقی تنقید میں اس کو بامعنی 'کولاج' کی صورت میں منقلب کردیا ہے۔ یہ درحقیقت ہیئتی مطالعہ (Formalist Study) نہیں بلکہ معنویاتی مطالعہ (Semantic Study) ہے۔ اس سلسلہ میں نارنگ صاحب راہ نمائی کرتے ہیں:

''غالب نے کہا تھا کہ شاعری معنی آفرینی ہے قافیہ پیمائی نہیں۔ ہم نے زیادہ تر سروکار شاہدِ معنی سے رکھا ہے اگرچہ زبان و اسلوب و پیرایۂ اظہار و بدیع و بیان بھی اس سے الگ نہیں ہیں، اور ہرچند کہ ہمارا زاویۂ نظر ہیئتی نہ ہوکر معنیاتی ہے، تب بھی بالواسطہ یا بلاواسطہ جملہ جمالیاتی و بدیعی وسائل زیر بحث آتے ہی رہے ہیں۔ کلام غالب کے اولین دو پڑاؤ سے گزرتے ہوئے نظر بعض مقامات پر رک رک جاتی ہے جہاں شعر کی عمدگی علاوہ دوسری بدیعی خوبیوں کے خیالی پیکروں کی تصویری ندرت، حُسن پروری اور امیج سازی سے ہے نہ کہ کسی اور پیرایۂ بیان کی بدولت۔ ایسا نہیں کہ یہ معنیاتی بحث سے الگ کوئی مبحث ہے، ہر ہر لفظ کسی نہ کسی خیالی پیکر کو انگیز کرتا ہی ہے، خواہ وہ ذہنی تجرید ہو یا حسّیاتی نقش، معنی قائم ہی پیکروں سے ہوتے ہیں۔ یہ بھی ہے کہ بسا اوقات تفہیم کا عمل پورا ہی نہیں ہوتا کہ کوئی خاص حسّیاتی پیکر ذہن میں چمکنے لگتا ہے یا برقی قمقموں کی طرح جلنے بجھنے لگتا ہے، اور معنی گستری اسی مرکزی امیج سے ہوتی ہے۔

''سوال یہ ہے کہ اگر واقعی غالب کے ذہن وشعور کو جدلیاتی تفاعل سے خاص نسبت ہے اور یہ حرکیات غالب کی تخلیقی افتاد میں بمنزلہ جوہر کے جاگزیں ہے تو کیا امیج سازی کا تخلیقی عمل اس سے ہٹ کر ہے یا یہاں بھی وہ جوہر جاگزیں ہے جس کی بحث ہم اٹھاتے

آ رہے ہیں۔ اس اہم سوال کا جواب ذیل کے اشعار میں دیکھتے ہیں جو انھیں دو اولین نسخوں سے لیے گئے ہیں :

149 دیکھ اُس کے ساعدِ سیمیں و دستِ پُرنگار
شاخِ گل جلتی تھی مثلِ شمع گُل پروانہ تھا (نخ)

''شعر کی حسیاتی پیکریت ذہن میں نقش ہو جاتی ہے۔ ساعدِ سیمیں اور دست پُرنگار دو چیزوں کا ذکر ہے لیکن امیج حددرجہ مرکب ہے جس نے محبوب کے حسن کی شدت کو تصویر در تصویر کہاں سے کہاں پہنچا دیا ہے۔ دست پُرنگار بطور پھول کے ہے یا بطور شمع کی لَو کے، شعر میں اتنی نسبتیں اور رشتے ہیں اور تہ در تہ کہ سب تحلیل کی زد میں نہیں آسکتے۔ گل پروانہ تھا بمعنی فنا تھا بطور پروانے کے۔ پروانہ شمع کی رعایت سے بھی ہے۔ پورے مرکب امیج کو شاخِ گل کہا ہے اور شاخِ گل کو مثلِ شمع جلتے ہوئے دکھایا ہے۔ جلنا رشک کا مضمون بھی ہوسکتا ہے، جلنے کو نسبت آتشِ گل سے بھی ہوسکتی ہے اور شمع بھی جلتی ہے۔ شمع روشنی اور حُسن کا استعارہ بھی ہے۔ مزید یہ کہ شمع مومی ہوتی ہے اور موم کی نسبت سیمیں سے ہے، نیز شمع روشن ہے تو ساعدِ سیمیں کے حسن کے سامنے پانی پانی ہوئی جاتی ہے۔ مضمر حرکیات نفی ہر طرف کارگر ہے۔ شمع کی نسبت سے پروانے کا امیج ہے اور گل کو پروانہ کہا ہے، یعنی دستِ پُرنگار ساعدِ سیمیں پر فدا تھا۔ گل پروانہ تھا میں حسن کاری یہ ہے کہ گل، شاخِ گل کی رعایت سے بھی ہے اور شمع کے جلنے کی رعایت سے بھی کہ شمع میں آگ ہوتی ہے اور پھول میں بھی آگ ہوتی ہے۔ پروانہ آگ پر جل مرتا ہے اور شمع کے بجھنے کو بھی گُل ہونا کہتے ہیں۔ مضمر نفی کا تفاعل یہاں بھی ہے۔ پیکروں کے گچھے اور ان کے متعلقات اپنی اپنی جگہ خوب ہیں اور ان میں باہم ربط بھی ہے اور کشاکش بھی جو غالب کا خاص انداز ہے۔ شعر کا ابداع اس کی حددرجہ بلیغ پیکرسازی میں ہے جس کی زیریں ساخت میں جدلیت تہ نشیں نہ ہو ایسا بھی نہیں ہے۔

186 گل کھلے غنچے چٹکنے لگے اور صبح ہوئی
سرخوشِ خواب ہے وہ نرگسِ مخمور ہنوز (نخ)

''پچھلے شعر کی طرح یہ بھی انیس برس کی عمر سے پہلے کا عجیب و غریب حسیاتی شعر ہے اور اپنی وضع کا الگ شعر ہے۔ پہلے مصرعے میں پو پھٹنے، غنچوں کے چٹکنے اور پھولوں کے کھلنے کا منظر ہے۔ اس کے بالمقابل گلِ محبوبی کی رعایت سے نرگسِ مخمور کا منظر ہے جو ہنوز سرخوشِ خواب ہے۔ آنکھ کو نرگس کہا جاتا ہے اور ادھ کھلی آنکھ نرگسِ مخمور ہے جو بوجہ خمار و مستی اور بھی پُرکشش ہوگئی ہے کہ سرخوشِ خواب یعنی نندآسی ہے۔ محبوب کے سونے یا سوتے سے جاگنے کا منظر ہے۔ مخمور کی رعایت خواب سے ہے لیکن خواب صبح ہونے کے رد میں ہے اور پو پھٹتے ہی خواب ٹوٹنے لگتا ہے۔ معنی پروری کی تہ نشیں دلفریب کیفیت سے پیکریت کی حسن کاری فزوں تر ہوگئی ہے۔

195 ہوں بہ وحشت انتظار آوارۂ دشتِ خیال
اک سفیدی مارتی ہے دور سے چشمِ غزال (نخ)

''معشوق کو سیہ چشم کہا جاتا ہے۔ معشوق کی آنکھیں جو حسن و سیاہی میں مشابہ ہیں چشمِ غزال سے۔ غزال کی رعایت سے دشت کا تصور ہے جو نسبت رکھتا ہے آوارگی اور وحشت سے۔ ذکر انتظار کا ہے جو بہ شکلِ وحشت ہے اور آوارۂ دشت خیال اسی رعایت سے کہا گیا ہے۔ اس پیکر در پیکر امیج سازی سے ایک سیاہ چشم وحشت زدہ غزال کا تصور ابھرتا ہے، وحشت زدگی کے باعث دور سے دو سیہ آنکھیں چمکتی ہوئی نظر آتی ہیں۔ کالی آنکھوں کی چمک کو 'اک سفیدی مارتی ہے دور سے چشمِ غزال' کہہ کر بے پناہ کردیا ہے۔ کہنے کی ضرورت نہیں کہ سیاہ و سفید کی حرکیات نفی سے 'اک سفیدی مارتی ہے' کہہ کر کالی آنکھوں کی وحشت، حیرانی اور چمک تینوں کو بیک جنبشِ قلم حسّی پیکریت عطا کرکے تاثر کو کہاں سے کہاں پہنچا دیا ہے جو اعجاز سے کم نہیں۔ تعجب ہے کہ ایسے بے پناہ اشعار کاٹ کر پھینک دیے گئے اور انتخاب میں نہیں لیے گئے۔

199 تماشائے گلشن تمنّائے چیدن
بہار آفرینا گنہ گار ہیں ہم (نخ)

''اوپر کے تینوں عمدہ اشعار کی طرح یہ شعر بھی کلامِ منسوخ کا حصہ ہے۔ گلشن اور

گلشن کے تعلیقات غزل کی خیالی پیکریت کا حصہ ہیں لیکن غالب نے اپنی طرفگی سے امیج کاری کو یہاں بھی پیچ در پیچ مرکب کر کے لطفِ معنی کا عجیب سماں پیدا کیا ہے۔ تماشائے گلشن کی افتراقیت تمنائے چیدن سے ہوئی ہے۔ اسی طرح بہار آفرینا کی نفی انسان کی تمنا کاری اور گناہ گاری سے ہوئی ہے۔ دوسرے مصرعے کی بیساختگی اور معصومیت غضب ہے۔ غالب کا کمال یہ ہے کہ انسان کی گنہگاری کو جو بمنزلہ معصیت اور معائب کے ہے اسے لازمۂ تمنا و تماشا بتا کے جو فطرت کا جوہر ہے، گنہگاری کا ڈنک نکال دیا ہے اور عدالتِ عالیہ میں نوعِ بشر کو دادرسی کا مستحق ٹھہرایا ہے۔ بہار آفرینا میں بھی مضمر حرکیات ہے کہ جب گلشن کو بہار افزونی عطا کی گئی ہے تو چیدن کا حق بھی تو عطا فرمایا جائے ورنہ بہار آفرینی کس کام کی۔ یہ غالب کے مسلکِ خاص کا شعر ہے، اور اس کا شمار عمدہ اشعار میں ہوتا ہے، ہرچند کہ انتخاب کرنے والوں کی نگاہِ حسن بیں سے یہ رہ گیا۔'' (ایضاً، ص 373-372)

نارنگ صاحب نے غالب کے کلام منسوخ سے منتخب کر ایسے متعدد گراں قدر اشعار کی گراں بہا تفہیماتی اور تنقیحاتی تحلیل کی ہے لیکن صفحات کی تحدید کے باعث انھیں عمداً نظرانداز کرنا ناگزیر ہے۔ صرف چند اشعار کو بطور تحقیقی اور تنقیدی ارمغان نذر کر رہا ہوں:

226 چنار آسا عدم سے بادلِ پُرآتش آیا ہوں
تہی آغوشیِ دشتِ تمنا کا ہوں فریادی　(نخ)

''تعجب ہے کہ ایسے زبردست امیج ساز اشعار میں سے کوئی بھی منتخب کرنے والوں یا خود غالب کی نگاہ میں نہیں چڑھا۔ چنار کا تصور شروع دور کی شاعری میں ایک دو جگہ آیا ہے، بعد میں بہت کم۔ فارسی میں یہ تصور ایران و وسطی ایشیا اور کشمیر کی دین ہے۔ مزے کی بات یہ ہے کہ چنار کا حسن بہار سے نہیں خزاں سے پیوستہ ہے، جب پتوں کا رنگ بدلتا ہے تو چنار میں گویا آگ لگ جاتی ہے (چہ نار!)۔ آگ کی نسبت تمنا کی بیقراری اور دل کے جلنے سے ہے۔ غالب کہتے ہیں کہ میں عدم ہی سے چنار کی طرح آگ میں جلتا ہوا آیا ہوں۔ چنار کا پتہ بطور ہاتھ کے ہے جس کی ہتھیلی خالی ہے، تہی آغوشی اس رعایت سے ہے یعنی ہاتھ پھیلائے ہوئے بطور فریادی۔ شعر پرلطف ہے اور حرکیات، چنار کے جلوۂ حسن،

دلِ پُر آتش اور دشتِ تمنا کے تہی دست فریادی میں ہے۔'' (ایضاً، ص 382)

234 بہار شوخ و چمن تنگ و رنگِ گل دلچسپ
نسیم باغ سے پا در حنا نکلتی ہے (نخ)

''صاحب نظر کرم فرماؤں نے ایسے معنی خیز اور بولتے ہوئے شعر کو بھی کاٹ کر پھینک دیا۔ شعر مستِ شباب معشوق کے حسن و جمال کی کرشمہ کاری کا عجیب وغریب مرقع ہے۔ باغ میں بہار پھوٹی پڑتی ہے۔ رنگ و نور کی فراوانی ہی فراوانی ہے کہ چمن اس کے لیے تنگ ہے۔ بہار کی شوخی اور چمن کی تنگی میں رشتہ جدلیاتی آنکھ مچولی کا ہے۔ رنگ و نور کی یورش کا یہ عالم ہے کہ نسیم کے پیر بھی رنگین ہوگئے ہیں۔ پا در حنا میں ایک امیج رنگ و حسن کی پُر نگاری کا ہے تو ایک امیج چوروں کی طرح دب کر نکلنے کا بھی ہے کیونکہ جب حنا لگی ہے تو پیر زمین پر نہیں دھر سکتے، دبے پاؤں نکلنا رنگ میں ڈوب کر نکلنا ہے۔ یہ شوخی کے مقابلے میں حجاب و حیا کی دلیل کے طور پر بھی ہے اور کترا کے نکلنے کا مفہوم بھی ہے۔ (زیریں ساخت میں پنہاں نسبت دُزدِ حنا سے بھی ہے)۔ بتانے کی ضرورت نہیں کہ حرکیات ایک طرف شوخ و چمن تنگ میں ہے دوسری طرف شوخ و پا در حنا میں ہے۔'' (ایضاً، ص 383)

268 اسد اٹھنا قیامت قامتوں کا وقتِ آرائش
لباسِ نظم میں بالیدنِ مضمونِ عالی ہے (نخ)

''ایسا بے پناہ مرقعِ مانی کا شعر بھی غالب کے مشورہ دینے والوں کے ذوقِ جمال کی بھینٹ چڑھ گیا یا خود غالب مشورہ دینے والوں کی سخن فہمی سے اتنے متاثر تھے کہ انھوں نے ایسے اشعار کو بھی زندگی بھر پلٹ کر نہیں دیکھا۔ علی سردار جعفری اس عمدہ شعر کی اکثر داد دیا کرتے تھے۔ جدیدیت کے فروغ کے زمانے میں جب معنی و ابلاغ کے مسائل اٹھائے گئے تو ادب کی مقصدیت اور افادیت کے ساتھ نفسِ مضمون بھی خواہ مخواہ زد میں آگیا تو ان حالات میں اس سے زیادہ کارگر شعر کون ہوسکتا تھا۔ یہ وقتِ آرائش معشوق کے جلوۂ حسن کی نظارگی کا مضمون عام ہے، غالب نے فعل 'اٹھنا' سے پورے امیج کو متحرک کرکے اس

میں گویا جان ڈال دی ہے، نہ صرف اٹھنا کی رعایت محبوب کی کشیدہ قامتی و دلفریبی سے ہے، اٹھنا کی نسبت بالیدن سے بھی ہے۔ بجائے قامت کے قیامت قامتوں کہہ کر امیج میں شدت پیدا کر دی ہے تو مضمون کو بھی مضمون محض نہیں رہنے دیا، مضمونِ عالی کہا ہے۔ بظاہر دوسرا مصرع متوازیت لیے ہوئے ہے اور تشبیہی ہے لیکن پہلے مصرع کا متحرک امیج دوسرے میں بھی جاری رہتا ہے اور پوری طرح وہیں تکمیل پاتا ہے۔ غور طلب ہے کہ لباس بطور آرائش ہے، اور مستِ شباب کشیدہ قامت معشوق کا آئینہ کے روبرو اٹھنا گویا بالیدنِ مضمون عالی ہے، یعنی شاعری میں شاہدِ معنی کا اپنے آپ کو تحسین طلب نگاہوں سے نہارنا گویا اپنے حسن و جمال کا اثبات کرنا اور صاحب ذوق کو دعوت نظارہ دینا ہے۔ کہنے کی ضرورت نہیں کہ شعر کی جمالیات طرب انگیز ہے اور مضمر حرکیات محوِ آرائش محبوب کے کشیدہ قد پیکر میں اور مضمون کے تجریدِ ذہنی سے لباسِ نظم میں بالیدن ہونے سے ہے جو دوہری امیج سازی کا کمال ہے اور شعر کی جان ہے۔''

276 اسد بندِ قبائے یار ہے فردوس کا غنچہ
اگر وا ہو تو دکھلا دوں کہ یک عالم گلستاں ہے (نخ)

''یہ بے مثل شعر بھی روایت اوّل یعنی 19 برس سے پہلے کا ہے اور خدا جانے صاحبانِ ذوق سخن فہموں نے کیا سمجھ کر قلم زد کر دیا۔ تعجب تو یہ ہے کہ غالب نے مڑ کر ایک بار بھی اپنے ایسے اشعار کو نہیں دیکھا۔ یہ بھی قول محال سے کم نہیں۔ خدا بھلا کرے بھوپال کے اُس کباڑ فروش کا جس نے نسخے کو بچا کے رکھا، اگر چہ اس بیچارے کے ہاتھ اور امروہہ کے خریدار کے ہاتھ تو کچھ نہ لگا اور جُل دینے والوں نے اصل نسخہ بھی غائب کر دیا لیکن بارے اس کا عکس محفوظ ہو گیا۔

''فارسی اور اردو شعرا نے معشوق کی جامہ زیبی اور تنگ پیرہنی کی داد طرح طرح سے دی ہے، بندِ قبا کے کھولنے میں ناخن کے معطر ہو جانے کا ذکر بھی اساتذۂ فارسی و اردو کرتے رہے ہیں، لیکن معشوق کے ملکوتی حسن و شباب کی رعایت سے بندِ قبا کو غنچہ ہی نہیں فردوس کا غنچہ کہنا غالب کے ذہن و تخئیل کا ایسا کرشمہ ہے جس کا جواب نہیں۔ غنچہ کی خوبی

اس کی رنگینی اور اس کے بند رہنے میں ہے، اور بندِ قبا بھی بند رہتا ہے۔ 'بندِ قبا' کا تحرّکِ جدلی 'اگر وا ہوٗ سے کیا ہے، یعنی گرہ کھولنے سے۔ تو فقط غنچہ ہی کیوں، رنگ و گداز و نور کا گلستان ہی نظروں کے سامنے آجاتا ہے۔ 'بندٗ اور 'وا' میں تو حرکیات ہے ہی، یہی حرکیات بند اور غنچہ اور گلستاں میں بھی ہے۔ شعر تصویر در تصویر متحرک حسیّاتی امیجری کا شاہکار ہے جس کی داد لفظوں کے ماورا ہے۔'' (ایضاً، ص 286-285)

336 نشۂ رنگ سے ہے واشدِ گل
مست کب بندِ قبا باندھتے ہیں (ق)

''نشہ اور مست میں، رنگ اور گل میں، واشد اور بندِ قبا میں نسبت در نسبت ہے جس سے معشوق کی تنک پیرہنی اور لباس سے بے نیازی کا پیکر ابھرتا ہے۔ نشۂ رنگ جیسے پھول کو بند نہیں رہنے دیتا، حسن کی مستی کا یہ عالم ہے کہ بندِ قبا اگر کھل گیا ہے تو کھلا ہی رہنے دیا ہے۔ امیج کی دلفریبی بندِ قبا اور واشدِ گل کی افتراقیت میں ہے جس نے شعر کو الھڑ پن اور حسن کی ناز و مستی کا منھ بولتا مرقع بنا دیا ہے۔ یہ پوری غزل بشمول اس شعر کے دیوان میں شامل کی گئی۔

337 اسد بزمِ تماشا میں تغافل پردہ داری ہے
اگر ڈھانپے تو آنکھیں ڈھانپ ہم تصویرِ عریاں ہیں (ق)

''چوبیس برس سے پہلے کا بے پناہ جیتا جاگتا منھ بولتا شعر ہے لیکن انتخاب میں نہیں آیا۔ بزمِ تماشا میں تغافل عشق کا پردہ دار ہے۔ پردہ داری اور تصویرِ عریاں میں رشتۂ نفی ظاہر ہے۔ اگر ڈھانپے تو آنکھیں ڈھانپ بھی نفی اساس ہے کہ آنکھیں کھلی رکھنا اور تغافل برتنا ہی مرجح ہے۔ اگر ڈھانپے تو آنکھیں ڈھانپ، جس طرح بے اختیارانہ کہا ہے اس کا بھی جواب نہیں۔ مگر شعر اتنا ہی نہیں، بہت کچھ اور بھی کہتا ہے اور شدت سے کہتا ہے۔ بزمِ تماشا میں تغافل برتنا عشق کو چھپانا ہے اور چونکہ معشوق کی جلوہ گستری دعوتِ نظارہ دیتی ہے ہم رکنے والے نہیں (تصویرِ عریاں ہیں)۔ تصویرِ عریاں تو خود کو ڈھانپنے سے رہی، چنانچہ اگر ڈھانپنا ہی ہے تو اپنی آنکھوں کو ڈھانپ، امیج کی بے ساختگی اور والہانہ کیفیت اپنا

جواب نہیں رکھتی۔

354 رنگِ شکستہ صبحِ بہارِ نظارہ ہے
یہ وقت ہے شگفتنِ گلہائے ناز کا (قِ+)

''اس کی نہایت عمدہ شرح سُہا نے کی ہے۔ شاعر نے اس کیفیت کو جو دیدار سے پیدا ہوتی ہے، موسم بہار کی لطف آفرینی سے تعبیر کیا ہے۔ وقت اور صبح کے لفظ بہار کی رعایت سے ہیں۔ اور عاشق جو بہارِ نظارہ کا متمنی ہے، بہار کی مناسبت سے اس کے رنگِ شکستہ (اڑے ہوئے رنگ) کو ''سپیدۂ سحر'' سے استعارہ کیا ہے۔ سہا نے لکھا ہے کہ ''اس طرح عاشق کے لطفِ دیدار اور رنگِ شکستہ دونوں سے مل کر صبح بہارِ نظارہ بن گئی ہے ... عاشق ایک ہی وقت میں (محبوب کے ناز اور کرشموں سے) راحت یاب و مسرور بھی ہوتا ہے اور بے چین و مضطرب بھی۔'' لیکن یہ فقط تضادِ محض نہیں، جمالیاتی اثر کی کرشمہ کاری حرکیات نفی کے تفاعل یعنی ربط و تضاد دونوں کی کشاکش میں ہے جس میں امیج کے مرکب ہونے اور معنی پروری کی طرفوں کے کھلنے کا تہ در تہ تخلیقی عمل کارگر ہے۔

اوپر ہم نے روایت اول اور روایت دوم سے بعض ایسے اشعار کی جھلک دیکھی جو غالب کے طرب انگیز تخئیل، نشاط آفریں ذوق جمال اور حسّی پیکروں کا منھ بولتا ثبوت ہیں۔ ان کی سب سے بڑی خوبی ان کی امیجری یعنی پیکریت ہے۔ ان میں دوسری خوبیاں نہ ہوں ایسا نہیں ہے، سبک ہندی کی شاعری میں ایک دستور دوسرے سے گتھا ہوا ہے، خیال کو امیج سے امیج کو مضمون سے، مضمون کو مثال و استدلال سے اور مثال و استدلال کو مناسبات سے اور مناسبات کو استعارہ سازی و ترکیب تراشی سے الگ کرنا قریب قریب ناممکن ہے۔ جہاں ایک خصوصیت یا ایک نکتہ پر زور دینا مقصود ہو، معاً کوئی دوسرا پہلو سامنے آجاتا ہے۔ تنقید لاکھ معروضی ہونے کا جتن کرے موضوعیت سے بچ نہیں سکتی۔ یہاں سوال یہ تھا کہ غالب کی خیال بند شاعری فلسفیانہ دقیقہ سنجی کی شاعری ہے، چنانچہ ایسے اشعار میں جہاں امیج سازی دستور غالب ہے، جدلیاتی وضع جو معنی آفرینی اور خیال بندی سے خاص ہے اگر وہ افتاد ذہنی کا حصہ ہے تو کیا یہاں اس کی کوئی جھلک نظر آتی

ہے۔ ہم نے دیکھا کہ امیج سازی بھی چونکہ حسّی پیکروں کے ذریعے معنی کی جلوہ گستری کرتی ہے، اس کی مرکب کیفیتوں اور تحرک میں جدلیت، تخلیقی احساس اور جمال پروری کی پیکریت میں تہ نشیں سہی، مضمر سہی مگر کسی نہ کسی نوع شامل رہتی ہے اور یوں یہاں بھی اس کے تفاعل کے کارگر ہونے میں کلام نہیں۔'' (نارنگ، ص 388)

پروفیسر نارنگ روایت دوم مشمولہ نسخۂ حمیدیہ کے کلامِ منسوخ میں کارفرما غالب کی معنی آفرینی، جدلیاتی شعری مزاج اور زبردست امیج سازی (پیکرسازی) کے شعری تناظر کا بھرپور طور پر اکسراتی اکتشاف کرنے کے بعد آخر میں غالب کے بوطیقائی پس منظر پر قاری کی پوری توجہ مرکوز کراتے ہیں جس میں سب سے الگ تھلگ غالب کی یکتا جدلیاتی کرشمہ کاری اور فلسفہ طرازی نومعنی آفرینی کی ایک انوکھی انقلاب آفریں شعریات کی تخلیق، تشکیل اور تعمیر کررہی تھی اور اس عہد میں سبک ہندی کی ایک شاخ جو محض مشاقی اور صنعت گری سے موسوم تھی۔ غالب کی غیرمعمولی فطری جدلیاتی وضع، جدلیاتی مزاج، جدلیاتی فکر و کارکردگی میں کارفرما شدید ترین جدلیاتِ نفی اس مردہ اور غیرنامیاتی صنعت گری کی روایت کی بے محابا رد تشکیل کررہی تھی۔

''انیسویں صدی کی چوتھی دہائی کے آغاز کا تصور کیجیے۔ غالب اب کئی برس سے دہلی میں قیام پذیر ہیں اور فارسی و اردو شاعری کے افق پر ایک غیرمعمولی ذہین اور طباع شاعر کی حیثیت سے طلوع ہوچکے ہیں۔ ان کی نزہت فکری اور خداداد قابلیت کا یہ عالم ہے کہ صاحبانِ ذوق ہوں یا نکتہ چیں، اب کسی کے لیے ان کو نظرانداز کرنا آسان نہیں۔ سبک ہندی کی ایک شاخ جو مشّاقی اور صنعت گری سے عبارت تھی، ناسخ و متبعین ناسخ اور شاہ نصیر اور ذوق و ظفر کی طرف چلی گئی تھی، دوسری جو خیال بندی، معنی یابی و فلسفہ طرازی سے عبارت تھی بیدل سے ہوتی ہوئی غالب تک آئی تھی۔ غالب کی جدلیاتی کرشمہ کاری و دقیقہ سنجی جیسا کہ ہم نے پچھلے ابواب میں دیکھا، اس سے ابداعِ فکری و معنی آفرینی کی ایک نئی، طُرفہ اور انقلاب آفریں شعریات کی تعمیر کررہی تھی جو اپنے زمانے سے یکسر مختلف اور ہٹ کر تھی۔ زمانہ چونکہ بالعموم اوسط، عامیانہ اور معمولہ کا ساتھ دیتا ہے، اس کا غالب کی

شعریات سے زیر و زبر ہونا اور اس کی مخالفت کرنا فطری تھا۔ نسخۂ حمیدیہ کے اختتام کا زمانہ قریب قریب وہ زمانہ ہے جب غالب کے اپنے عصر سے متصادم ہونے اور اپنی شعریات کو اپنی شرائط پر منوانے کے عمل کا آغاز ہو چکا ہے۔ جیسے جیسے یہ تصادم بڑھتا گیا، غالب کے شاعرانہ ابداع اور انفرادیت کی امتیازی حیثیت کا نقش بھی راسخ ہوتا گیا۔ بیشک غالب خیال بندی، معنی یابی، عظیم الشان حسی پیکروں اور حددرجہ شدت جذبات کی اپنی الگ دنیا تشکیل کر رہے تھے جس کی انفرادیت اور تخلیقی فطانت پورے معاصر منظرنامہ کو زیر و زبر کر رہی تھی۔'' (نارنگ، ص 389)

باب دہم 'متداول دیوان، معنی آفرینی اور جدلیاتی افتاد' پروفیسر گوپی چند نارنگ کے قاری اساس جدلیاتی مطالعہ کی عمیق اور رفیع کارکردگی اور محاکماتی قوت آفرینی کا بیک وقت نامیاتی سطح پر نوحسن افروز اور نومعنی پرور تنقیدی اور تخلیقی مکاشفہ ہے اور غالب کے متداول دیوانِ اردو کے نگارخانۂ رقصاں کے تناظر میں یہ یکسر نیا تخلیقی تجربہ ہے۔

درحقیقت تنقید، تخلیق کے اندر تخلیق ہے۔ تخلیقی تنقید جو آگہی کی آگ سے دہکتی ہوئی آتی ہے مختلف تخلیق کی شہ رگوں کی عارف اور معانی در معانی کی کاشف ہوتی ہے۔ وہ صحیح معنوں میں 'تخلیق نو' ہے۔ اگر وہ برتر سطح پر رفیع تخلیق ثانی و وقیع تخلیق مکرر نہیں ہوتی تو وہ محض غیر تخلیقی تکسیر اور غیر تنقیدی تصغیر ہوتی ہے۔

مابعد جدید تنقید، مابعد ساختیاتی تنقید اور قاری اساس جدلیاتی تنقید سے قبل ادبی تنقید حسن پارہ کی خادمہ تصور کی جاتی تھی۔ اب وہ تخلیقیت اور جمالیاتی کیف و نشاط کے اعتبار سے اپنے مخدوم کی حریف تصور کی جاتی ہے اور تخلیق ثانی اور تخلیق مکرر کے منصب پر فائز ہے بلکہ اسٹینلے فِش تو بے محابا تنقید کی تخلیقیت پر اصرار کرتا ہے اور تنقید کو 'تخلیق نو' قرار دیتا ہے کہ اہل قاری کی قرأت تخلیق کو ازسرنو تخلیق کرتی ہے۔ تخلیق کی عمیق اور رفیع قرأت کا عمل بھی اصلاً تخلیق کا ہی عمل ہے۔ اہل قاری کا بھی تخلیقی عمل ہوتا ہے۔ قاری کی تخلیقی کارکردگی اس کی تخلیقی جست میں نمایاں ہوتی ہے۔ کبھی بین السطور میں 'لطف خلاپُری' سے رونما ہوتی ہے۔ ادبی حسن پارہ کی تخلیقیت اور معنویت اس امر میں نہیں ہے کہ اس نے

مسکِت انداز میں کیا کہا ہے بلکہ تخلیق کے اس بنیادی وظیفہ میں ہے کہ اس نے کیا نہیں کہا ہے؟ یہ نہ کہتے ہوئے بھی بہت کچھ کہہ جانا ایک بلند پایہ ادبی صداقت پارہ کا مابہ الامتیاز وصف ہے۔ بعینہٖ گراں قدر تنقید کا منصب یہ ہے کہ وہ صرف ادبی حسن پارہ کے برف پوش متعین معنی کی ہی تشریح و تفسیر نہ کرے بلکہ ادبی خیر پارہ میں پوشیدہ 'ان کہی' کے معنویاتی آفاق کو بار بار چھونے اور منکشف کرنے میں کامیاب ہو۔ اسی بنیادی وظیفہ میں حقیقی تنقید کی تخلیقیت کا عظیم اسرار پوشیدہ ہے۔ ''آدمی کے مانند 'متن' کا بھی لاشعور ہوتا ہے۔'' بقول ماشرے متن میں جو کمی رہ جاتی ہے یعنی اس میں جو کمیاں راہ پاتی ہیں یا جو وہ کہہ نہیں سکتا، وہ متن کا دوسراپن یا لاشعور ہے جو متن کے شعری پروجیکٹ سے متضاد ہوتا ہے۔ ادبی ساخت و بافت اختیار کرتے ہی متن کا لاشعور بھی وجود میں آجاتا ہے۔ اس خالی عرصہ (Spacing) میں جو شعوری منصوبہ بندی اور ادبی ساخت و بافت کے درمیان بچ جاتا ہے۔ اس ضمن میں اسٹینلے فِش مزید انکشاف کرتا ہے:

When I read, I write

تخلیقی ادبی تنقید کا وظیفہ اب معنی کی تلاش نہیں بلکہ معنی کی تخلیق کا فریضہ ہے۔ اس کے برخلاف 'نئی تنقید' نے خود کو فن پارہ کے اُس معنی پر مرکوز کرلیا تھا جو اس کے محض مواد کا زائیدہ تھا اور اس تخلیقیاتی اور معنویاتی صداقت کو نظرانداز کردیا تھا کہ ادب پارہ کا معنی صرف اس کی لسانی تشکیل اور اسلوب کی بناوٹ اور بنت میں ہی کارفرما نہیں ہوتا بلکہ ادب پارہ کے ان رشتوں کے مکڑجال (The web of relations) میں پوشیدہ ہوتا ہے جو وہ اپنے زمانہ، اپنی دنیا، اپنے ماضی اور مستقبل نیز اپنے اہل ذوق، اہلِ دل، اہل دانش اور اس سے بھی بڑھ کر اہل بینش قاری یا ناقد سے استوار کرتا ہے۔ فی زمانہ تخلیقی ادبی تنقید اس وجدانی اور بصیرتی اہلیت اور ذوقی اور علمی اہمیت و معنویت کی مستحق ہے جو تخلیق کا حقیقی منصب ہے۔ ہر تخلیق میں تنقید اور ہر تنقید میں تخلیق، ہر خالق میں ناقد اور ہر ناقد میں خالق شامل ہوتا ہے۔ خالق فنکار، مخلوق متن یا فن پارہ، تخلیقیت شناس ناقد یا تخلیقیت فہم قاری باہمدگر منسوب ہیں۔ باہمی رشتوں کے نظام میں منسلک ہیں۔ تخلیقیت افروزی، کیفیت

انگیزی اور معنی خیزی ان کا مشترکہ بنیادی وظیفہ ہے۔ پروفیسر گوپی چند نارنگ جدلیاتی اور نامیاتی سطح پر اپنی غیر معمولی محققانہ، ناقدانہ، خلاقانہ و عارفانہ جرأت، رفیع و برتر ذہنی قوت، بصیرتی گہرائی اور بلندی، حساس اور شعلہ آسا عمیق تجربہ کشی، بے لوث ہمدلی (Empathy) اور مسلسل شاہدانہ ہوش مندی کے قیام کے باعث فی زمانہ بیک وقت 'غالبیاتی تخلیق کی تہذیب' اور 'غالبیاتی تنقید کی تہذیب' کو یکسر نیا علمیاتی اور نیا عرفانیاتی تنقیدی محاورہ عطا کر ان کو مزید نوفکریاتی اور نو اسلوبیاتی وقار و وِژن بخش رہے ہیں۔

اب ہم بعد کے کلام سے جو متداول دیوان میں شامل ہے اپنا سفر جاری رکھیں گے۔

364 . ملنا ترا اگر نہیں آساں تو سہل ہے
دشوار تو یہی ہے کہ دشوار بھی نہیں (م)

''عجیب و غریب معمائی شعر ہے اور دیکھا جائے تو دونوں مصرعے قول محال کا حکم رکھتے ہیں اور دونوں نحوی ترکیبیں ایک دوسرے کو رد کرتی ہیں اور ایک دوسرے کا جواز بھی ہیں۔ جملہ شارحین نے اپنا اپنا زورِطبع صرف کیا ہے۔ خود غالب نے قاضی عبدالجمیل بریلوی کے نام اپنے خط میں اس شعر کی وضاحت یوں کی ہے:

> ''یعنی اگر تیرا ملنا آسان نہیں تو یہ امر مجھ پر آسان ہے۔ خیر تیرا ملنا آسان نہیں نہ سہی۔ نہ ہم مل سکیں گے نہ کوئی اور مل سکے گا۔ مشکل تو یہ ہے کہ وہی تیرا ملنا دشوار بھی نہیں یعنی جس سے تو چاہتا ہے مل بھی سکتا ہے۔ ہجر کو تو ہم نے سہل سمجھ لیا تھا۔ مگر رشک کو اپنے اوپر آسان نہیں کر سکتے۔''

دیکھا جائے تو غالب نے رشک کا جو پہلو اپنی وضاحت میں نکالا ہے شعر میں اس کا کوئی قرینہ نہیں۔ پہلے بحث کی جا چکی ہے کہ شعر جدلیاتی حرکیات کا کرشمہ ہے اور کوئی تعبیر دوسری تعبیروں کی راہ بند نہیں کرتی۔'' (نارنگ، ص 392-391)

نارنگ متن شناسی کے ضمن میں یہاں رولاں بارتھ کے قرأت کے تصور (Reading) اور ژاک دریدا کے باز قرأت کے تصور (Rereading) سے آگے قدم بڑھا چکے ہیں اور نت نئی تعبیرات کے قائل ہیں۔ آگے ان کی تازہ کار اور نادرہ کار جدلیاتی

شعری تفہیمات خاطرنشیں کیجیے جو ان کی درّاک تحقیقی روحِ تجسس سے بھی منور ہیں اور ان کی غیر معمولی تنقیدی تہ شناسی سے بھی!

365 اس سادگی پہ کون نہ مرجائے اے خدا
لڑتے ہیں اور ہاتھ میں تلوار بھی نہیں (م)

''1826 سے غالب باقاعدہ فارسی میں شعر کہنے لگے تھے، ہرچند کہ 1826 سے 1850 تک 25 برس کا زمانہ اردو پر کم اور فارسی پر زیادہ توجہ کا زمانہ ہے، اردو میں غالب نے اس مدت میں کم سے کم کہا لیکن جو بھی کہا اس میں ژرف نگاہی، خیال کی پیچیدگی، تہ داری اور طرفگی تو وہی ہے لیکن اظہار و بیان میں ایسی طرحداری، گھلاوٹ اور آبداری ہے کہ تراشیدہ ہیرے کا گمان ہوتا ہے، اور زبان میں ایسا بہاؤ اور ایسا رس پیدا ہوگیا ہے کہ شعر جادو کا سا اثر کرتے ہیں۔ اس دور کے اکثر اشعار، مصرعے اور ترکیبیں زبانوں پر چڑھ گئے ہیں گویا محاورہ بن گئے ہیں۔ ان اشعار کی اثرآفرینی جو ذوق و وجدان کی چیز ہے، تجزیہ و تحلیل سے ماورا ہے۔ جیسے جیسے ہم آگے بڑھیں گے ایسے اشعار کی تعداد جو بظاہر سادہ نظر آتے ہیں لیکن اصلاً اُتنے ہی پیچیدہ ہیں، اب بڑھتی جائے گی۔ خود غالب ایک جگہ لکھتے ہیں ''داد دینا اگر ریختہ پایۂ سحر یا اعجاز کو پہنچے تو اس کی یہی صورت ہوگی یا کچھ اور شکل'' (نادرات، ص 12)۔

''دوسرے شعر میں سامنے کے معمولی سادہ سے لفظ ہیں لیکن شعر سادہ نہیں ہے۔ معنوی nucleus 'سادگی' ہے۔ لفظاً سادگی اس لیے کہ ہاتھ میں وار کرنے کو کچھ بھی نہیں ہے، لیکن معناً سادگی طنزیہ ہے بمعنی غمزہ و ناز و ادا یا کا فرادائی یعنی اس قیامت پر تو ہم پہلے ہی مرمٹے ہیں، یہاں تو قتل کا پورا سامان موجود ہے۔ مت بھولیے کہ irony معمولہ معنی کو رد بھی کرتی ہے اور پنہاں معنی کو ابھارتی بھی ہے۔ یعنی اس نزاکت پر یہ زعم بھی ہے کہ لڑتے ہیں اور ہاتھ میں تلوار بھی نہیں۔ دونوں مصرعوں میں نحوی ترکیب نثر کی ہے اور 'تلوار' کے سیاق میں سادہ سے لفظ 'سادگی' کی تقلیب سے کیا سماں باندھا ہے کہ شوخی و انبساط کے ساتھ مضمون آفرینی اور دقیقہ سنجی کا حق بھی ادا ہوگیا ہے۔'' (نارنگ، ص 393-392)

365 ہوا ہوں عشق کی غارت گری سے شرمندہ
سوائے حسرتِ تعمیر گھر میں خاک نہیں (م)

''اکثر پہلے مصرعے میں مبتدا بطور دعویٰ قائم ہوتا ہے اور نفی کی کشاکش خبر یعنی دوسرے مصرع میں معنی کو کہاں سے کہاں لے جاتی ہے۔ سوائے حسرتِ تعمیر گھر میں خاک نہیں۔ عشق کی غارت گری نے گھر کے گھر ڈھا دیے، حسرتِ تعمیر، گھر، خاک، غارت گری، متعدد خیالی پیکر ذہن میں ابھرتے ہیں۔ گھر تو ڈھے چکا ہے، تعمیر فقط اینٹ، چونے، گارے، مٹی سے ممکن ہے، اور گھر میں خاک نہیں، محاورتاً کچھ بھی نہیں اور لفظاً خاک بمعنی مٹی جو تعمیر کا استعارہ ہے۔ پس تعمیر اور خاک میں جدلیات نفی واضح ہے۔ حسرتِ تعمیر غالب کا محبوب موضوع ہے۔ خیالی تجرید کی تجسیم سبک ہندی کی قدیمی روش ہے یعنی حسرتِ تعمیر بطور شئے اور شئے بھی ایسی کہ اُسے غم بھی غارت نہیں کرسکتا۔ ایک جگہ اور کہا ہے: / گھر میں تھا کیا کہ ترا غم اُسے غارت کرتا؛ وہ جو رکھتے تھے ہم اک حسرتِ تعمیر سو ہے/ (382)۔

365 یہ کس بہشت شمائل کی آمد آمد ہے
کہ غیرِ جلوۂ گل رہگزر میں خاک نہیں (م)

''ردیف میں محاورے سے فائدہ اٹھایا ہے جس میں نفی ظاہر بھی ہے اور مضمر بھی، اور ہر جگہ نئے سیاق میں نیا مضمون نکالا ہے۔ بہشت شمائل محبوب کی آمد آمد کا سماں ہے اور راہ میں پرتوِ جمال ہی جمال ہے، یہ تو ظاہر ہے۔ لیکن بہشت میں خاک کہاں ہوگی۔ دوسرے یہ کہ بقول بیخود دہلوی بہشت شمائل کی رعایت سے دنیا میں بھی جلوۂ گل کے علاوہ خاک کا نہ ہونا لطف سے خالی نہیں ہے۔'' (نارنگ، ص 394-392)

محولا بالا شعر کی اصل تجریدی (Abstract) تخئیل پر ہے۔ واقعی (Concrete) تخئیل پر قطعی مبنی نہیں ہے۔ تجریدی یا خیالی تخئیل کی تخلیقی ترسیل آسانی سے نہیں ہوسکتی۔ لہٰذا وہ اکثر و بیشتر صاف و شفاف واضح تصویرسازی اور پیکرسازی میں کامیاب نہیں ہوتی۔ لیکن محولا بالا شعر میں غالب کے تجریدی و خیالی تخئیل کی اہلیت (Competence) نے یکسر نئی اور انوکھی امیج سازی اور تمثال سازی میں اپنی غیرمعمولی فنی کارکردگی

(Performance) کا ارفع جمالیاتی اور عرفانیاتی مظاہرہ کیا ہے۔ اس جمالیاتی مظہر (Phenomenon) نہیں بلکہ روحانی کرشمہ آفریں جلوہ (Noumenon) کی حقیقی داد اہل بینش قاری (Philosiar) ہی دے سکتا ہے جس کو پرم شونیتا سے آزادئ دید (Philosia) نصیب ہو۔ غالب کا یہ شعر پایۂ سحر نہیں بلکہ پایۂ اعجاز پر پہنچ گیا ہے۔ اس معجز کار شعر کی نوتعبیر سازی اور نوتفہیم آفرینی میں نے باب اول میں کی ہے۔ (نظام صدیقی)

365 عجب نشاط سے جلّاد کے چلے ہیں ہم آگے
کہ اپنے سائے سے سر پانو سے ہے دو قدم آگے (م)

''ہم پہلے اشارہ کر چکے ہیں کہ پری گارنا نے ایک مضمون میں اس نوع کے پُرنشاط اور بیک وقت ہولناک خیالی پیکروں سے بحث کی ہے اور انھیں غالب کے زمانے کے اجتماعی لاشعوری حافظے کی ان یادوں سے جوڑا ہے جو سرمد کے قتل کی روایت کا اساطیری حصہ بن گئی تھیں۔ (پری گارنا، انڈین لٹریچر، اکتوبر 2002، ص 176-154) نشاط اور سائے میں گردش نفی ہے اور اس تمثیل سے کئی معنی نکالے جا سکتے ہیں، خوشی قتل ہونے کی کہ عشق میں شہادت عین سعادت ہے اور استدلالِ شاعرانہ کی حسن کاری یہ کہ اول تو سائے کے چلنے میں حرکت ہے گویا موت کی خوشی میں رقصاں ہے، دوم یہ کہ سائے میں چلتے ہوئے سر پاؤں سے دو قدم آگے ہی پڑتا ہے جو علامت ہے سرخوشی کی، تیسرے یہ کہ سایہ سر کے بل چلتا ہے جو تمثیل ہے راہِ وفا میں تشویق اور ثابت قدمی کی۔ جلّاد استعارہ ہے قتل کا، اور معنی گستری کا یہ سارا کھیل قائم ہوتا ہے 'قتل' کے خیالی پیکر کی تقلیب سے جو بجائے خود شعر میں آیا ہی نہیں، لیکن شعر کی جدلیاتی ایمائیت میں کارگر ہے اور جس نے شعر کو شرفِ انسانی کی الوالعزمی اور آزادی رائے کی سربلندی کا لازوال مرقع بنا دیا ہے۔
(نارنگ، ص 394)

369 مری تعمیر میں مضمر ہے اک صورت خرابی کی
ہیولیٰ برقِ خرمن کا ہے خونِ گرم دہقاں کا (م)

''اشیا بظاہر سادہ نظر آتی ہیں لیکن سادہ نہیں ہیں۔ اشیا وہ بھی نہیں جو وہ نظر آتی

ہیں۔ ہر ہاں میں ایک نہیں ہے اور ہر نہیں میں ایک ہاں۔ ہر تعمیر میں تخریب مضمر ہے اور ہر تخریب میں تعمیر۔ اشیا کی کُنہ میں اترنا اور حقیقت کو تہ در تہ جہت در جہت اور نفی در نفی دیکھنا غالب کے ذہن کا اعجاز ہے۔ وہ کہتے ہیں کہ بجلی جو خرمن پر گرتی ہے وہ خرمن سے الگ کہاں ہے؟ شونیتا میں مظہر کی نفی کڑی بہ کڑی ہوتی ہے، ہر شئے منحصر بالغیر ہے اور ایک کا وجود کسی دوسری شئے کا سبب ہے۔ دہقان کے خونِ گرم نے خرمن کو پیدا کیا۔ چنانچہ اس کے وجود ہی سے اس کے عدم کا امکان پیدا ہوگیا۔ گویا خود وجود ضمانت ہے عدم کے امکان کی، یعنی ہستی نہ ہو تو نیستی ممکن نہیں۔ انسان امید بوتا ہے۔ توقعات کا کالعدم ہونا خود توقعات کے باندھنے میں مضمر ہے۔ (نارنگ، ص 395)

369 ہوس کو ہے نشاطِ کار کیا کیا
نہ ہو مرنا تو جینے کا مزا کیا (م)

''ملنا ترا اگر نہیں آساں ... اور ہوس کو ہے نشاطِ کار ... سے ان اشعار کا آغاز ہوتا ہے جو نسخۂ شیرانی یعنی 1826 اور 1828 کے دوران کے ہیں۔ یاد رہے کہ یہ زمانہ غالب کے سفر کلکتہ کا ہے۔ شونیتا سے ملتی جلتی نفی اساس شعریات کی فنکارانہ اور جمالیاتی مثالوں میں غالب کے اس نوع کے اشعار سے بہتر دوسری مثالیں ہندستانی ادبیات میں کم نکلیں گی۔ زندگی عبارت ہے ہوس کاری سے۔ کون جینا نہیں چاہتا یا کون موت سے بچنا نہیں چاہتا لیکن غالب نفی کا ہلکا سا پیچ ڈال کر سوال اٹھاتے ہیں کہ کیا زندگی کی نشاطِ کار اس وجہ سے نہیں کہ نشاطِ کار کی مہلت کم ہے۔ دوسرے مصرعے میں مرنا جینے کا رد ہے لیکن نفیِ محض نہیں۔ غالب مرنا کی نفیِ محض کو رد تشکیل کر دیتے ہیں۔ نہ ہو مرنا تو جینے کا مزا کیا یعنی مرنا جینے ہی کی معنویت کا ایک نام ہے۔ مرنا نہ ہو تو نشاطِ زیست کے کچھ معنی ہی نہیں۔ وضاحت کی ضرورت نہیں کہ جدلیاتی گردش مرنے اور جینے میں، اور ہوس اور نشاط میں ہے۔ (نارنگ، ص 395)

370 رونقِ ہستی ہے عشقِ خانہ ویراں ساز سے
انجمن بے شمع ہے گر برق خرمن میں نہیں (م)

اس کی شعری منطق اور جدلیات نفی کم و بیش وہی ہے جس کی طرف اوپر اشارہ کیا گیا ہے۔ برقِ خرمن کا استعارہ وہی ہے جو پہلے خونِ گرمِ دہقاں والے شعر میں آیا ہے۔ وہاں تعمیر میں خرابی کے مضمر ہونے کو دکھایا تھا، جبکہ یہاں عشق کی ویرانی زندگی کی نوید ہے۔ یعنی خرمن کی برق گویا انجمنِ زیست کے لیے بطور شمع کے ہے اور رونقِ ہستی، عشقِ خانہ ویراں ساز سے ہے۔ یعنی اگر موانع نہ ہوں تو زندگی بے معنی ہے۔ شعر کے تمام خیالی پیکر باہمد گر نسبتوں میں بندھے ہوئے ہیں۔ جیسے انجمن کی رونق شمع سے ہے، ویسے ہستی کی رونق خانہ ویراں ساز عشق سے اور خرمن کی برق سے ہے۔ آخری دونوں تمثالیں مبنی بر جدلیاتی افتراق ہیں اور دال ہیں کشاکش اور تحرک پر جو کارخانۂ ہستی کی رونق کا رمز ہے۔ (نارنگ، ص 396)

372 کم نہیں جلوہ گری میں ترے کوچے سے بہشت
یہی نقشہ ہے ولے اس قدر آباد نہیں (م)

''محبوب اور متعلقاتِ محبوب کی تعریف میں غلو کرنا اور اس درجہ غلو کرنا کہ اسمائے صفت آخری حد تک نمٹ جائیں، غزل کی شعریات کا خاصہ ہے۔ یہاں ذکر کوچۂ محبوب کا ہے جو جلوہ گری میں بہشت سے کم نہیں۔ بہشت سے زیادہ خوبصورت جگہ کیا ہوسکتی ہے، بہشت منتہا ہے حسن و جمال کا۔ غالب دوسرے مصرعے میں ذرا سا پیچ ڈال کر استدلالِ شاعرانہ سے اس کو پلٹ دیتے ہیں کہ جلوہ گری کا نقشہ تو یہی ہے، بس اتنی سی بات ہے کہ اس قدر آباد نہیں یعنی کوچۂ محبوب میں رونق زیادہ ہے۔ تصورات کو بیدخل کرنا یعنی subversion جدلیاتِ نفی کا خاص تفاعل ہے، ملاحظہ ہو کس لطیف پیرایے میں بہشت کو بمقابلہ کوچۂ یار کمتر قرار دے دیا۔ ظاہر ہے مقدمے دو ہیں جو دوطرفگی سے قائم ہوتے ہیں، مقصود متوقع یا معمولہ ترجیح کا رد ہے۔ کہاں بہشت بریں اور کہاں کوچۂ محبوب، لیکن شعری منطق جو چاہے کمال کر دکھائے۔ مگر یہ سب ہوتا حرکیات نفی کے بل پر ہے۔'' (ایضاً، ص 396)

373 ظلمت کدے میں میرے شب غم کا جوش ہے
اک شمع ہے دلیلِ سحر سو خموش ہے (م)

374 اے تازہ واردانِ بساطِ ہوائے دل
زنہار اگر تمہیں ہوسِ نائے و نوش ہے (م)
دیکھو مجھے جو دیدۂ عبرت نگاہ ہو
میری سنو جو گوشِ نصیحت نیوش ہے (م)
ساقی بہ جلوہ دشمنِ ایمان و آگہی
مطرب بہ نغمہ رہزنِ تمکین و ہوش ہے (م)
لطفِ خرامِ ساقی و ذوقِ صدائے چنگ
یہ جنتِ نگاہ وہ فردوسِ گوش ہے (م)
یا شب کو دیکھتے تھے کہ ہر گوشۂ بساط
دامانِ باغبان و کفِ گل فروش ہے (م)
یا صُبح دم جو دیکھیے آکر تو بزم میں
نَے وہ سُرور و سور نہ جوش و خروش ہے (م)
داغِ فراقِ صحبتِ شب کی جلی ہوئی
اک شمع رہ گئی ہے سو وہ بھی خموش ہے (م)

محولا بالا قطعِ بند غزل کی معروضی تحلیل میں تنقید عالیہ کی مقدس تثلیث سخنور، سخن شناس قاری اور سخن (متن) کے ساتھ تاریخی تناظر اور زبان کے دستور کی طرفہ کارفرمائی جمالیاتی سطح پر نہایت تحیرخیز اور معنویاتی و قدریاتی سطح پر نہایت دلگداز، روح گداز اور جاں گداز ہے۔ یہ بے مثل نقد پارہ نارنگ صاحب کی فنِ تنقید اور تخلیقیت و معنویت پر مکمل دسترس کا منھ بولتا جاودانی ثبوت ہے۔ صفحات کی تحدید کے باوجود میں اس بے مثل تنقیدی صداقت پارہ کو بغیر کسی قطع برید کے پیش کرنے میں کوئی نفسیاتی جھجک نہیں محسوس کررہا ہوں۔ یہ نئی نسل کے ناقدین کی ذہنی راہنمائی کے لیے ہمہ رخی روشنی کا مینار ثابت ہوگا۔ نارنگ کہتے ہیں :

''سفر کلکتہ کے دوران کہی گئی یہ قطعہ بند غزل جس میں کسی نشاط انگیز دور کے پلٹ جانے کی صدائے دردناک صاف سنائی دے رہی ہے اپنی نوعیت کی واحد غزل ہے۔ قطعہ

کی داخلی وحدت سے جو طرب انگیز نوسٹلجیا ابھرتا ہے وہ کسی ایسی بزم نشاط کی امیج سازی کرتا ہے جس پر تاریخ کا ورق پلٹ گیا اور جو عبرت انگیز ہے۔ عام طور سے سمجھا جاتا تھا کہ اس کی داخلی فضا کا تعلق ہنگامہ 1857، دہلی کی تباہی اور مغلیہ سلطنت کی بساط الٹ جانے سے ہے، لیکن نسخۂ شیرانی کے سامنے آنے کے بعد معلوم ہوا کہ یہ غزل ہنگامۂ ستاون سے تقریباً 30 برس پہلے کی ہے اور سفرِ کلکتہ کے دوران 1827 کے آس پاس کہی گئی جو نسخۂ شیرانی کے حاشیے پر درج ملتی ہے۔ اندازہ ہے کہ یہ غزل باندہ یا مرشدآباد میں کہی گئی ہوگی۔ نواب احمد بخش خاں والیِ لوہارو کے انتقال کی خبر غالب کو سفرِ کلکتہ کے دوران مرشدآباد میں ملی تھی جہاں وہ لکھنؤ کے بعد پہنچے تھے۔ غالب کی پنشن کے جو مسائل خواجہ حاجی کے انتقال (1825) کے بعد پیدا ہوئے تھے اور جن کو حل کرنے کے لیے غالب نے فیروز پور جھرکا کا سفر کیا تھا اور بار بار نواب احمد بخش خاں سے مدد کی درخواست کی تھی اور اپنے ساتھ ہونے والی بے انصافی کی دہائی دی تھی۔ لیکن باوجود وعدہ کرنے کے نواب احمد بخش خاں ٹالتے رہے تھے۔ ان کی دستبرداری کے بعد ان کے بڑے بیٹے نواب شمس الدین احمد خاں جانشین ہوئے تو مرزا کی سعی بسیار کے باوجود انھوں نے بھی بے رخی دکھائی۔ مجبوراً غالب انتہائی مایوسی اور بے سروسامانی کے عالم میں دہلی سے باہر ہی باہر فیروز پور جھرکا ہی سے کلکتہ کے سفر پر نکل کھڑے ہوئے اس لیے کہ دہلی جاتے تو قرض خواہوں کی وجہ سے گرفتاری کا ڈر تھا۔ مرزا کو سب سے زیادہ توقعات نواب احمد بخش خاں کی بزرگی اور معاملہ فہمی سے تھیں، لیکن اپنے مفادات کے لیے انھوں نے مسئلہ کو بجائے سلجھانے کے اور الجھا دیا۔ غالب کو سب سے زیادہ صدمہ انھیں کے رویے سے پہنچا تھا۔ غالب کے خسر نواب الٰہی بخش معروف جو نواب احمد بخش خاں کے چھوٹے بھائی تھے ان کا انتقال بھی اسی زمانے میں یعنی 1826 میں ہوگیا جس کے ساتھ غالب کی رہی سہی امید بھی ڈوب گئی۔ نواب احمد بخش خاں کے انتقال کی خبر غالب کو مرشدآباد میں ستمبر اکتوبر 1827 کو ملی تھی۔ مشکل یہ بھی تھی کہ نواب احمد بخش خاں کے جانشین نواب شمس الدین خاں اپنے سوتیلے بھائیوں کے سخت خلاف تھے، اور شومیِ قسمت سے ان ہی بھائیوں سے غالب کے

گہرے مراسم تھے۔ ان حددرجہ پریشان کن اور مشکل حالات میں جب جگر کٹ کٹ کے خون ہوجاتا ہے اور چشم عبرت کھلی کی کھلی رہ جاتی ہے، یہ قطعہ بند غزل ہوئی ہوگی۔ ملاحظہ ہو کہ سخت سنگین واقعات غزل کی جمالیاتی و ایمائی دنیا میں وقت کے کروٹ لینے کی کیا تصویر پیش کرتے ہیں اور اشعار کی خیالی پرچھائیوں سے جمی جمائی بزمِ نشاط کے پلٹ جانے کی عبرت انگیزی کا کیسا سماں ابھرتا ہے۔

غزل کے مطلع کے بارے میں خود غالب نے اپنے ایک خط میں وضاحت کی ہے:

''پیر و مرشد:

اک شمع ہے دلیلِ سحر سو خموش ہے

یہ خبر ہے۔ پہلا مصرع:

ظلمت کدے میں میرے شبِ غم کا جوش ہے

یہ مبتدا ہے، شبِ غم کا جوش، یعنی اندھیرا ہی اندھیرا، ظلمتِ غلیظ، سحر ناپیدا، گویا خلق ہی نہیں ہوئی۔ ہاں ایک دلیل صبح کے وجود پر ہے، یعنی بجھی ہوئی شمع، اس راہ سے کہ شمع و چراغ صبح کو بجھ جایا کرتے ہیں۔ لطف اس مضمون کا یہ ہے کہ جس شے کو دلیلِ صبح ٹھہرایا ہے وہ خود ایک سبب ہے منجملہ اسباب تاریکی کے۔ پس دیکھا چاہیے جس گھر میں علامتِ صبح مویدِ ظلمت ہوگی، وہ گھر کتنا تاریک ہوگا۔ (خطوط غالب، جلد دوم، ص 843)

''پوری غزل کی تشکیل خیالی پیکروں کی ایمائیت کا شاہکار ہے اور پیکروں کے تانے بانے میں جدلیات نفی تہ نشیں ہے۔ ظلمت کدے اور شب غم کے سیاق میں بساط ہوائے دل اور بزم نائے ونوش کے نشاط انگیز پیکر ابھرتے ہیں جن کی نفی دیدۂ عبرت نگاہ اور گوشِ نصیحت نیوش سے ہوتی ہے۔ محفلِ رقص و سرود میں ساقی دشمنِ ایمان و آگہی، اور مطرب رہزنِ تمکین و ہوش کی تمثال ہیں اور ہر گوشۂ بساط دامانِ باغبان و کفِ گل فروش بنا ہوا ہے۔ (لطفِ خرامِ ساقی کے جنتِ نگاہ ہونے اور ذوقِ صدائے چنگ کے فردوسِ گوش ہونے کا شعر کلکتہ پہنچ کر اضافہ ہوا) اس انتہائی جمال آگیں اور روح پرور امیجری کے بعد رات کا اندھیرا اُمڈتا ہے اور صبح کے آتے آتے ہر شئے پر تاریکی چھا جاتی ہے۔ اس کے بعد

نہ وہ سرور وسور باقی رہتا ہے نہ جوش وخروش۔ فقط صحبتِ شب کے داغِ فراق کی جلی ہوئی اک شمع ہے لیکن وہ بھی بجھی ہوئی۔ غزل کی استعاراتی اور ایمائی دنیا سے واقعیت کی تطبیق کرنا تمام وکمال نہ توممکن ہے نہ مناسب۔ بہرحال غالب کے تخئیل زرنگار نے ہر شئے کی ایسی تقلیب کردی ہے کہ بساطِ ہوائے دل باطنی واردات رہی ہو یا تاریخ کی کروٹ، وقت کے رنگ پھیکے پڑ سکتے ہیں، لیکن غالب نے تخلیقی کرشمہ کاری کا جو نگارخانہ قائم کیا ہے اس کی اثر پذیری اور معنی پروری کبھی ماند نہیں پڑسکتی۔

غورطلب ہے کہ کچھ ہی برسوں کے اندر اندر ولیم فریزر کے قتل میں ماخوذ ہوکر ان ہی نواب شمس الدین احمد خاں کو پھانسی کی سزا ہوتی ہے (1835)۔ اگلے دس بارہ برس کے دورانیہ میں انگریزوں کی عملداری اور دخل اندازی کے بڑھتے بڑھتے نوبت یہاں تک پہنچتی ہے کہ کچھ ہی مدت کے بعد دل دہلا دینے والے واقعات رونما ہوتے ہیں، تاریخ کروٹ لیتی ہے، خون کا دریا امنڈتا ہے، دہلی کی اینٹ سے اینٹ بجادی جاتی ہے، محلے کے محلے ویران و بے چراغ ہوجاتے ہیں، اور مغلیہ سلطنت کا آفتاب ہمیشہ ہمیشہ کے لیے غروب ہوجاتا ہے۔ کون کہہ سکتا ہے کہ شاعر کی چشم تخئیل جدلیاتی کرشمہ کاری سے آنے والے اندوہ ناک مناظر کی خونیں پرچھائیوں کو لرزتا ہوا نہیں دیکھ رہی تھی، یا نشاط وسرور کا جادو ٹوٹنے کی یہ فقط ایک لمحاتی کربناک تخلیقی کیفیت تھی جو کوندے کی طرح لپکی اور درد کی ایک لکیر کھینچتی ہوئی چلی گئی۔ زمانہ بدل گیا، وقت بھی بدل گیا، لیکن یہ غزل آج بھی اپنے ایمائی خیالی پیکروں سے تاریخ کے ایک عبوری دور کے ختم ہونے اور دوسرے عبوری دور کے شروع ہونے کی داستانِ درد کہہ رہی ہے، اور وقت کے ہر ایسے المیہ پر دلالت کرتی رہے گی۔'' (نارنگ، ص 400-397)

443 ایماں مجھے روکے ہے جو کھینچے ہے مجھے کفر
کعبہ مرے پیچھے ہے کلیسا مرے آگے (م)

''ہرچند کہ جو مقدمہ ہم پیش کرتے آرہے ہیں وہ بڑی حد تک واضح ہوچکا ہے اور مزید کچھ کہنے کی گنجائش بہت کم ہے، لیکن چونکہ ہم نے تاریخی ترتیب کا التزام رکھا ہے اس

کو پایۂ تکمیل تک پہنچانا بھی اپنا تقاضا رکھتا ہے۔ مزید یہ کہ بغاوت 1857 سے پہلے کے چند برس ایسے تخلیقی وفور اور سرشاری کے ہیں کہ ایک کے بعد ایک ادابندی اور تاثیر سے لبریز ایسی لاجواب غزلیں ہوئی ہیں کہ دیکھتے بنتی ہے۔ ان کی دادلفظوں کے ماورا ہے۔ جو کچھ کہا جارہا ہے فقط اشارتاً ہے۔ ان اشعار کی معجز بیانی اور سحرکاری میں جدلیاتی وضع کو محسوس کرلینا ہی کافی ہے۔

''غالب کے ذہن میں جدلیات نفی جس طرح بمنزلہ جوہر کے جاگزیں ہے اور شعری منطق میں شعوری و غیرشعوری طور پر کارفرما رہتی ہے، اور معنی کے عین قلب میں افتراق کا بیج رکھ کر جس طرح وہ اسے بے مرکز کرتے یا معنی کی قطعیت کو پاش پاش کرکے معنی کی طرفیں کھولتے ہیں، 1853 کا یہ شعراس کی بہترین مثال ہے۔ غالب کا تعلق قلعہ معلیٰ سے اور مغل روایت سے بھی ہے جس کے وہ امین ہیں؛ اور غالب کے مراسم انگریزوں سے بھی ہیں جن کے جلو میں وہ ایک جہانِ نو کی آمد آمد کو دیکھ رہے ہیں۔ نئی روشنی کا آفتابِ تازہ سامنے ہے۔ تاریخ کا ورق پلٹ رہا ہے۔ معنی کی شدید کشاکش دونوں مصرعوں میں ہے اور پورے شعر میں تو اس کی شدت اور بھی فزوں تر ہوگئی ہے۔ دعویٰ و دلیل کی صورت بھی ہے اور نفی اساس پیکریت کی بھی۔/ ایماں مجھے روکے ہے جو کھینچے ہے مجھے کفر/ بصورت قول محال ہے۔ انسان یا تو صاحبِ ایمان ہوگا یا کافر۔ دونوں تو بیک وقت ممکن نہیں۔ ایمان اور کفر میں رشتہ نفی کا ہے اور دونوں باہمدگر متخالف ہیں، اسی طرح روکنا اور کھینچنا بھی باہمدگر متضاد ہیں، گویا مصرع میں دوہری نفی ہے جو باعث کشاکش ہے۔ دوسرے مصرع میں تمثیل بطور استدلال ہے کہ کعبہ مرے پیچھے ہے کلیسا مرے آگے۔ ظاہر ہے کہ کعبہ/ کلیسا اور پیچھے/ آگے نفی مملو ہیں۔ معنی کی بے مرکزیت اور کشاکش بہ درجۂ تام ہے۔ ایمان ایک حد پر ہے کفر دوسری حد پر، اسی طرح کعبہ ایک طرف ہے کلیسا دوسری طرف۔ دونوں میں قطبینیت ہے۔ معنی کا مرکز کہاں ہے، شاید کہیں نہیں۔ رد در رد سے بیچ کے عرصہ کا معنی برقیایا ہوا ہے۔ چنانچہ مطلقیت کوئی معنی نہیں رکھتی، حرکیات ہر سبب و علت کو رد کرتی ہے، اس انتہا کو بھی اس انتہا کو بھی، قلب میں مسئلہ ہے دائیں بائیں کا نقطۂ انتہا معدوم ہے۔

غالب ہر انتہا یا دائیں بائیں کو رد کرتے ہیں اور کشاکش کے نقطۂ اتصال پر ملتے ہیں بصورت آزادگی، وہ اس طرف کے ساتھ بھی ہیں اس طرف کے ساتھ بھی، لیکن پوری طرح وہ نہ اس کے ساتھ ہیں نہ اس کے ساتھ، کعبہ مرے پیچھے ہے کلیسا مرے آگے۔ تاریخ کے ایک عبوری دور کی لاینحل کشاکش پوری ایمائیت کے ساتھ یہاں ہمیشہ کے لیے ثبت ہوگئی ہے جو آئندہ بھی ہر ایسی صورت حالات پر بھرپور دلالت کرتی رہے گی۔ غالب میکانکی سیاہ و سفید کے شاعر نہیں۔ بیچ کے عرصہ کے شاعر ہیں جہاں اندھیرا اجالا بن جاتا ہے اور اجالا اندھیرا، اور جہاں نئے نئے معنی کے شرارے جلتے بجھتے رہتے ہیں۔ غالب کا ذہنی طلسمات کیا زماں و مکاں کی گردشِ مدام کی صورت نہیں کہ معنی کے جوہر کو ہر تحدید سے آزاد دیکھ سکتا ہے۔'' (نارنگ 440-439)

حالی نے مرزا کے عمدہ اشعار کے جانچنے اور پرکھنے کے لیے اپنے عہد میں جس 'ایک جداگانہ معیار' کو مقرر کرنے کا تنقیدی خوابِ عرفان (ویژن) دیکھا تھا، پروفیسر گوپی چند نارنگ نے 'جدلیاتی وضع اور شونیتا' کے نئے اور انوکھے متبادل تنقیدی تصور و نظریہ اور معروضی جدلیاتی اطلاقی تنقید کے ذریعہ اکیسویں صدی میں نئے عہد کے نئے اصول حقیقت (Reality Principle) کے زیراثر صحیح معنوں میں پہلی بار نئی فکریاتی اور اطلاقیاتی سطح پر حالی کے اس تنقیدی رویا کو یکسر نیا اور انوکھا زندہ اور دھڑکتا ہوا حقیقی نوتنقیدی اور نوتعبیری پیکر عطا کر دیا اور اردو کے تنقیدی ادب میں ایک نئی تواریخ کی تخلیق، تشکیل اور تعمیر کردی ہے۔

باب دہم 'متداول دیوان، معنی آفرینی اور جدلیاتی افتاد' میں آگے نارنگ نشان زد کرتے ہیں۔ ''اول تو جدلیاتی شعریات جو صدیوں کی گوناگوں تخلیقی روایتوں میں پیوست رہی ہے اس کی نوعیت روحانی و ماورائی ہے، جبکہ غالب کی جدلیاتی شعریات نہ روحانی ہے نہ ماورائی، یہ ارضیت اساس اور غیر ماورائی ہے، اس کی جڑیں کہاں ہوسکتی ہیں؟ دوسرے غالب کے ذہن و شخصیت کی بنیادی خصوصیت یعنی آزادگی و وارستگی کا کیا رشتہ اس حرکیات سے ہوسکتا ہے جسے ہم جدلیاتی وضع کہہ رہے ہیں اور جو طرفگی اور معنی آفرینی کو مہمیز کرتی ہے، اور ہر معمولہ و موصولہ کے رد در رد سے آزادیِ کُلی پر منتج ہوتی ہے؛ کیا فکری اعتبار سے

بالواسطہ ہی سہی یہ شونیتا کی آزادی اور طرفیں کھولنے کے غیر ماورائی، انحرافی، ارضیاتی، جدلیاتی رویے کے مماثل نہیں؟ پھر یہ بھی کہ کیا غالب کی آزادگی و وارستگی کے پیرایے ان کے شخصی و نفسی رویوں اور ان کی شوخی و ظرافت میں گُندھے ہوئے نہیں؟ اور کیا جیسے ان رویوں کی جڑیں شاعری میں پیوست ہیں، کیا ویسے ہی یہ نثر کی تخلیقیت میں بھی پیوست نہیں؟ اس لیے کہ شعریات تو ایک ہی ہے اور جدلیاتی ذہنی افتاد و تخلیقیت بھی ایک ہی ہے۔ چنانچہ ابھی سوال ایک نہیں کئی ہیں۔ ان تمام سوالوں اور مسائل سے حتی الامکان بحث کرنے اور ان کی جملہ جہات پر معروضی و تجزیاتی نظر ڈالنے کی بیش از بیش ضرورت ہے۔ غالب کا ذہن و شخصیت پیچ در پیچ اور معمائی ہے، اس کا سمجھنا آسان نہیں۔ غالب کی ہر تفہیم باوجود کوشش کے تشنۂ تکمیل رہتی ہے۔ ہماری کوشش بھی تشنۂ تکمیل نہ ہو، ایسا کوئی ادّعا نہیں۔ تاہم ہمارا سفر جاری ہے، اگلے باب میں ہم غالب شعریات، شونیتا، جدلیاتی ذہنی افتاد اور آزادگی و وارستگی کے اس گرہ در گرہ اور پیچیدہ لیکن دلچسپ مبحث کے روبرو ہونے اور ان مشکل سوالات کا احاطہ کرنے کی حتی المقدور کوشش کریں گے۔'' (نارنگ، ص 447)

406 ذکر اس پری وش کا اور پھر بیاں اپنا
بن گیا رقیب آخر تھا جو رازداں اپنا (م)

''یہ غزل بھی طرحداری اور آہنگ کے لوچ اور بہاؤ میں جواب نہیں رکھتی۔ مطلع میں ایک امر واقعہ کی مرقع نگاری ہے اور الفاظ موتیوں کی لڑی ہیں، لیکن غور سے دیکھیے تو حرکیاتِ نفی بھی اپنا کام کررہی ہے۔ پری وش کا ذکر ہی کیا کم تھا، اور بیاں اپنا سونے پہ سہاگا تھا، خوبی ہی خوبی تھی، خرابی یہ ہوئی کہ اسی کے اثر سے رازداں ہی پلٹ گیا۔ رازداں تو ذات ہی تھی جو 'غیر' ہوگئی۔ رازداں اور رقیب کی کشائش ظاہر ہے۔

دردِ دل لکھوں کب تک ... اُن اشعار میں سے ہے جو ہر سیاق کے ساتھ نئے سے نیا ہوجاتا ہے۔ دوسرا مصرع، انگلیاں فگار اپنی خامہ خونچکاں اپنا، ایسا اذیت ناک اور خون میں تربہ تر امیج ہے کہ ذہن پر نقش ہوجاتا ہے۔ یہاں اُس شعر کی یاد تازہ ہوجانا فطری ہے، لکھتے رہے جنوں کی حکایاتِ خونچکاں... الخ، جو انسان کے علوئے ہمت، سربلندی اور

آزادیِ نفس کے امتیاز و افتخار کا نشان، اور غالب کی تخلیقیت کا احتجاجی دستخط ہے۔ پہلے شعر کا دردِ دل یہاں جنوں کی حکایات میں بدل گیا ہے اور خامہ کا خونچکاں ہونا ہاتھوں کے قلم ہونے میں جو ذومعنیین ہے۔ یہ امیج غالب سے خاص ہے۔ یہاں صوتی تکرار اور غنیت بھی توجہ طلب ہے، وہ الگ سماں باندھتی ہے اور لطف و اثر کو گہرا کرتی ہے۔ ردیف میں نون غنہ اور نون کی تکرار ہے، شعر میں لکھوں، جاؤں، دکھلادوں سب مضارع ہیں اور غنیت سے لبریز ہیں، عجیب اتفاق ہے کہ مطلع کی موسیقیت میں 'ز' کا سُر سات بار لگا ہے، جبکہ زیرِنظر شعر، دردِ دل لکھوں کب تک ... میں از اول تا آخر غنیت کا تواتر ہے اور نون، نون غنہ کی آواز کی پتّی آٹھ نو بار لگی ہے، م بھی غنائی ہے، سو دس بار۔ نیز 'ک' 'گ' کی ضربیں بھی بار بار آتی ہیں، بار خاطر نہ ہو تو ملاحظہ طلب ہے کہ دردِ دل، دکھلا دوں میں دال، خون اور خامہ میں خ، انگلیاں اور فگار میں گ، یہ سب اتفاقی سہی، لیکن غالب کے ذہن کی اندرونی موسیقیت پر دال ہے اور کہنے کی ضرورت نہیں کہ جو حضرات سمجھتے ہیں کہ شعر کے سریع التاثیر پھڑکتے ہوئے آہنگ اور پرکیف معنویت میں صوتیت کی کوئی حیثیت نہیں، انھیں جاننا چاہیے کہ ایسا بھی نہیں، سچ تو یہ ہے کہ آوازیں بولتی بھی ہیں اور آہنگ کو اپنے رنگ میں رنگتی بھی ہیں۔

مقطع کا تہ نشیں جذبہ جس کی تقلیب ہوئی ہے یہ ہے کہ زمانہ اربابِ کمال کا دشمن ہے۔ غالب اس کی نفی خود اپنی تکذیب سے کرتے ہیں جو طنز و تعریض کا خاص پیرایہ ہے کہ ہم نہ تو کسی ہنر میں یکتا تھے نہ دانا تھے ناحق زمانہ نے ہم سے دشمنی کی۔ اصل معانی اس کا معکوس ہیں یعنی یکتائے روزگار اور دانائے راز ہونے کا اثبات کرنا، تبھی تو زمانہ دشمن ہوا کرتا ہے۔" (نارنگ، ص 426-425)

429 نکتہ چیں ہے غمِ دل اُس کو سنائے نہ بنے
کیا بنے بات جہاں بات بنائے نہ بنے (م)

میں بلاتا تو ہوں اُس کو مگر اے جذبۂ دل
اس پہ بَن جائے کچھ ایسی کہ بِن آئے نہ بنے (م)

غیر پھرتا ہے لیے یوں ترے خط کو کہ اگر
کوئی پوچھے کہ یہ کیا ہے تو چھُپائے نہ بنے (م)
430 اس نزاکت کا بُرا ہو وہ بھلے ہیں تو کیا
ہاتھ آویں تو انھیں ہاتھ لگائے نہ بنے (م)
بوجھ وہ سر سے گرا ہے کہ اٹھائے نہ اٹھے
کام وہ آن پڑا ہے کہ بَنائے نہ بنے (م)
عشق پر زور نہیں ہے یہ وہ آتش غالب
کہ لگائے نہ لگے اور بجھائے نہ بنے (م)

''یہ بے پناہ غزل بھی غالب کے تخلیقی وفور کے زمانے کی یادگار ہے۔ منشی نبی بخش حقیر جن کی سخن فہمی کے غالب عاشق تھے، ان کے نام 8 جنوری 1853 کے ایک خط میں اس غزل کا ذکر ہے۔ اہم یہ نہیں کہ یہ غزل کب لکھی گئی، اہم یہ ہے کہ غالب نے اس نہایت اہم اور لطیف اور حرکیات نفی سے لبریز غزل کا پہلا مخاطبِ صحیح نبی بخش حقیر کو سمجھا جن کی نکتہ سنجی اور سخن فہمی کے وہ بہت قائل تھے۔ مرزا نے ان کی نسبت منشی ہرگوپال تفتہ کو ایک فارسی خط میں لکھا تھا ''خدا نے ایک ایسے شخص کو میرے پاس بھیجا جس نے میری اندھیری رات کو روشن کردیا۔ اس نے ایک ایسی شمع روشن کی جس کی روشنی میں میں نے اپنے کلام کی خوبی جو تیرہ بختی کے اندھیرے میں خود میری نگاہ سے مخفی تھی دیکھی۔ میں حیران ہوں کہ اس فرزانۂ یگانہ کو کس درجہ کی سخن فہمی اور سخن سنجی عنایت ہوئی ہے، حالانکہ میں شعر کہتا ہوں اور شعر کہنا جانتا ہوں، مگر جب تک میں نے اس بزرگوار کو نہیں دیکھا یہ نہیں سمجھا کہ سخن فہمی کیا چیز ہے اور سخن فہم کس کو کہتے ہیں... '' (یادگار، ص 82)

یادگار غالب سے شرحیاتی تفہیم غالب تک کے بعد اردو نقد و ادب میں یہ پہلا شعریاتی معجزہ رونما ہوا ہے کہ سب سے بڑے سخنور غالب اور سب سے بڑے سخن فہم دانائے رازمرادی قاری (Implied Reader) جو اپنے عہد کی زبان کے دستور (Code) کے سب سے بڑے ماہر صوتیات، ماہر لسانیات اور ماہر اسلوبیات ہیں، اکیسویں صدی کی

دوسری دہائی کے مابعد جدید تواریخی تناظر میں سخن شناسی، سخن فہمی اور سخن سنجی کے حسین و زریں دورانیہ میں ہم ان کی روح سے نہ صرف غیررسمی مصافحہ بلکہ عینی معانقہ کررہے ہیں۔

نارنگ صاحب کی نکتہ رس اور موشگاف قرأت اور بازقرأت کو ملاحظہ فرمائیں۔

''غالب کے معاصرین میں وہ شعرا جن کو اپنی اردو دانی اور محاورہ بافی پر ناز تھا، ان کی اردو بھی غالب کی اس اردو کے سامنے دکانِ بے رونق نظر آتی ہے۔ غالب کی اس دور کی اردو جو سلاست، روانی اور کاٹ میں چھری کی طرح اور معنی آفرینی و تہ داری میں معشوق کے طُرّہ پُر پیچ وخم کی طرح ہے، بیساختگی اور جزالت میں بھی اپنی مثال آپ ہے۔ اول تو ردیف ہی نفی پیوست ہے سنائے نہ بنے، بنائے نہ بنے، جو عرف عام کی توقع کو رد کرتی ہوئی چلتی ہے اور ہر توقع سے نئی توقع ابھرتی ہے جو لطف و ندرت اور انبساط و نشاط کی راہ کھولتی ہے۔ ایجاز و اختصار بھی ایسا کہ زبان نچڑ جاتی ہے اور صفائی و آبداری بھی ایسی کہ ہر فعل بیساختہ محاورہ کے درجے پر آجاتا ہے۔

''معشوق نکتہ چیں ہے اور بات بات پر بات کاٹتا ہے لیکن ہم بھی غم دل سنائے بغیر نہیں رہ سکتے۔ اس کا بات کاٹنا اور ہمارا اپنی بات کہے بغیر نہ ماننا، گویا پہلے ہی مصرع سے جدلیاتی کشاکش کا منظرنامہ مرتب ہوجاتا ہے،/کیا بنے بات جہاں بات بنائے نہ بنے/ دوسرے مصرع میں فعل بننا تین بار آیا ہے اور متعدی یعنی بنانا اپنے لازم یعنی بننا سے منقلب ہوا ہے۔ کیا بنے بات استفہام انکاری ہے اور بات بنائے نہ بنے نفی درنفی ہے۔ یہ غزل افعال کی صوتی اور معنوی کرشمہ کاریوں کا نگارخانہ ہے۔ میں بلاتا تو ہوں ... بلانا اور آنا میں دو رخا تضاد ہے۔ دوسرے مصرع میں اپنے بلانے کو رد کیا ہے کہ کاش/ اس پہ بَن جائے کچھ ایسی کہ بِن آئے نہ بنے/ یہ اردو ہندی colloquial زبان کی چٹک اور داخلی ساخت ہے، اور اس کی کرشمہ کاری غالب کے جادوئی لمس سے کہاں سے کہاں پہنچ گئی ہے۔ پہلے مصرع کو بھی نظر میں رکھیں تو بلاتا، جذبہ (دل)، بَن (جائے) بِن (آئے) (نہ) بنے، گویا 'ب' کی آواز کی تکرار نفی کی تال پر رقص کناں ہے۔ اگلے شعر میں چھپائے نہ بنے یعنی چھپائے نہ چھپنا، جو حسن کی اداؤں میں وہ خاص ادا ہے جس کا وار خالی نہیں

جاتا۔ معشوق کے خط کی خصوصیت اس کی رازداری میں ہے، اور کشاکش اس رازداری کے افشا میں ہے جو باعثِ رسوائی ہے۔

''اس نزاکت کا برا ہو ... میں کمال یہ ہے کہ نزاکت کے رد سے نزاکت کی داد دی ہے۔ یعنی اُن کا بھلا ہونا ہی بھلا نہ ہونا ہے کہ/ ہاتھ آویں تو انھیں ہاتھ لگائے نہ بنے/ پہلے مصرع میں جس طرح / بھلے ہیں/ کو/ برا ہو/ سے پلٹ دیا ہے، اسی طرح / ہاتھ آویں/ کی تقلیب / ہاتھ لگائے نہ بنے/ سے کی ہے۔ زبان کو سہج اس طرح سے گھما دینا اور لطف معنی کو کہاں سے کہاں پہنچا دینا غالب کے کمالات شعری میں سے ہے۔

''مقطع قول محال پر مبنی ہے اور ضرب المثل کا درجہ اختیار کر چکا ہے کہ آگ یوں تو لگانے سے لگتی اور بجھانے سے بجھتی ہے، لیکن عشق وہ آگ ہے کہ نہ لگانے سے لگتی ہے، اور نہ بجھانے سے بجھتی ہے۔ معمولہ یعنی روایتی تصور کی تقلیب کی ہے کہ یہ آگ کچھ اور ہی آگ ہے۔ غالب کا کلام ترکیب سازی کا اعجاز تو ہے ہی، لیکن جب وہ زمینی colloquial اور بھاشائی عنصر کو ہاتھ لگاتے ہیں تو اس میں بھی جادو بھر دیتے ہیں۔''
(نارنگ، ص 434-436)

430 کہہ سکے کون کہ یہ جلوہ گری کس کی ہے
پردہ چھوڑا ہے وہ اس نے کہ اٹھائے نہ بنے (م)

''پردہ چھوڑنا اور اٹھائے نہ بننا کے حسنِ معنی میں جدلیات نفی کارگر ہے۔ کائنات کو بطور حجاب تصور کرنا روایتاً چلا آتا ہے، گل و رنگ و بہار پردے ہیں، لیکن پردہ اٹھنے نہ اٹھنے کے عین مقامِ نفی سے یہ کہنا کہ/ کہہ سکے کون کہ یہ جلوہ گری کس کی ہے/ معنی کی طرفیں کھولنا اور جواب کو undefined چھوڑ دینا ہے جو غالب کا خاص انداز ہے۔''
(نارنگ، ص 436)

430 بوجھ وہ سر سے گرا ہے کہ اٹھائے نہ اٹھے
کام وہ آن پڑا ہے کہ بَنائے نہ بنے (م)

نارنگ صاحب نے نہ جانے کیوں بظاہر اس معمائی شعر کو نظرانداز کر دیا ہے جبکہ

بباطن یہ سہل ممتنع کی معراج ہے۔ انا کا بوجھ سر کا سب سے بڑا بوجھ ہوتا ہے۔ وفورِ عشق میں آدمی انا سے خالی (شونیہ) ہوجاتا ہے تو اچانک بیکراں سرمستی کے عالم میں پہنچ جاتا ہے اور نہایت فطری طور پر چند لمحوں کے لیے زمین اور زماں (Time and Space) کے بوجھ سے بھی خالی ہوجاتا ہے تو اسی لمحہ کسی بھی نوعیت کے کام کا بوجھ بھی ختم ہوجاتا ہے۔ وہ کام بھی موج، مستی اور ترنگ بن جاتا ہے۔ آدمی متحیر ہوکر محسوس کرتا ہے کہ وہ جنت میں پہنچ گیا ہے۔ حضرت عیسیٰ سے اُن کے حواریوں نے دریافت کیا تھا کہ بہشت کی کیا تعریف ہے؟ انھوں نے برجستہ جواب تھا: There will be time no longer (وہاں وقت نہیں ہوگا)۔

437 دل ہی تو ہے نہ سنگ و خشت درد سے بھر نہ آئے کیوں
روئیں گے ہم ہزار بار کوئی ہمیں ستائے کیوں (م)
دیر نہیں حرم نہیں در نہیں آستاں نہیں
بیٹھے ہیں رہگزر پہ ہم غیر ہمیں اٹھائے کیوں (م)
جب وہ جمالِ دلفروز صورتِ مہرِ نیمروز
آپ ہی ہو نظارہ سوز پردے میں منھ چھپائے کیوں (م)
قیدِ حیات و بندِ غم اصل میں دونوں ایک ہیں
موت سے پہلے آدمی غم سے نجات پائے کیوں (م)
واں وہ غرورِ عزّ و ناز یاں یہ حجابِ پاسِ وضع
راہ میں ہم ملیں کہاں بزم میں وہ بلائے کیوں (م)
438 ہاں وہ نہیں خداپرست جاؤ وہ بے وفا سہی
جس کو ہو دین و دل عزیز اس کی گلی میں جائے کیوں (م)
غالبِ خستہ کے بغیر کون سے کام بند ہیں
روئیے زار زار کیا کیجیے ہائے ہائے کیوں (م)

''ہم برابر دیکھتے آرہے ہیں کہ ایسی رواں دواں زمینوں میں نفی کی حرکیات سے بدیع گوئی کا حق ادا کرنا اور معنی کی طرفیں کھول دینا غالب کا خاصہ ہے۔ کہنے کی ضرورت نہیں کہ سوالیہ /کیوں/ میں شائبہ نفی کا ہے، /کوئی ہمیں ستائے کیوں/ غیر ہمیں اٹھائے کیوں/ یعنی کسی کو ہمیں ستانے کا حق نہیں، یا غیر کو ہمیں اٹھانے کا حق نہیں۔ مطلع میں دل کی افتراقیت سنگ وخشت سے اور رونے کی ستانے سے ہے جس میں رکن دوم کو رد کردیا ہے۔

بیٹھے ہیں رہگزر پہ ہم ... غزل کی شعریات میں ذلت و رسوائی بمنزلہ سعادت کے ہے جو بجائے خود ذلت و رسوائی کی تقلیب ہے۔ دیر، حرم، در، آستاں چاروں میں نسبت نفی ہے جس سے رہگزر کا اثبات نمایاں ہوجاتا ہے۔

جدلیات نفی /نظارہ سوز/ میں ہے، یعنی جب دل کو منور کردینے والا حسن مہرِ نیمروز کی مثال ہو اور شدتِ تابِ حسن سے نگاہیں خیرہ ہوئی جاتی ہوں، تو خیرگیِ نظر بجائے خود پردہ ہے مگر حسن کو پردے کی ضرورت کہاں۔ معنی کا تناؤ / نظارہ سوز/ بمعنی خیرگیِ نظر اور/ پردے/ میں ہے۔

'غم سے نجات پائے کیوں' بمعنی غم سے نجات نہیں پائی جاسکتی۔ یعنی غم لازمۂ حیات ہے۔ مگر غالب کو تو اپنی بات انوکھی وضع سے اور پیچ در پیچ رکھنا ہے۔ چنانچہ پہلے قولِ محال قائم کرتے ہیں، ویسے تو زندگی زندگی ہے اور غم غم، دونوں الگ الگ ہیں لیکن غالب کہتے ہیں کہ زندگی اور غم دونوں ایک ہیں۔ اس کے بعد استدلال لاتے ہیں کہ جب تک انسان زندہ ہے غم سے نجات نہیں پا سکتا۔ غم سے نجات نہ پانے کا رد موت سے کیا ہے۔ شعر جدلیاتی وضع کا کرشمہ ہے۔

واں وہ غرورِ عزّ و ناز ... دونوں مصرعوں میں دو دو مقدمات ہیں اور دونوں ایک دوسرے کی رد تشکیل ہیں۔ کہاں اور کیوں دونوں نفی اساس ہیں۔ راہ میں پاسِ وضع کی وجہ سے نہ ملنا اور غرورِ عزّ و ناز کی وجہ سے بزم میں نہ بلانا دونوں ایک دوسرے کے مدمقابل ہیں اور معنی کو کشاکش میں لے آتے ہیں جو بجائے خود جمالیاتی عمل ہے اور باعث لطف ہے۔

ہاں وہ نہیں خداپرست ... میں خدا پرست اور بے وفا میں تناؤ ہے، اور دین و دل عزیز رکھنے کی نسبت خداپرستی سے ہے جن دونوں کا رد مقصود ہے۔ گلی کی نسبت بے وفا سے ہے جو وجہِ کشاکش ہے۔

مقطع کی تعلّیِ معکوس بھی نفی کا پہلو رکھتی ہے جو وضعِ تعریض ہے۔ ایک طرف غالبِ خستہ ہے، نفیِ مجسم جس کے بغیر کوئی کام بند نہیں۔ دوسری طرف دنیا ہے جس کی آہ و زاری، بے چارگی اور خستگی سے تناؤ کے رشتے میں ہے، ورنہ آہ و زاری سے مانع آنے کی ضرورت ہی کیا تھی۔ شعر کا لطف اس کی نفی اساس تشکیل اور ردتشکیل میں ہے۔'' (نارنگ، ص 436-438)

382 دل سے تری نگاہ جگر تک اتر گئی
دونوں کو اک ادا میں رضامند کرگئی (م)

شق ہوگیا ہے سینہ خوشا لذتِ فراغ
تکلیفِ پردہ داریِ زخمِ جگر گئی (م)

وہ بادۂ شبانہ کی سرمستیاں کہاں
اٹھیے بس اب کہ لذتِ خوابِ سحر گئی (م)

دیکھو تو دلفریبیِ اندازِ نقشِ پا
موجِ خرامِ یار بھی کیا گل کتر گئی (م)

نظارے نے بھی کام کیا واں نقاب کا
مستی سے ہر نگہ ترے رخ پر بکھر گئی (م)

383 مارا زمانے نے اسداللہ خاں تمھیں
وہ ولولے کہاں وہ جوانی کدھر گئی (م)

''غالب 1829 میں کلکتہ سے لوٹنے کے بعد اردو دیوان کی تیاری میں منہمک ہوجاتے ہیں۔ یہ غزل 1833 کی ہے جب متداول اردو دیوان کا انتخاب تقریباً تیار ہے۔ اس زمانے کا کم و بیش ہر شعر انتخاب میں آتا ہے اور کوئی قلمزد نہیں ہوتا۔ اس غزل میں بادۂ

شبانہ کی سرمستیوں اور لذتِ خوابِ سحر کے خیالی پیکرِ عشقِ ارضی کے سیاق میں ہیں۔ مطلع میں دل و جگر دونوں کو رضامند کرنے کا اشارہ ہے۔ معاً بعد سینے کے شق ہوجانے اور زخمِ جگر کے کھلنے کا منظر ہے، تیسرا شعر وہ بادۂ شبانہ ... اس اندوہناک اندرونی کیفیت کو گہراتا ہے۔ اگلا شعر امیج سازی اور حسن کاری کا کرشمہ ہے، اگرچہ نقشِ پا باعث خاک پر ثبت ہونے کے جامد ہے، لیکن غالب نے موجِ خرامِ یار کی رعایت سے اُسے متحرک کردیا ہے۔ نظارے نے بھی کام کیا... استعارہ سازی کی طرفگی میں جواب نہیں رکھتا۔ نظارے کی تقلیب نقاب سے کی ہے جو غالب کے جدلیاتی اندازِ خاص کے مطابق بطورقولِ محال کے ہے۔ اس کا جواز یہ کہہ کر فراہم کیا ہے کہ بقعۂ نور نظروں کو خیرہ کردیتا ہے، یہاں نظارے سے پیدا ہونے والی مستی کا یہ عالم ہے کہ نگاہ رخ پر بکھر گئی ہے اور نظارہ بجائے خود نقاب بن گیا ہے۔ مقطع میں ایک بار پھر اٹھیے بس اب کہ لذتِ خوابِ سحر گئی میں گہری کیفیت یاس ونفی ہے کہ بساط نائے ونوش تہ ہوچکی ہے۔ (نارنگ، ص 404)

386　زندگی اپنی جب اس شکل سے گزری غالب
　　ہم بھی کیا یاد کریں گے کہ خدا رکھتے تھے　(م)

''شعر کا کمال دوسرے مصرعے کی بے ساختگی میں ہے جیسے صدف سے موتی نکل آیا ہو۔ لگتا نہیں لیکن زیریں ساخت میں نفی کارگر ہے کہ کاش کوئی خدا ہوتا تو ہم دکھوں سے بھری ایسی ناقدری کی زندگی تو نہ جیتے۔ 'اس شکل سے گزری' کی ایمائیت اور 'ہم بھی کیا یاد کریں گے' کے احساس محرومی نے شعر میں نشتریت پیدا کردی ہے۔ خدا کا ہونا دلالت کرتا ہے اس کے رحیم و کریم ہونے پر، لیکن اگر ایسا ہے تو پھر کیسے اس نے ہماری کوئی مدد نہ کی۔'' (نارنگ، ص 405)

389　وہ زندہ ہم ہیں کہ ہیں روشناسِ خلق اے خضر
　　نہ تم کہ چور بنے عمرِ جاوداں کے لیے　(م)

''روایت میں جتنے بھی مثالی کردار ہیں، ان سے شعر کے میرافسانہ کا اپنی برتری ثابت کرنا یا ان کی بڑائی کو ردتشکیل کرنا غزل کی شعریات کا لازمہ ہے۔ لیکن غالب نے

اپنی مخصوص شعری منطق (مبنی بہ نفی) سے نرالی بات پیدا کی ہے۔ خضر عمرِ جاوداں رکھتا ہے، یہ روایتاً تو سچ سمجھا جاتا ہے لیکن دراصل ایسا نہیں ہے (کیونکہ دکھائی نہیں دیتا) اور ہم کہ فانی ہیں یعنی نہیں ہیں، لیکن اصل میں ہیں اس لیے کہ دکھائی دیتے ہیں۔ گویا انسان کے مقابلے پر خضر کے چور ہونے کا جواز پیدا ہوگیا، اور وہ بھی آج یا کل کے لیے نہیں بلکہ عمرِ جاوداں یعنی ہمیشہ کے لیے۔ انسان جو محدود حیات فانی رکھتا ہے منطق شاعرانہ سے خضر پر اس کی برتری ثابت کرنے سے مضمون میں ندرت و طرفگی پیدا ہوگئی۔'' (نارنگ، ص 403-405)

392 لاکھوں لگاؤ ایک چرانا نگاہ کا
لاکھوں بناؤ ایک بگڑنا عتاب میں (م)

''لاکھوں لگاؤ... ہم پہلے اشارہ کر آئے ہیں کہ اس شعر کا شمار حالی نے غالب کے ان اشعار میں کیا ہے جن کو زبان و بیان کا کرشمہ کہنا چاہیے۔ حالی لکھتے ہیں: ایک دفعہ کہیں آزردہ نے یہ شعر سنا اور وجد کرنے لگے، ''متعجب ہوکر پوچھا، یہ کس کا شعر ہے، کہا گیا مرزا غالب کا۔'' چونکہ وہ مرزا کے فقط صاف اور سریع الفہم اشعار کو پسند کرتے تھے اور اکثر ان کا کلام سن کر الجھتے تھے اور ان کی طرز کو نام رکھتے تھے، غالب کا نام سن کر فرمایا۔ ''اس میں مرزا کی کیا تعریف ہے، یہ تو خاص ہماری طرز کا شعر ہے۔'' (یادگار، ص 134) پری گارنا لکھتی ہیں، ''سچ پوچھیے تو یہی شعر ہم کو مبہم اور پیچیدہ دکھائی دیتا ہے، لیکن حالی اس کو سہل ممتنع کی ایسی عمدہ مثال قرار دیتے ہیں جس سے آزردہ بھی دھوکا کھا گئے۔ (پری گارنا، ص 133) حالی لکھتے ہیں ''دوست کی لاکھوں لگاوٹیں ایک طرف اور ایک نگاہ کا چرانا ایک طرف ... اگر الفاظ کی طرف دیکھیے تو تعجب ہوتا ہے کہ کیونکر ایسے دو ہم پلہ مصرع بہم پہنچ گئے جن میں حسنِ ترصیع کا پورا پورا حق ادا کیا گیا ہے۔'' (یادگار، ص 134)

عاشق و معشوق کی نفسیات اور اس کی تصویر کشی برحق، دو ہم پلہ مصرعوں کا بہم پہنچنا اور حسنِ ترصیع کی جو داد حالی نے دی ہے وہ بھی جواب نہیں رکھتی، لیکن مسئلہ ذرا ہٹ کے بھی ہے۔ اس تبصرہ کے آخر میں حالی نے یہ بھی لکھا ہے اور صحیح لکھا ہے ''مگر فی الحقیقت یہ شعر

بھی معناً و لفظاً ویسا ہی اچھوتا اور نرالا ہے جیسا کہ مرزا کا تمام کلام کسی سے میل نہیں کھاتا۔ جہاں تک کہ ہم کو معلوم ہے یہ اسلوب بیان آج تک اس عمدگی کے ساتھ کسی کے کلام میں نہیں دیکھا گیا۔'' (ایضاً، ص 134)

ہمارا مسئلہ بس اس اسلوب بیان یا اس کے نرالے پن یعنی مرزا کی طرفگی خیال یا تخلیقی عمل کے اس پیرایے یا نہج کو سمجھنا ہے کہ جس کے چھوتے ہی خیال اچھوتا یا بیان نرالا اور انوکھا ہوجاتا ہے، اور وہ چراغانِ معنی ممکن ہوجاتا ہے جس کی داد حالی نے دی ہے۔ شعر کی خوبی حدِ بیان سے باہر ہے، اس کا ذکر ہم پہلے بھی کر آئے ہیں۔ اس کا مزید تجزیہ کرنا اس کی لطافت کا خون کرنا ہے۔ سردست بس اتنا غور کرلینا کافی ہے کہ شعر میں معنی آفرینی کی جو پرلطف فضا دو اسمائے فعلیہ 'لگاؤ' اور 'بناؤ' اور ان کے تلازمات شعری کے مابین کشاکش اور تناؤ کی جدلیاتی حرکیات سے وجود میں آئی ہے، کیا وہ کسی اور (شعوری/ لاشعوری) شعریاتی تخلیقی عمل سے ممکن ہے؟'' (نارنگ، ص 409-407)

428 نے تیرِکماں میں ہے نہ صیاد کمیں میں
گوشے میں قفس کے مجھے آرام بہت ہے　(م)

''قول محال کے بارے میں یاد دلانے کی ضرورت نہیں کہ ایسا انوکھا قول جو اپنی نفی یا نفی کی نفی پر مبنی ہو لیکن در پردہ منطق شاعرانہ کی رو سے صحیح ہو یا صحیح معلوم ہو۔ شاعری میں سارا کمال اسی انوکھی شعری منطق یا دلیل لانے کا ہے، اور غالب اسی میں اپنا ثانی نہیں رکھتے۔ ہرکس و ناکس آزادی کا خواہاں ہے، قفس آزادی اور آرام کی نفی ہے۔ قول محال قائم کرنے کے لیے غالب پہلے تو اس نفی کی نفی کرتے ہیں یعنی قفس جو قید اور تکلیف کی جگہ ہے، اس کو آرام کی جگہ قرار دیتے ہیں۔ اور شاعرانہ منطق سے جواز یوں لاتے ہیں کہ آرام کی جگہ اس لیے کہ قفس میں نہ تو صیاد کا ڈر ہے اور نہ تیر کا۔ اس لیے قفس کی قید باعثِ رنج و محن نہیں بلکہ باعثِ آرام و سکون ہے۔ یہ وہی رنج کو رنج سے اور درد کو درد سے رد کرنے یعنی بے اصل قرار دینے والی بات ہے۔ غور طلب ہے کہ غالب کے یہاں جدلیات نفی کا تفاعل ان کی شعری عدم تقلید یعنی روشِ عام سے ہٹ کر چلنے کی خواہش کا

نتیجہ ہے یا خود اس کا جوہر ان کی افتاد ذہنی میں پیوست ہے، یا شاید دونوں ہی ہیں کہ دونوں ایک دوسرے کا حصہ ہیں۔'' (نارنگ، ص 433)

423 گرچہ ہوں دیوانہ پر کیوں دوست کا کھاؤں فریب
آستیں میں دشنہ پنہاں ہاتھ میں نشتر کھلا (م)

''جیسا کہ پہلے کہا گیا غالب اکثر شعری تشکیل کو حرکیات نفی سے برقیا دیتے ہیں۔ کہتے ہیں اگرچہ دیوانہ ہوں لیکن دوست کا فریب کیوں کھاؤں۔ یہاں لفظ دیوانہ سے بھی مقصود دیوانہ پن نہیں بلکہ یک گونہ فرزانگی ہے، جبکہ وہ دوست بھی جس کا فریب کھانا منظور نہیں شاطر ہونے میں کم نہیں، یعنی ہاتھ میں تو فقط نشتر کھلا ہے (غمزہ و ادا کا) لیکن آستیں میں دشنہ پنہاں ہے (حسن کی جلوہ سامانی کا)۔ کھلا اور پنہاں کی کشاکش سے امیج کہاں سے کہاں پہنچ گیا، مصرع چلتا ہوا جادو بن گیا ہے۔ دوست کی جدلیت اساس تصویرکشی میں محبوب کی فریب کاری کے تئیں طنز کی کرشمہ کاری اور دیوانگی کی ہشیاری کے خیالی پیکر اپنا جواب نہیں رکھتے۔'' (نارنگ، ص 430-429)

406 مقدور ہو تو خاک سے پوچھوں کہ اے لئیم
تو نے وہ گنج ہائے گرانمایہ کیا کیے (م)

''گنج ہائے گرانمایہ اور خاک میں قطبینیت ظاہر ہے۔ خاک نے خزانوں کو مٹی میں رول دیا یا پنہاں کردیا یا چھپا دیا۔ اسی لیے خاک کو لئیم کہا گیا ہے۔ لئیم کی دوہری نسبت خاک سے اور تخالف گنج سے ظاہر ہے جس نے شعر کو شعر بنادیا ہے۔ یہ موضوع پہلو بدل بدل کر کئی اشعار اور خطوط میں بھی آیا ہے کہ یہ زمین کیسے کیسے گل اندام پری پیکروں اور مہ وشوں کو نگل گئی اور اُن کا نام و نشان بھی مٹا دیا۔'' (نارنگ، ص 424)

448 قطرے میں دجلہ دکھائی نہ دے اور جُزو میں کُل
کھیل لڑکوں کا ہوا دیدۂ بینا نہ ہوا (م)

''یہ شعر 'عشرتِ قطرہ ہے دریا میں فنا ہوجانا' کی قبیل کا ہے لیکن منطق معکوس ہے، یعنی اس میں روایتی نظریۂ فنا (مایا) کو subvert کیا ہے اور نفی کی نفی کرتے ہوئے اثبات

قطرہ کا کیا ہے نہ کہ دریا کا، کہ دیدۂ بینا (یا عرفان/گیان کی آنکھ) وہ ہے جو قطرے میں دریا کو اور جُزو میں کُل کو دیکھ سکے، یعنی موجود میں ناموجود کا تصور کرسکے۔ شعر کا لطف ادراکِ حقیقت کے انوکھے زاویے اور دیدۂ بینا کے چیلنج میں اور فنا کی نفی میں ہے، یعنی یہاں پیش منظر میں قطرہ یا جُزو ہے اور اسی کی آگہی مقدم ہے۔ یہ روایتِ عام کی ردتشکیل ہے۔''

449 لاگ ہو تو اُس کو ہم سمجھیں لگاؤ
جب نہ ہو کچھ بھی تو دھوکا کھائیں کیا (م)

''لاگ' اور 'لگاؤ' دونوں لگنا سے ہیں۔ غالب کا کمال ہے کہ ان کا ذہن حاضر و غائب کئی کئی معنی کا بیک وقت تصور کرلیتا ہے اور سامنے کے سادہ سے لفظ کوشق کرکے وہ جس طرح اس کو دوطرفہ گھما دیتے ہیں، یا دوطرفگی پیدا کردیتے ہیں، دیکھنے سے تعلق رکھتا ہے۔ لاگ بمعنی چھیڑ چھاڑ، لگاؤ بمعنی تعلقِ خاطر۔/لاگ ہو تو اس کو ہم سمجھیں لگاؤ/ ہم صوتیت کا بھی اپنا لطف ہے لیکن جس طرح نفی کو مبدل بہ توقع کیا ہے، اور پھر اگلے مصرع میں نفی کی نفی کی ہے، نہ صرف نکتہ آفرینی کا حق ادا ہوگیا ہے، شعر سحر و اعجاز کے رتبے پر پہنچ گیا ہے۔'' (نارنگ، ص 444-443)

398 نہ تھا کچھ تو خدا تھا کچھ نہ ہوتا تو خدا ہوتا
ڈبویا مجھ کو ہونے نے نہ ہوتا میں تو کیا ہوتا (م)

''عجب و غریب شعر ہے۔ یہ بھی ان اشعار میں ہے جن پر سہل ممتنع ہونے کا دھوکا ہوتا ہے۔ شعر میں چار ٹکڑے ہیں، چاروں نفی اساس ہیں اور چاروں مل کر اس حرکیات کی تشکیل کرتے ہیں جو معنی کو پہلو در پہلو کھول دیتی ہے۔ پہلا ٹکڑا بیانیہ ہے کہ جب کچھ بھی نہیں تھا تو خدا تھا۔ دوسرے ٹکڑے میں اسی قول کو بالا قرار پلٹ دیا ہے کہ اگر کچھ نہ ہوتا تو خدا ہوتا۔ ایک حقیقت سامنے آگئی جس سے انکار ممکن نہیں۔ اب اسی مسئلہ کو پلٹ کر کہ اگر کچھ نہ ہوتا تو خدا ہوتا، غالب سوال اٹھاتے ہیں کہ نہ ہوتا میں تو کیا ہوتا؟ میں کی نسبت کچھ سے ہے۔ جب طے ہے کہ کچھ نہ ہوتا تو خدا ہوتا، پس لازم آیا کہ میں نہ ہوتا تو خدا

ہوتا۔ یعنی 'کچھ' ہونے یا انسان ہونے کی مشکل سے بچ جاتا۔ شعر میں 'ہونا' (to be) کی فعلیہ شکلیں پانچ بار آئی ہیں جس سے معمائی کیفیت پیدا ہوگئی ہے جو بجائے خود ابداع و نادرہ کاری کی کُنہ ہے۔ دیکھا جائے تو 'تھا' بھی 'ہونا' ہی کی قبیل سے ہے (بطور ماضی)۔ اس طرح پہلے چار بار اور پھر تین بار۔ لطف کا ایک پہلو یہ ہے کہ پہلے مصرع میں 'ہونا' 'کچھ' کے ساتھ اور دوسرے میں ہونا 'میں' یا 'مجھ' کے ساتھ آیا ہے۔/کچھ نہ ہوتا// میں نہ ہوتا/ مقابل ہے/خدا ہوتا/ کے۔ پس لازم آیا کہ خدا کچھ نہ ہونے کا بدل ہے۔ اتنا معلوم ہے کہ بالکل کچھ نہ ہونا شونیہ ہے۔ منطقی طور پر انسانی ذہن زیادہ سے زیادہ شونیہ تک ہی جاسکتا ہے۔ (اور یہی عینِ آگہی اور احساسِ آزادی ہے)۔'' (نارنگ، ص 416-415)

397 یہ نہ تھی ہماری قسمت کہ وصالِ یار ہوتا
اگر اور جیتے رہتے یہی انتظار ہوتا (م)

ترے وعدے پر جیے ہم تو یہ جان جھوٹ جانا
کہ خوشی سے مر نہ جاتے اگر اعتبار ہوتا (م)

398 کوئی میرے دل سے پوچھے ترے تیرِ نیم کش کو
یہ خلش کہاں سے ہوتی جو جگر کے پار ہوتا (م)

غم اگرچہ جاں گُسل ہے پہ کہاں بچیں کہ دل ہے
غمِ عشق گر نہ ہوتا غمِ روزگار ہوتا (م)

کہوں کس سے میں کہ کیا ہے شبِ غم بری بلا ہے
مجھے کیا برا تھا مرنا اگر ایک بار ہوتا (م)

''یہ سب غزلیں جن کا ذکر آرہا ہے متداول دیوان کے دوسرے ایڈیشن کے آس پاس کی ہیں جو 1847 میں شائع ہوا۔ یہ وہ زمانہ ہے جب غالب کی تخلیقی زندگی مہرِ نیمروز کی مثال پیش کررہی ہے۔ اسی زمانے میں غالب اپنا پہلا اردو خط تفتہ کو لکھتے ہیں (1847)۔ نبی بخش حقیر سے اردو خط کتابت بھی اسی زمانے میں شروع ہوتی ہے (1848)۔ کلیاتِ نظمِ فارسی چھپ چکا ہے (1845)۔ فارسی نثر کی کتاب پنج آہنگ آنے

والی ہے (1849)۔ غالب کی شہرت اور قبولیت روز افزوں ہے۔ اور اگلے برس 1850 میں قلعہ معلیٰ سے نجم الدولہ دبیر الملک نظام جنگ کا خطاب بھی عطا ہونے والا ہے، لیکن یہ رونق چند روزہ ہے کہ 1857 میں تاریخ ایک انتہائی درخشاں اور یادگار دور پر پردہ گرانے والی ہے اور یہ شمع بھڑک کر بجھ جانے والی ہے۔ تاہم یہ زمانہ مرزا کے اردو کی طرف ایک بار پھر متوجہ ہونے اور اردو کے ذریعے اپنی تخلیقی عظمت کی بلندیوں کو چھونے کا بھی ہے۔

اردو کے جس جمالیاتی وفور، لوچ اور رچاؤ کی طرف پہلے اشارہ کیا گیا وہ اس دور کی اکثر غزلوں میں ملتا ہے۔ عشق کی نارسائی اور شکستِ آرزو کی کیفیت مندرجہ بالا پوری غزل میں جاری و ساری ہے جسے ردیف ہوتا (انتظار ہوتا، اعتبار ہوتا، جگر کے پار ہوتا) نے عدمِ تکمیل کے احساس کی داخلی وحدت کے گلدستے میں باندھ دیا ہے جو بجائے خود نفی اساس اور مبنی بر کسک ہے۔ پوری غزل میں مکالمے کا آہنگ ہے۔ مزے کی بات ہے کہ غزل کی جملہ ساخت میں کلمۂ شرطیہ ''اگر'' یا اس کا مرادف ''گر'' یا ''جو'' بار بار آئے ہیں جن سے آرزو اور شکست آرزو کی کیفیت گہری ہوگئی ہے۔'' (نارنگ، ص 415-414)

443 ہزاروں خواہشیں ایسی کہ ہر خواہش پہ دم نکلے
بہت نکلے مرے ارمان لیکن پھر بھی کم نکلے (م)

444 ہوئی جن سے توقع خستگی کی داد پانے کی
وہ ہم سے بھی زیادہ خستۂ تیغِ ستم نکلے (م)

محبت میں نہیں ہے فرق جینے اور مرنے کا
اُسی کو دیکھ کر جیتے ہیں جس کافر پہ دم نکلے (م)

444 کہاں میخانے کا دروازہ غالب اور کہاں واعظ
پر اتنا جانتے ہیں کل وہ جاتا تھا کہ ہم نکلے (م)

''یہ ایک اور لاجواب غزل ہے جس کے لفظ چلتا ہوا جادو ہیں۔ اس میں تاکید ایسے اسمیہ افعال پر ہے جو/ نکلنا/ سے مل کر بنے ہیں، چنانچہ جدلیات نفی میں بھی زیادہ تفاعل ان تصورات کا ہوگا جو 'نکلے' کے لاحقے کی مدد سے منقلب ہوں گے، دم نکلے، کم نکلے، پیچ وخم

نکلے، خستۂ تیغِ ستم نکلے۔ مطلع حسنِ بیان کے اعتبار سے عدیم المثال ہے۔ پہلے مصرع میں خواہشوں کی کثرت کا ذکر کیا ہے کہ ہر خواہش ایسی ہے کہ جان نکلتی ہے۔ دم نکلے، کم نکلے، دونوں فعلیہ محاورے ہیں۔ دیکھا جائے تو خواہش زندگی کا استعارہ ہے، دم نکلے زندگی کی نفی ہے۔ لیکن لطفِ بیان کی کلید دوسرے مصرعے میں ہے اور اس میں فعل نکلے نکلے کی نفی مملو تکرار بھی ہے، یعنی / بہت نکلے مرے ارمان/ لیکن پھر بھی کم نکلے/ اس 'کم نکلے' میں نفی کی ذرا سی چھوٹ نے شعر کو کہاں سے کہاں پہنچا دیا ہے۔

یہاں بھی پہلے توقع باندھی گئی ہے، پھر بدلیل اس کا رد کیا ہے، یعنی وہ ہمارے حال پُر ملال کی داد کیا دیں گے، وہ ہم سے بھی زیادہ جور و جفائے زمانہ کا شکار نکلے۔ نکلے میں کچھ انکشاف کی کیفیت بھی ہے جو توقع کو پلٹنے میں مدد دیتی ہے۔ یہاں ردِ تشکیل / ہم/ کی نہیں بلکہ/ جن/ کی ہے۔

جینا اور مرنا دونوں ایک دوسرے کی نفی ہیں، محبت اس نفی کی نفی ہے یعنی محبت میں جینے اور مرنے کا فرق نہیں رہتا۔ یہ بمنزلہ قول محال ہے یا بطور معمہ۔ حل دوسرے مصرع میں ہے شعری منطق کے بل پر جو کارگر ہی تبھی ہوسکتی ہے جب نفی اساس ہو۔ محبت میں جینے مرنے کا فرق کالعدم اس لیے ہوجاتا ہے کہ/ اُسی کو دیکھ کر جیتے ہیں// جس کافر پہ دم نکلے/۔

مقطع زبان کی تقلیب اور فعل کو پلٹ دینے کا معجزہ ہے۔ پہلا مصرع جو 'کہاں' سے شروع ہوتا ہے بطور چیستاں ہے اور دوسرا جو 'پر' (اتنا جانتے ہیں) سے شروع ہوتا ہے، وہ بطور حل ہے:

(کہاں) میخانے کا دروازہ	: :	اور	(کہاں) واعظ
(کل) وہ جاتا تھا	: :		(کہ) ہم نکلے

'جاتا' اور 'نکلے' جیسے معمولی لفظوں سے غالب نے ابداع کا جو کمال دکھایا ہے اور شعر میں شوخی کی جو ترنگ بھر دی ہے اور طنز کی جو چٹکی لی ہے وہ غالب ہی کا حق ہے۔'' (نارنگ، ص 441-440)

447 درد مِنّت کشِ دوا نہ ہوا
میں نہ اچھا ہوا برا نہ ہوا (م)
ہے خبر گرم ان کے آنے کی
آج ہی گھر میں بوریا نہ ہوا (م)
کیا وہ نمرود کی خدائی تھی
بندگی میں مرا بھلا نہ ہوا (م)
جان دی دی ہوئی اُسی کی تھی
حق تو یوں ہے کہ حق ادا نہ ہوا (م)

''آخری حصہ کی ان غزلوں میں کوئی شعر قلمزد نہیں ہوتا، ہر شعر انتخاب اور لاجواب ہے۔ اچھا ہونا کون نہیں چاہتا۔ درد دوا کے لیے ہے اور دوا درد کے لیے۔ درد کا دوا سے اچھا ہونا، درد کا روایتی مفہوم ہے۔ معلوم ہے کہ روایتی معنی محدود اور اکہرا ہوتا ہے۔ غالب کی روشِ خاص روایتی یعنی معمولہ معنی (یا کلیشے) کی تحدید کو توڑنے یا چیلنج کرنے کی ہے، تاکہ نئی اور انوکھی بات کا در وا ہو۔ نفی کی حرکیات سے سامنے کی بات میں پیچ پڑ جاتا ہے یا آویزش پیدا ہوتی ہے جو بجائے خود معنی کی نادرہ کاری کا در کھولتی ہے۔ یاد رہے معنی کی دیریابی اس کی دُریابی ہے۔ غالب کہتے ہیں/ میں نہ اچھا ہوا برا نہ ہوا/ بظاہر قولِ محال ہے، بات اتنی نہیں کہ تخالف اچھا اور برا میں ہے، نفیِ سادہ دو جگہ ہے جس نے مصرع کو سادہ نہیں رہنے دیا۔ ذرا نفی کو ہٹا کر پڑھیں:

میں نہ اچھا ہوا	=	تکلیف میں رہا
برا نہ ہوا	=	اچھا ہوا

کلمۂ نفی کے ہٹا دینے سے جملہ صاف ہوگیا، اشکال جاتا رہا۔ لیکن ساتھ ساتھ معنی کی ندرت اور شعریت بھی غائب ہوگئی اور معنی محدود، اکہرا یعنی بے جان اور سپاٹ ہوگیا۔ نفی اساس حرکیات بدیع گوئی میں کیسی کیسی طلسم کاری کرتی ہے اس کا جیسا شعوری و لاشعوری احساس غالب کو تھا یا جیسا ہم اشارہ کرتے آئے ہیں کہ جس طرح یہ غالب کی

افتادِ ذہنی میں بطور جوہر کے جاگزیں ہے وہ غالب ہی کا حصہ ہے۔ وہ کس طرح اس کے ذرا سے مس سے سامنے کی بات کو پلٹ کر انوکھے سے انوکھے پہلو کو سامنے لے آتے ہیں اور معمائی کیفیت پیدا کر دیتے ہیں، دیکھنے سے تعلق رکھتا ہے۔ درد کا دوا سے اچھا ہو جانا کوئی غیر معمولی واقعہ نہیں لیکن اس کو پلٹ کر غالب غیر معمولی نکتہ پیدا کرتے ہیں کہ چلو اچھا ہوا کہ منت کش دوا نہ ہونا پڑا۔ لطافت کا ایک پہلو یہ بھی ہے کہ پہلے مصرع کو بطور امر واقعہ اور دوسرے کو بطور توجیہہ یا اس کے بالعکس بھی پڑھ سکتے ہیں۔ معمولی لفظوں کی اشاریت حرکیاتِ نفی کے ساتھ مل کر شعر کو معنی کی ایسی پھلجھڑی بنا دیتی ہے کہ شرار جھڑنے لگتے ہیں۔ پھلجھڑی تو لمحہ بھر کو جل کر بجھ جاتی ہے، یہاں کرشمائی چمک متن کی معنی پروری کے ساتھ بار بار یعنی قرأت در قرأت پیدا ہوتی ہے۔ یہ جادو نہیں تو کیا ہے۔ (تبھی تو غالب کہتے ہیں میں نے کیا کیا جگر کاوی نہیں کی کیسا ظلم ہے کہ زمانہ نے داد نہیں دی۔ ایک جگہ بطور زہر خند لکھا ہے، بادشاہ نے آج داد دی، کہا مرزا تم پڑھتے خوب ہو!)

''غزل کی ردیف میں نفی جاری و ساری ہے، گلا نہ ہوا، بے مزا نہ ہوا، بھلا نہ ہوا وغیرہ۔ ہے خبر گرم ... پہلے مصرع میں توقع ہے، دوسرا مصرع / آج ہی گھر میں بوریا نہ ہوا/ اس کا رد ہے، اور حالات کی ستم ظریفی لطف و انبساط کا در کھول دیتی ہے۔ بندگی میں بھلا ہونا برحق ہے، خدا معبود ہے اور بندہ عبد۔ بندگی میں بھلا نہ ہونے سے خدائی کا رد لازم آتا ہے، نمرود کی خدائی کہہ کر نفی پر طنز کی دھار رکھ دی ہے۔/ جان دی، دی ہوئی اُسی کی تھی/ امر واقعہ ہے، لیکن غالب نے دی/ دی کے متخالف استعمال سے شعر میں معمائی فضا پیدا کر دی ہے، بعینہ دوسرے مصرع /حق تو یوں ہے کہ حق ادا نہ ہوا/ میں حق کی نفی حق سے کر کے بدیع گوئی کا حق ادا کر دیا ہے۔ ہر ہر شعر طرب انگیز ہے۔'' (نارنگ، ص 443-442)

449 کسی کو دے کے دل کوئی نواسنجِ فغاں کیوں ہو
نہ ہو جب دل ہی سینے میں تو پھر منھ میں زباں کیوں ہو (م)

وہ اپنی خُو نہ چھوڑیں گے ہم اپنی وضع کیوں چھوڑیں
سُبک سر بن کے کیا پوچھیں کہ ہم سے سرگراں کیوں ہو (م)

وفا کیسی کہاں کا عشق جب سر پھوڑنا ٹھہرا
تو پھر اے سنگ دل تیرا ہی سنگِ آستاں کیوں ہو (م)

''یہ غزل بھی نبی بخش حقیر کے ایک خط میں ملتی ہے (1854)۔لگتا ہے ان کی سخن فہمی غالب کی شعرگوئی کے لیے باعثِ تشویق تھی۔ کسی کو دل دے دینے کے بعد آہ و فغاں کرنا مناسب نہیں۔لیکن غالب انوکھی دلیل لاتے ہیں کہ جب سینے میں دل نہیں ہے تو پھر منھ میں زبان بھی نہیں ہونا چاہیے۔ زبان ذومعنیین ہے۔ کیوں ہو بمعنی نہیں ہو۔نفی در نفی کی بیساختگی بات سے بات پیدا کررہی ہے۔

خُو بالمقابل ہے وضع کے اور سبک سر بالمقابل ہے سرگراں کے، کیا /کیوں/ سب شائبۂ نفی رکھتے ہیں۔

سنگ دل، سنگِ آستاں، سر پھوڑنا سب میں لطفِ مناسبت ہے۔لیکن/کیسی/کہاں/ کیوں/ جملہ سوالیہ الفاظ مضمرنفی کے حامل ہیں۔ پہلے مصرع میں/ وفا کیسی/ کہاں کا عشق/ کے بالمقابل/سنگ دل/ سنگِ آستاں/ ہیں جن میں رشتہ رد کا ہے۔ جب تعلقِ خاطر ہی نہیں تو پھر سنگِ آستاں بھی تمہارا کیوں، اس سے تو تعلق ہی ظاہر ہوگا جبکہ مقصود مکمل قطع تعلق ہے۔غزل کی استفہامیہ فضا نے بھی طرفوں کو کھولنے میں مدد دی ہے۔'' (نارنگ، ص 444-445)

450 قفس میں مجھ سے رودادِ چمن کہتے نہ ڈر ہمدم
گری ہے جس پہ کل بجلی وہ میرا آشیاں کیوں ہو (م)

غلط ہے جذبِ دل کا شکوہ دیکھو جرم کس کا ہے
نہ کھینچو گر تم اپنے کو کشاکش درمیاں کیوں ہو (م)

یہ فتنہ آدمی کی خانہ ویرانی کو کیا کم ہے
ہوئے تم دوست جس کے دشمن اُس کا آسماں کیوں ہو (م)

''ظاہر ہے کہ یہاں بھی کیوں ہو میں پنہاں نفی ہے، یعنی نہیں ہے یا نہیں ہونا چاہیے۔شعر کے کئی کئی معنی ماہرین نے بیان کیے ہیں، لیکن حق بات ہے کہ وہ تمام معنی

/... وہ میرا آشیاں کیوں ہو/ کی نفی استفہامیۂ مضمر نے پیدا کیے ہیں۔ اول تو آشیاں قفس سے نفی کے رشتے میں ہے کہ اب میں قفس میں ہوں، میرا آشیاں یہی ہے۔ دوم یہ کہ آشیاں تو اور بھی بہت سے ہیں، کیا ضرور کہ بجلی میرے ہی آشیاں پہ گری ہو۔ اس میں irony کا پہلو ہے، ہرچند کہ توقع یہ ہے کہ/ وہ میرا آشیاں کیوں ہو/ لیکن نفی مضمر یعنی دل کی دھڑکن تو یہی کہہ رہی ہے کہ وہ آشیاں میرا ہی ہے۔ اگلے شعر میں کھینچو کو دو رخے فعل کے طور پر برتا ہے جس میں قطبینیت ہے جو باعث کشاکش ہے۔

یہ فتنہ آدمی کی خانہ ویرانی ... شعر کی جان دوسرا مصرع ہے جو دوست کے معمولہ تصور کی ردتشکیل کرتا ہے۔ لیکن فضا پہلے مصرع سے بنتی ہے اور اس میں دو مسئلے ہیں، /فتنہ/ اور (آدمی کی) / خانہ ویرانی/ فتنہ کی مناسبت دوست سے ہے بر بنائے طنز جو نفی اساس ہے، اور خانہ ویرانی کی مناسبت دشمن سے ہے۔ روایت کی رو سے آسمان دشمن ہے۔ شعر کا لطف اس میں ہے کہ ضمیر تم (فتنہ) کو طنزاً دوست کہہ کر دوستی کی نفی اس حد تک کی ہے کہ آسمان کی دشمنی بھی اس کے سامنے ہیچ ہے۔ معنی کے وفور کا یہ عالم ہے کہ دوسرا مصرع جو قول محال کے درجہ پر ہے زبان میں محاورہ بن چکا ہے۔'' (نارنگ، ص 446-442)

392 رَو میں ہے رَخشِ عمر کہاں دیکھیے تھمے
نے ہاتھ باگ پر ہے نہ پا ہے رکاب میں (م)
اتنا ہی مجھ کو اپنی حقیقت سے بُعد ہے
جتنا کہ وہمِ غیر سے ہوں پیچ و تاب میں (م)
اصل شہود و شاہد و مشہود ایک ہے
حیراں ہوں پھر مشاہدہ ہے کس حساب میں (م)
ہے مشتمل نمودِ صُوَر پر وجودِ بحر
یاں کیا دھرا ہے قطرہ و موج و حباب میں (م)
393 شرم اک ادائے ناز ہے اپنے ہی سے سہی
ہیں کتنے بے حجاب کہ ہیں یوں حجاب میں (م)

آرائشِ جمال سے فارغ نہیں ہنوز
پیشِ نظر ہے آئنہ دائم نقاب میں (م)
ہے غیبِ غیب جس کو سمجھتے ہیں ہم شہود
ہیں خواب میں ہنوز جو جاگے ہیں خواب میں (م)

''اس نہایت عمدہ غزل کے ان تمام اشعار میں حقیقت کے کسی نہ کسی پہلو پر نظر ڈالی گئی ہے۔ پہلے شعر میں زمان کا تصور ایک بے قابو مرکب کے طور پر کیا ہے اور دوہری نفی یعنی/ نے ہاتھ باگ پر ہے نہ پا ہے رکاب میں/ سے عمر کے سیلِ رواں کی شہ زوری اور تندی کا اثبات کیا ہے۔

اتنا ہی مجھ کو ... میں وجود کو وہمِ غیر کے مماثل قرار دیا ہے، اور حقیقت سے بے خبری کو پیچ و تاب کے۔ دونوں مقدمے نفی اساس ہیں، یعنی یہ کہ انسان اپنی حقیقت سے بیگانۂ محض ہے۔

اصل شہود و شاہد و مشہود... اس نوع کے اشعار کو اکثر غالب کی تشکیک کے طور پر پیش کیا جاتا ہے جبکہ اگر مسئلہ رد در رد کا ہو تو تشکیک بھی کس کی۔ یہاں تو مطلقیت ہی منہدم ہے۔ اول یہ کہ استفہام، استفہامِ انکاری ہے، پہلے مصرع میں شہود و شاہد و مشہود تینوں کے معمولہ تصور کو رد کیا ہے اور اگر یہ تینوں ایک ہیں یعنی تمام عالمِ موجودات بطور وحدت موجود ہے یعنی ان تینوں کی اصل ایک ہے تو مشاہدہ کا الگ وجود (مبنی بر ثنویت) از خود ردتشکیل ہوگیا، یعنی جب شاہد و مشہود و شہود میں مغائرت ہی نہیں تو مشاہدہ کیا معنی رکھتا ہے جس کی وجودی صوفیا یا مایاوی ویدانتی تلقین کرتے ہیں۔

ہے مشتمل نمودِ صُوَر ... میں بھی قطرہ و موج و حباب یعنی کثرت آرائی عالم کے بارے میں سوال اٹھایا ہے کہ اگر وجودِ بحر قائم بر نمودِ صُوَر ہے تو قطرہ و موج و حباب کی کیا حقیقت ہے۔ یہ وہی شونیتا مماثل منطق سے ملتا جلتا پیچ ہے کہ ہر شئے کسی دوسری شے پر قائم ہے اس لیے بے اصل (شونیہ) ہے، دوسرے لفظوں میں شئے کی اصل معلوم نہیں۔

شرم کی نسبت حجاب سے ہے۔ عرفِ عام میں حجاب وجہِ مغائرت ہے۔ غالب کا

ذہن رسا اس تصور کو رد تشکیل کرتے ہوئے کہتا ہے کہ شرم چونکہ ادائے ناز ہے، اپنے آپ سے بھی ہوسکتی ہے، اس لیے دیکھا جائے تو بے حجابی بھی دراصل حجاب کا پہلو رکھتی ہے، مضمون کی ندرت معمولہ معنی کی تقلیب میں ہے۔

یہ شعر ارتقائے انسانی اور دورانِ زماں پر دال ہے کہ کہیں نہ کہیں پر تو نقطۂ تکمیل ہوگا۔ لیکن غالب اس توقع کو بھی subvert کردیتے ہیں کہ آرائشِ جمال یا تکمیلِ کائنات ایک دائمی عمل ہے جو آنکھوں سے اوجھل ہے اور ہر تکمیل گویا عدمِ تکمیل ہے۔

ہے غیبِ غیب... دونوں مصرعے مماثل ہیں اور نفی بہ نفی معنی کو قائم کرتے ہیں۔ شہود صوفیا کی اصطلاح ہے یعنی عالم شہود یا عالم موجودات۔ غالب اس کے معمولہ تصور کو بے دخل کرتے ہوئے کہتے ہیں کہ جس کو عرفِ عام میں شہود سمجھا جاتا ہے وہ دراصل غیب کا بھی غیب ہے، یعنی شہود کی نفی کی بھی نفی، اور استدلالیہ بھی کیا خوب ہے کہ یہ بالکل ایسا ہے جیسے کوئی خواب میں سمجھے کہ خواب سے جاگ گیا ہے جبکہ وہ ابھی خواب میں ہو۔ غالب کئی جگہ language of unsaying کا استعمال کرتے ہیں، یہ سمجھنا کہ انسان خواب سے جاگ گیا ہے لیکن اصلاً خواب میں ہے ایسا ذہنی عمل ہے جو کلیتاً نفی اساس ہے اور سرحد ادراک سے ورا ہے، یہ مماثل ہے اس شہود کے جو اصلاً اپنے غیاب کا بھی غیاب ہے (یعنی عدم کی بھی نفی)۔ (نارنگ، ص 411-409)

381 مہرباں ہو کے بلالو مجھے چاہو جس وقت
میں گیا وقت نہیں ہوں کہ پھر آ بھی نہ سکوں (م)
ضعف میں طعنۂ اغیار کا شکوہ کیا ہے
بات کچھ سر تو نہیں ہے کہ اٹھا بھی نہ سکوں (م)
زہر ملتا ہی نہیں مجھ کو ستمگر ورنہ
کیا قسم ہے ترے ملنے کی کہ کھا بھی نہ سکوں (م)

"لگتا ہے یہ غزل پوری نہ ہوسکی فقط تین ہی شعر ہیں اور مزے کی بات ہے کہ تینوں میں دستورِ نفی ایک سا ہے یعنی مبنی برفعل۔ ممکن ہے یہ ردیف کی وجہ سے ہو: آ بھی نہ سکوں،

اٹھا بھی نہ سکوں، کھا بھی نہ سکوں۔ تینوں جگہ وضعی معنی کو رد تشکیل کیا ہے اور فعل کو غیر وضعی معنی میں برتا ہے جو مبنی بر تفاعلِ نفی ہے۔ مزے کی بات ہے کہ ردیف میں کلمہ نفی 'نہ' ہے لیکن یہ مبنی بر اثبات ہے۔ پس گردش جدلی ظاہر ہے۔ مزید لطف کا پہلو یہ ہے کہ ہر شعر میں کلیدی خیالی پیکر تجریدی ہے اس کی حسیّاتی تجسیم کرکے اُسے متحرک کیا ہے اور نفی سے اثبات کی توثیق کرکے اُسے پرلطف بنادیا ہے، یعنی میں گیا وقت نہیں ہوں کہ پھر آ بھی نہ سکوں، یا بات کوئی سر تو نہیں ہے کہ اٹھا بھی نہ سکوں (ضعف کی رعایت سے) یا (زہر) کیا قسم ہے ترے ملنے کی کہ کھا بھی سکوں۔ حیرت انگیز ہے کہ یہ تمام نحوی ساختیں رواں دواں بے ساختہ نثر کی ہیں اور اشعار سہل ممتنع کی کرشمہ کاری کا عمدہ نمونہ ہیں، نیز حرکیات نفی کا تفاعل پوری تشکیل میں تہ نشیں طور پر کارگر ہے۔ کیا غالب کے تخلیقی عمل میں یہ سب کچھ بالقصد صنعت گری سے بنایا جاتا ہوگا یا مصرعے ڈھلے ڈھلائے آتے ہوں گے، شاید یہ بھی نہیں شاید وہ بھی نہیں۔ یہ سارا عمل پراسرار ہے۔ اتنا معلوم ہے کہ غالب بار بار لفظوں کو بدلتے اور بیحد ریاض کرتے تھے لیکن اندر کی آنچ یا طبعی مناسبت سے لفظ موتی کی لڑی سے چلے آتے ہیں۔ اتنا طے ہے جیسا کہ پہلے بھی ہم نے دیکھا کہ غالب واردات، یا خیال یا تجربہ کو سادہ طور پر یا سیدھے سبھاؤ نہیں لیتے، ان کا ذہن و مزاج یا افتادِ ذہنی ہی ایسی ہے کہ حقیقت پُر پیچ طور پر اپنے حاضر و غیاب یا معمولہ و نادر کے ساتھ یعنی ہمہ جہت طور پر بیک وقت ایک کوندے کی طرح کارگر ہوتی ہے، یعنی فکرِ شعر کے وقت خیال بندی کی سطح پر رشتوں کے یہ گچھے ایک ساتھ آتے ہوں گے یا یہ سب کچھ چشم زدن میں ہوجاتا ہوگا، شعر کی تراش خراش کا عمل البتہ بعد کا ہے جیسا کہ ترمیمات اور مکتوبات سے پتہ چلتا ہے۔" (نارنگ، ص 403-401)

424 یارب وہ نہ سمجھے ہیں نہ سمجھیں گے مری بات
دے اور دل اُن کو جو نہ دے مجھ کو زباں اور (م)

ابرو سے ہے کیا اس نگہِ ناز کو پیوند
ہے تیر مقرر مگر اس کی ہے کماں اور (م)

تم شہر میں ہو تو ہمیں کیا غم جب اٹھیں گے
لے آئیں گے بازار سے جا کر دل و جاں اور (م)

لیتا نہ اگر دل تمھیں دیتا کوئی دم چین
کرتا جو نہ مرتا کوئی دن آہ و فغاں اور (م)

ہیں اور بھی دنیا میں سخنور بہت اچھے
کہتے ہیں کہ غالب کا ہے اندازِ بیاں اور (م)

''ادھر کی غزلیں اکثر و بیشتر مردف ہیں اور ردیفیں کھلی ہوئی ہیں۔ غزل کو داخلی کیفیت عطا کرنے، نیز معنی کو گہرائی اور گیرائی دینے میں اور افتراقیت سے معنی کے بسط و کشاد میں ردیف سے بھی بہت مدد ملتی ہے۔ ہم دیکھتے آئے ہیں کہ جدلیات نفی غالب کے یہاں جس طرح افتاد ذہنی کا حصہ ہے اور شعری تشکیل میں بطور جوہر کے جاگزیں ہے، اسی طرح زمینوں اور ردیفوں کا انتخاب شعوری بھی ہوگا اور اضطراری و لاشعوری بھی، قطع نظر اس سے کہ متعدد غزلیں اساتذۂ سابق کی زمینوں میں یا کسی دی ہوئی طرح پر لکھی جاتی ہیں۔ غالب چونکہ لفظوں کو نادرہ کارِ خیال کی بازی گاہ بنانے سے کبھی نہیں چوکتے، انھوں نے ردیفوں سے بھی خوب خوب کام لیا ہے۔ یہ بے پناہ غزل عجیب وغریب نشاطیہ کیفیت کی حامل ہے۔ نشاں اور، گماں اور، زباں اور کی زمین پکار پکار کر کہہ رہی ہے کہ یہاں اس معمولی سے حرف ربط 'اور' سے غالب The Other کا کام لیں گے اور بیساختگی سے معنی کے معمولہ رخ کو گھما کر نئے اور انوکھے رخ کو سامنے لاتے جائیں گے۔ نشاں اور، گماں اور، ہی سے اندازہ ہوتا ہے کہ جو دکھائی دیتا ہے وہ صرف نظر کا دھوکا ہے، اصلیت کچھ اور ہے، اور مقصود معنی کے اسی غیر متعینہ رخ یا عنصر کی طرف ذہن کو موڑنا ہے۔ دوسرے شعر میں تو تفہیم کی گنجائش ہی نہیں جب تک کہ معمولہ لوازم کی تقلیب نہ ہو، چنانچہ/ دے اور دل ان کو جو نہ دے مجھ کو زباں اور/ شعر کا لطف معنی کی اسی گردش میں ہے کہ یا تو دل ہی اور ہو یا پھر زبان ہی دوسری ارزانی ہو۔

آنکھ ابرو کے نیچے ہوتی ہے سو نگہِ ناز کو ابرو سے پیوند تو ہے ہی، مگر ابرو کی ایک

نسبت کمان سے بھی ہے۔ غالب کہتے ہیں کہ یہ تیر ابرو سے نہیں کہیں اور سے آرہا ہے، یعنی حسن کی کرشمہ کاری کی کوئی تھاہ نہیں۔ نظر تو برحق، 'کماں اور' کہہ کر ابرو کے معمولہ معنی کو بیدخل کر دیا ہے اور نظر کے تیر کی حسن کاری کو سحر و اعجاز بنا دیا ہے۔

تم شہر میں ہو ... انوکھا مضمون ہے کہ دل و جان تو تمھارے پاس ہیں ہی، وہ تو واپس ملنے سے رہے۔ بس یہی ایک راہ ہے کہ/ لے آئیں گے بازار سے جا کر دل و جاں اور/ یوں دل و جاں کا روایتی تصور رد ہوگیا اور حسن معنی و مضمون آفرینی کی راہ کھل گئی۔

دل نہ دینے اور کوئی دم چین لینے میں حرکیات نفی ظاہر ہے۔ یہی رشتہ آہ و فغاں کرنے، اور نہ مرنے کی داخلی تشکیل میں بھی ہے۔ مقطع میں 'اندازِ بیاں اور' کی گنجائش بھی اسی طرح نکالی ہے کہ 'اچھے' کے معمولہ معنی رد ہوئے ہیں، گویا غالب کا انداز بیاں اچھے اچھوں سے اچھا بھی ہے اور ہٹ کر بھی ہے۔ غزل کی تازہ کاری کا ابداع اس میں ہے کہ ہر شعر کے سیاق میں سامنے کا بظاہر سادہ سا لفظ 'اور' کسی نہ کسی نئے خیالی پیکر کی کائنات وضع کرتا ہے اور متعینہ معنی کو سیال کر دیتا ہے جس کا تصور تو کیا جاسکتا ہے تعین نہیں۔''
(نارنگ، ص 432-430)

باب دہم 'متداول دیوان، معنی آفرینی اور جدلیاتی افتاد' میں گوپی چند نارنگ کی غیر معمولی دانشورانہ متن اساس جدلیاتی تحلیل، موشگاف، کلینیکل صوتیاتی، لسانیاتی اور اسلوبیاتی تفہیم، معنویاتی تفسیر، ردتشکیلاتی تعبیر، نوشعریاتی تنویر اور صالح، متوازن و منصفانہ تنقید کی ہمہ پہلوئی سے یہ خورشید نیمروزی صداقت بھرپور طور پر منور ہوجاتی ہے کہ مرزا غالب اردو کے شعری ادب میں بیک وقت سب سے بڑے ناقابل تسخیر گنجفہ باز خیال اور سدابہار صاحب اسلوب سخنور ہیں۔ ان کی یکتا نازک خیال شعری گنجفہ بازی میں ہمیشہ نت نئی اور انوکھی نفی کی جدلیات کارفرما ہوتی ہے جو بے محابا ہر نوعیت کی شعری روایت (مردہ روایت) کی ردتشکیل کرتی ہے اور سبک ہندی کی زندہ روایت کی جست گاہ سے زقند لگا کر بیشتر نئی شعری تخلیقیت معنویت اور تاثیریت کی تخلیق، تشکیل اور تعمیر کرتی ہے اور ہمیشہ موجودگی کے ہر نوعیت کے درخشاں پیش منظر سے مڑ کر غیر موجودگی، غیاب اور خاموشی

کے پس منظر کے سیاہ سمندر کی غواصی کرتی ہے۔ غالب کی غیرمعمولی شعری جدلیاتی شخصیت، مزاج، وجدان، تخئیل اور شعلہ آسا فکر و شعور اور ہمہ پہلوفن میں بیکراں وفور تخلیقیت، وفورِ جدلیت، وفورِ معنویت اور وفورِ تاثیریت حسن آرا اور معنی آرا ہے۔ غالب کے کلام کے ضمن میں مشکل پسندی، پیچیدگی، ژولیدگی، ابہام، اشکال، اہمال اور بے رس تعقلات اور بے کیف تجریدات کا تصور بھی بہت حد تک اضافی ہے۔ مقامی، قومی اور عالمی سطح پر فی زمانہ غالب کے کلام کی بے نہایت محبوبیت اور مقبولیت یکسر معتبر، موقر اور مستند ہے۔ روایت اول، روایت دوم اور متداول دیوان کا اکثر و بیشتر کلام شاعرانہ اور مفکرانہ اوصاف اور اقدار کے نقطۂ معراج پر نظر آتا ہے۔علی الخصوص غالب کی شاعری کا تیسرا دور جو قلعۂ معلیٰ کی ملازمت سے ان کی اخیر تک کی زندگی سے وابستہ ہے، اس دور کا کلام خصوصاً غیرمعمولی ندرت خیال، شگفتگیِ بیان اور لطافتِ زبان کے ساتھ ساتھ اپنے اندر بڑی نادرہ کار اور مینا کار سادگی، سہل پسندی اور دلنواز سادہ بیانی رکھتا ہے۔ یہ ایک سورج آسا صداقت ہے جو محتاجِ دلیل نہیں کہ کسی سخنور کا سب سے زیادہ قابل توجہ رنگِ سخن اور اسلوبِ بیان وہ ہوتا ہے جو اس کی عمر کی پختہ ترین یا سب سے زیادہ ارتقائی منزل سے وابستہ ہوتا ہے کیونکہ مسلسل ریاضت سخن ارتقاپذیر جدلیاتی طرزِ فکر، اعلیٰ ترین قوتِ بیان اور کیمیا اثر سادگیِ اظہار کی اس ارتفاعی منزل پر پہونچ کر وہ اپنی فکریاتی اور جمالیاتی معراج سے ہمکنار ہوجاتا ہے۔ غالب کی تخلیقیت افروز اور معنی پرور شاعری نے اردو شاعری کو نئی تخلیقی فکریاتی ترسیل کا ارفع شعور بخشا ہے اور نیا اردوئی آہنگ بھی جو آہستہ آہستہ عجمی لے پر حاوی ہوگیا۔ غالب کا نیا اردوئی آہنگ آرزو لکھنوی کے اردوئی آہنگ سے صدیوں آگے کی شئے لطیف ہے۔ آرزو لکھنوی کا اردوئی آہنگ انسانی حسیات کے لطیف زیر و بم کو برافگندہ حجاب کر سکتا ہے۔ غالب کا نیا اردوئی آہنگ اُنفس و آفاق کی جدلیاتی رمزیات اور مکاشفات تک پہنچنے کی بیک وقت فکریاتی اہلیت (Competence) اور جمالیاتی کارکردگی (Performance) کا معجزاتی مظہر ہے۔ اکیسویں صدی کی دوسری دہائی کے مابعد جدید تناظر میں مزید 'تنویر غالب' کے لیے ایک نئی جداگانہ شعریات کی اشد ضرورت تھی جو

نارنگ نے اپنی زندگی بھر کی غالبیاتی فکر وفن کی پرستش و پرورش، عبادت و ریاضت اور سادھنا اور تپسیا کے باعث 'غالب :معنی آفرینی، جدلیاتی وضع، شونیتا اور شعریات' کے نئے جدلیاتی فکریاتی رنگ و آہنگ میں اردو ادب کو عطا کردی ہے۔ اس میں ہم غالب کے گنجینۂ معنی کے طلسم کو جدلیات نفی کے معنی کشا وسیلہ سے بازیافت کرسکتے ہیں جو فتح ہوجاتا ہے تو اہلِ ذوق قاری، اہلِ دل قاری، اہلِ دانش قاری اور اہلِ بینش قاری کے قلب و روح کو ایک غیر معمولی تخلیقی توانائی اور بالیدگی اور ذہن وشعور کو بیک وقت ایک غیر معمولی جمالیاتی تر و تازگی اور شادابی عطا کرتا ہے۔

غالب کی جامع حیثیات شخصیت اور باکمالِ جدلیاتی فکر وفن کی بابت پروفیسر گوپی چند نارنگ کی نئی فکریاتی نتائجیت (New Pratices) اپنی ماہیت میں بنیادی تغیر پسند (Radical) ہے۔ اس میں بیک وقت مشرقی اور مغربی بین العلومی، بین الثقافتی، بین اللسانی اور بین الفنونی دید و یافت کے ساتھ خصوصی طور پر دانشِ ہند کی روایت و درایت، بودھی فکر و فلسفہ میں جدلیاتِ نفی کی کارکردگی اور سبکِ ہندی کی شعریات کا عمیق اور بسیط مطالعہ کارفرما ہے۔ وہ باب یازدہم 'جدلیاتی وضع، شونیتا اور شعریات' میں نہایت واضح اور صاف طور پر اپنے نئے تحقیقی اور تنقیدی سات نتائج کو دوٹوک بیلاگ انداز میں پیش کرتے ہیں، وہ نہایت قابلِ غور وفکر ہیں۔ اپنے ان سات نکات آگیں مقدمہ کو انھوں نے حتی المقدور منطقی تجزیہ وتحلیل کی میزان پر بار بار تولا، جانچا اور پرکھا ہے اور اس سلسلہ میں غالب کی شعری خارجی ساختوں اور داخلی زیریں ساختوں کے باہمدگر رشتوں اور تخلیقی کارکردگی میں اپنی تنقیدی تلاش و مدام تلاش کی روحِ تفتیش (Spirit of Enquiry) کو ہمیشہ برقرار رکھا ہے اور ہر نوعیت کی موجودگی (Presence) کی سطح پر بازگردش کر غیرموجودگی (Absence) اور خاموشی (Silence) کی جہات کا حتی الامکان اکسراتی انکشاف کیا ہے اور آخری محاکمہ صادر کیا ہے۔ ''جدلیاتی وضع غالب کی خاص ذہنی وضع ہے۔'' اس کلیدی کلمہ کی بوند میں جدلیاتِ نفی کا بیکراں سمندر سمایا ہوا ہے۔

نارنگ کی نئی نتائجیت آگیں تنقیدی صداقت پارے کی کلینیکل موشگافی، درّاکی،

چستی، درستی، طرفگی اور ہمہ طرفگی خاطرنشیں ہو جوان کی زندگی بھر کی اردوئی صوتیاتی، لسانیاتی اور اسلوبیاتی ریاضت، تپسیا اور سادھنا کا مہرنیمروز ہے۔

"(1) ابتدائے عمر میں غالب نے اپنی انفرادیت کی شدت کے باعث اور فارسی سے اپنی غیرمعمولی مناسبت اور قابلیت کا لوہا منوانے کے لیے جو فارسی مغلوب اور فارسی زدہ ڈکشن اختیار کیا اس میں تبدیلی پچیس برس کے بعد نہیں بلکہ اس سے بہت پہلے یعنی انیس برس کے بعد ہونا شروع ہوئی۔ جیسا کہ کہا جاتا ہے کہ وہ پچیس سال کی عمر تک پیچیدہ مضامین میں دقیقہ سنجی کی داد دیتے رہے اس کے بعد انھوں نے یہ انداز ترک کردیا، یہ بیان مغالطہ آمیز ہے خواہ اس کو غالب کی تائید ہی کیوں نہ حاصل ہو۔ نیز تبدیلی فارسی مغلوب (فارسی نحوی ترکیبوں اور گرامر سے گراں بار) پیرایۂ بیان میں آئی نہ کہ خیال بندی، دقیقہ سنجی، معنی یابی، مضمون آفرینی، یا نازک خیالی میں۔ مضمون آفرینی اور خیال بندی کا تخلیقی عمل برابر ارتقاپذیر رہا اور ہر دور میں جاری رہا، فقط ناہموار فارسی صرفی ونحوی اجزا یعنی پورے کے پورے فارسی مصادر اور لاحقے جو اردو میں جذب نہیں ہوسکتے تھے، انھیں اور ان میں لپٹی ہوئی غیرضروری خیال بافی و تجریدیت کو غالب نے ترک کردیا، اور یہ تبدیلی انیس برس کی عمر میں یعنی روایت اوّل کے بعد واضح طور پر ہونا شروع ہوگئی تھی۔

(2) لوچ اور رچاؤ لیے ہوئے رواں دواں، سلیس اور دلنشیں اردو میں بھی غالب کا کلام فارسی مغلوب پیرایۂ بیان کے پہلو بہ پہلو ابتدائے عمر یعنی آغازِ شاعری ہی سے ملتا ہے۔ ایسا بہت سا رواں دواں کلام جس کا شمار آج غالب کے مایۂ ناز اور دلپذیر کلام میں ہوتا ہے انیس سال سے پہلے کا ہے، یا انیس اور پچیس سال کے زمانے کے بیچ کا ہے۔ اس میں اردو و فارسی کی ملی جلی حسن کاری اور امتزاجی طرحداری کی پُرکار اور طرب انگیز کیفیت ہے۔ اردو روزمرہ و محاورہ پر حیرت انگیز قدرت بھی روزِ اوّل ہی سے سامنے آتی ہے۔ فارسی تراکیب سازی کا عمل جو غالب کے اسلوب بیان کا خاص حصہ ہے، ساری عمر جاری رہا، اس میں بھی وقت کے ساتھ ساتھ مزید درخشندگی اور خوش ادائی آتی گئی جو ذہنی ارتقا کا لازمہ ہے۔

(3) پچیس برس کے بعد غالب کے کلام میں سادگی و سلاست اور برجستگی اچانک سامنے نہیں آ گئی۔ اس کے نقوش روز اول یعنی ابتدائے عمر ہی سے ملتے ہیں۔ غالب کی سادگی نظر کا دھوکا ہے جس سے بڑے بڑوں کو مغالطہ ہوا ہے۔ حالی، آزردہ، آزاد، سب اس میں شامل ہیں۔ اس سادگی میں لاکھوں بناؤ ہیں۔ غالب کی خیال بندی اور مضمون آفرینی جیسی ان کے اُس کلام میں ہے جس کو فارسی آمیز، پیچیدہ اور دورازکار سمجھا جاتا ہے، ویسی ہی اُن کے اُس کلام میں بھی ہے جس کو صاف اور سادہ اور سلیس کہا جاتا ہے۔ اکثر ایسے اشعار مشکل سے بھی زیادہ مشکل ہیں۔ تخلیق کی جان اس کا لاشعوری اور اضطراری عمل ہے جس کے سوتے کچھ معلوم ہوتے ہیں اور کچھ معلوم نہیں بھی ہوتے۔ شاعری میں ہر چیز اختیاری و ارادی ہو ایسا نہیں ہے۔

(4) غالب کو بھاشا کے دیسی لفظوں اور روزمرہ سے بھی خداداد مناسبت تھی۔ وہ آگرہ میں پیدا ہوئے تھے جہاں کی عام زبان پر برج کا اثر تھا۔ غالب کو فارسی سے تو طبعی مناسبت تھی ہی، دیسی روزمرہ اور محاورہ بھی ان کے ذہن و شعور میں رچا بسا ہوا تھا۔ ان کی بعد کی اردو کے رچاؤ اور لوچ پر ان دیسی جڑوں کا اثر صاف دیکھا جاسکتا ہے۔ ان کی جدلیاتی تخلیقیت جس طرح فارسی تراکیب اور درخشندہ بندشوں سے نزہت کاری اور معنی پاشی کرتی ہے، اسی طرح ایسے مقامات بھی کم نہیں جہاں انھوں نے دیسی لفظوں سے جادو جگایا ہے اور ایسا کہ باید و شاید۔ انھیں دیسی بھاشائی لفظوں کے پہلودار استعمال پر عجیب و غریب کمال حاصل ہے، بالخصوص ردیفوں اور افعال میں وہ مقامی محاوروں اور لفظوں کے جدلیاتی تفاعل سے ایسی ایسی معنی بندی اور حسن کاری کرتے ہیں کہ معنی و پس معنی گرہ در گرہ کھلتا ہے۔ ہم نے اپنے تجزیوں میں حتی الامکان ایسے مقامات کو بھی نشان زد کیا ہے۔ غالب کے پیرایۂ بیان کی طرحداری کے اس پہلو پر ہنوز وہ توجہ نہیں ہوئی جو اس کا حق ہے۔ لیکن فارسی کی امتزاجی خوش ادائی کے پہلو بہ پہلو غالب کے جدلیاتی تخلیقی عمل کی معنی یابی میں دیسی الفاظ کی کرشمہ کاری بھی ایک اہم عنصر ہے جس پر مزید توجہ کی ضرورت ہے۔

(5) غالب طبعاً پُرالتہاب طور پر روش عام سے نفرت کرتے ہیں۔ ان کی

شدید انفرادیت انھیں فرسودہ، پامال اور سامنے کے معمولہ روایتی مضامین و شعریات اور پیرایۂ بیان کے خلاف بغاوت پر برابر اکساتی رہتی ہے۔ وہ کسی ایسے معنیاتی، فلسفیانہ، جمالیاتی یا شعریاتی موقف کو سرے سے اختیار نہیں کر سکتے جس پر عوام النّاس کی قبولیت کی یا رواج عام یا روٹین کی ہلکی سی بھی پرچھائیں ہو۔

(6) روش عام سے چونکہ وہ ہٹ کر چلتے ہیں، ہر اس چیز کو جو عامیانہ یا پیش پا افتادہ ہے اُسے وہ شدت سے ٹھکراتے ہیں، ان کی مجتہدانہ فکر مزاج عام سے کسی قیمت پر سمجھوتہ نہیں کر سکتی۔ ہر وہ چیز جو پامال، فرسودہ یا مقبول عام ہے، ان کی طبیعت اس سے ابا کرتی ہے، زبان و بیان، معنی و خیال، طرز و اسلوب، ہر جگہ وہ اپنی راہ الگ تراشنا چاہتے ہیں اور اپنے امتیاز و انفراد کی مہر لگا کے اپنے تخلیقی دستخط الگ ثبت کرنا چاہتے ہیں۔ چنانچہ طرفگیِ خیال، جدتِ ادا اور ندرتِ بیان ان کے ذہنی تجسس کا لازمہ ہے۔ ان کے اچھوتے پن اور انوکھے پن کی چھاپ ان کے شعوری عمل میں بھی ہے اور لاشعوری عمل میں بھی۔ اتنا معلوم ہے کہ شعریاتی پیرایے شعوری و اختیاری بھی ہوتے ہیں اور اضطراری و لاشعوری بھی۔ غالب چونکہ ہر پیش پا افتادہ، معمولہ یا عامیانہ سے انحراف کرتے ہیں اور ان دیکھے، ان سنے، اچھوتے، یا انوکھے کو وضع کرنا چاہتے ہیں، ان کے تخلیقی عمل اور فکر و خیال میں جہاں سبک ہندی بشمول بیدل اور فارسی و اردو شعریات کے بہت سے پیرایے کارگر ہوئے ہیں، وہاں جدلیات نفی یا حرکیات نفی جو دانش ہند اور بودھی فکر و فلسفہ کے طور طریقوں میں زندگی کی متناقضانہ حقیقت کو انگیز کرنے یا اس کے بھیدوں کو پانے کا پیرایہ رہی ہے، اس سے حیرت انگیز طور پر مماثل تخلیقی تفاعل کے لاشعوری نشانات غالب کے یہاں قدم قدم پر ملتے ہیں، کہیں خفی کہیں جلی، کہیں پنہاں کہیں ظاہر، کہیں ملفوظی کہیں غیر ملفوظی، کہیں مضمر کہیں غیر مضمر۔ یہ نفی یا شونیہ اندر سے کتنی خالی دکھائی دے، نہایت بھری پری ہے اور زبان کی طاقت کا سب سے بڑا راز ہے جس سے ہم آگے چل کر مفصل بحث کریں گے۔ خاموشی بھی اسی کا ایک پیرایہ ہے، اس پر ہم روشنی ڈالیں گے۔ غالب کے سوچنے کے پیرایوں میں اس حرکیات کے کئی ابعاد اور اطراف پیوست ہیں۔ غالب کیسے سامنے کے معنی کے رد سے

معمولہ معنی کی متناقضانہ تقلیب کرتے ہیں، یا معنی در معنی کو گردش میں لے آتے ہیں یا متعینہ و موصولہ کو subvert کر کے نئے، نادر یا ان دیکھے معنی کو سامنے لے آتے ہیں یا سامنے کے معمولی سادہ لفظوں کو پیچ دے کر معمائی فضا پیدا کرتے اور معنی و پس معنی کی طرفوں کو کھول دیتے ہیں یا دو انتہاؤں کے بیچ دھندلا عرصہ خلق کر کے پورے معنی کو برقیا دیتے ہیں، متن کے تجزیے میں ہم متواتر اس تخلیقی تفاعل اور اس کی گونا گوں جہات کو نشان زد کرتے آرہے ہیں اس اعتراف کے ساتھ کہ ان میں بعض جہات تجزیے کی زد میں آتی ہیں اور بعض نہیں بھی آتیں۔

(7) دانشِ ہند کی مقامی روایتوں سے غالب کا کیا رابطہ تھا اس بارے میں معلومات بہت کم ہیں۔ بیدل کے دانش ہند سے رشتوں کا البتہ پختہ سراغ ملتا ہے اور ماہرین نے اسے نشان زد کردیا ہے جس سے ہم بحث کرآئے ہیں۔ غالب کے بارے میں حالی بتاتے ہیں کہ 'دبستان مذاہب' اکثر اُن کے مطالعے میں رہتی تھی۔ 'مہر نیمروز' کے شروع میں ابتدائے آفرینش کے متعلق ہندو عقائد کا جو خلاصہ درج کیا ہے، یا مثنوی چراغِ دیر یا بعض خطوط سے ہندو مذہب کے عقائد کے متعلق بقول شیخ محمد اکرام ''مرزا کی جو غیر معمولی واقفیت ظاہر ہوتی ہے، وہ شاید آج بھی بہت کم مسلمانوں کو ہوگی۔'' حالی کا کہنا ہے کہ غالب سنسکرت اور فارسی کے متحدالاصل ہونے سے واقف تھے۔ قاطع برہان کی اشاعت دوم میں 'توافقِ لسانین' کی بحث ساڑھے تین صفحوں میں آئی ہے۔ لفظ 'ماہی شور' سے بحث کرتے ہوئے غالب نے مہیشور، مہیشر اور مہیش کی جو بحث اٹھائی ہے اس سے بھی ان کی واقفیت کا پتہ چلتا ہے۔ وہ بہت زیادہ نہ جانتے ہوں لیکن بے خبر بھی نہیں تھے۔ وہ غیرمعمولی ذہن کے مالک تھے؛ مقامی فضا میں زمینی فلسفیانہ روایتوں کے اثرات کارگر نہ رہتے ہوں یہ سوچا بھی نہیں جاسکتا۔ سبک ہندی کی فلسفیانہ خصوصیات و خیال بندی کا تو خمیر ہی مقامی مٹی سے اٹھا تھا۔ اس میں کلام نہیں کہ غالب کی شعریات سبکِ ہندی کی فلسفیانہ دقیقہ سنجی اور بیدل کی شعریات میں رچی بسی تھی اور ان کی توسیع تھی۔ یہ سب آرکی اثرات کارگر نہ رہے ہوں ممکن ہی نہیں۔ مزید یہ کہ اس میں غالب کی غیرمعمولی خلقی اپج

اور افتادِ طبع کو دخل نہ ہو ایسا بھی نہیں۔ یہ ضروری نہیں کہ ہر نوع کے اثرات کو شعوری طور پر ہی اخذ کیا جائے۔ جدلیاتی عمل غالب کی اپنی طبیعت یا اپنی ذہنی اپج یا فطرت یا فکری طور کا حصہ بھی ہوسکتا ہے۔ لیکن اتنا طے ہے کہ جدلیاتی تفاعل غالب کی تخلیقیت اور ان کے سوچنے کے طور اور تشکیل شعر کے عمل میں رچا بسا ہے اور موج تہ نشیں کی طرح معنیاتی و ملفوظی نظام میں جاری و ساری ہے۔ غالب کی کوئی تفہیم اس سے صرف نظر کر کے موضوعی تو ہوسکتی ہے منصفانہ نہیں۔ ابتدائی دونوں نسخوں اور متداول دیوان میں قدم قدم پر اس کے نشانات footprints ملتے ہیں جن کی نشاندہی ہم منزل بہ منزل تکرار کی قیمت پر بھی کرتے آئے ہیں۔ ہم نے دیکھا کہ بہت سے اعلیٰ اشعار میں جو برقِ تخلیقی رو معنی کا چراغاں کرتی ہے اس کا گہرا رشتہ غالب کے ذہن کی اسی جدلیاتی وضع اور حرکیات نفی سے ہے، چونکہ اس کے نشانات ابتدائے عمر یعنی پندرہ برس کے کلام ہی سے ملنے لگتے ہیں، یہ کہنا غلط نہ ہوگا کہ یہ غالب کی سائیکی، ان کی افتاد و نہاد اور ان کے لاشعوری تخلیقی عمل کا ناگزیر حصہ ہے اور جدلیات نفی کا یہ تفاعل غالب کے ذہن و مزاج میں بطور جوہر کے جاگزیں ہے۔ گویا غالب کی خیال بندی اور معنی آفرینی میں جہاں دوسرے شعری لوازم و وسائل بروئے کار آتے ہیں، جدلیاتی وضع کا دستور تخلیقی اعتبار سے دستور خاص ہے۔ چنانچہ اس سے صرف نظر کر کے ان کے چراغانِ معنی اور طرفگی و بدیع گوئی کی کوئی توجیہہ مکمل توجیہہ ہو ہی نہیں سکتی۔'' (نارنگ، ص 451-455)

باب یازدہم حاصل کتاب ہے۔ یہ 'غالب : معنی آفرینی، جدلیاتی وضع، شونیتا اور شعریات' کا جوہر اصل اور مغز اصل ہے۔ یہ درحقیقت ایک ننھے سے ناخن پر نوفکریاتی تاج محل کی تخلیق، تشکیل اور تعمیر کے مترادف ہے۔ غالبیات پر یہ داستانوی حجم کا حامل تنقیدی صحیفہ اکیسویں صدی کے رُبع اول کا سب سے بڑا نوتواریخ ساز صحیفہ ہے۔ یہ پوری اکیسویں صدی پر محیط رہے گا۔ اس گیارہویں باب کے معنویاتی انقلاب آفریں پانچ ذیلی ابواب (1) خاموشی بطور زبان اور شعریات — ہستی میں نہیں شوخیِ ایجاد صدا ہیچ، (2) جدلیات، مارکسی جدلیات، بودھی جدلیات، متصوفانہ جدلیات اور غالب شعریات، (3)

دریدائی ٹریس (خفیف نشان) اور غالب شعریات، (4) شونیتا، شعریات اور جدلیاتی وضع (الف) روایت اول، (ب) روایت دوم، (ج) متداول دیوان، (د) فقط مصرعے، (5) اکیسویں صدی کا منظرنامہ اور غالب شعریات، اردو انتقادیات میں ارفع تحقیقی اور تنقیدی مکاشفات ہیں جو اس خورشید نیمروزی صداقت کے کاشف ہیں کہ نارنگ نئی فکریات، معنویات اور شعریات کی گپھاؤں میں برسہا برس سے متواتر سمادھی لگائے رہے ہیں۔ ان کے عظیم تر نوفکریاتی استغراق سے جدلیاتی وضع، شونیتا اور شعریات کی نئی انیلی گنگا کا زندہ اور بہتا ہوا پانی ہمیں نصیب ہوا ہے جو ہماری یکسر نئی شعریاتی، شعوریاتی اور اشعریاتی پیاس بجھانے کا اہل ہے۔ انھوں نے ان ذیلی پنج تن پاک ابواب میں بھی جدلیاتِ نفی اور حرکیاتِ نفی کے ستیتیس (37) نئے فکریاتی نتائج اپنی زندگی بھر کی دیدہ ریز اور جانکاہ مطالعاتی ریاضت اور دانشورانہ انتخابی آگہی سے اخذ کر نہایت تحقیقی اور تنقیدی صلابت اور دُرستگی سے پیش کیے ہیں۔ ان ستیتیس نتائجیت (New Pratices) جوئندہ، شناسندہ اور پابندہ پیرایوں میں جدلیاتِ نفی کا دستور تخلیقیت کا دستورِ خاص ہے۔ بقول نارنگ ''غالب کے یہاں معنی کی صہبائے تند و تیز اکثر و بیشتر جدلیات کی مینائے آئینہ گداز میں ملتی ہے۔'' ان ذیلی پنجتن نوریں ابواب میں نارنگ کا اختصاصی، تجزیاتی، استدلالی اور معروضی و سائنسی اسلوبِ نقد اور انتھک روحِ تفتیش (The Spirit of Inquiry) نہایت متحیر کن اور نوشعور و آگہی افروز ہے۔

اس ضمن میں نارنگ دیدہ ورانہ درّاکی سے اکتشاف کرتے ہیں — ''معنی کی تشکیل اور کمالِ فن کا ریاض جدلیاتی تفاعل سے بندھا ہوا ہے یعنی دونوں لازم و ملزوم ہیں۔'' (خاموشی بطورِ زبان اور شعریات، ص 456) ''زبان باوجود کوشش کے معنی کی تمام جہات کی جلوہ نمائی پر قادر نہیں ہوسکتی۔'' (خاموشی بطورِ زبان اور شعریات، ص 456) ''زبان کی نارسی میں زبان کی خاموشی کے سُر شامل ہیں۔ چنانچہ اس ضمن میں زبان اور خاموشی کے کردار کو نظر میں رکھنے کی ضرورت ہے جو جدلیاتی تفاعل میں خاص ہے، اس لیے کہ جدلیاتی تفاعل زبان کی عمومیت کے خلاف پڑتا ہے، اکثر عام زبان یہاں پیچھے رہ جاتی ہے، زبان

اور خاموشی کی حدیں پگھلنے لگتی ہیں اور خاموشی جو زبانوں کی زبان ہے، بغیر اس کے کارگر ہوئے معنی کی نادرہ کاری یا معنی بندی کا حق ادا نہیں ہوسکتا۔ زبان میں جو کچھ ہے گھسا پٹا، پیش پا افتادہ اور موصولہ ہے، خاموشی زبان کا 'غیر' ہے، شونیہ، صفر یعنی لا۔ طرفگی و ندرت کا خزانہ 'لا' یعنی تاریکی، سناٹے یا نامعلوم میں ہے۔ زبان محدود ہے جبکہ خاموشی لامحدود ہے، نامعلوم امکانات سے لبالب بھری ہوئی۔ اکثر صوفیا اور شعرا نے زبان پر خاموشی کو ترجیح دی ہے اور معلوم سے نامعلوم کے سفر میں خاموشی سے معنی کا نور یا معنیِ نادر و نایاب کو کاڑھنے کی سعی کی ہے۔'' (نارنگ، ص 457)

غالب کا بولتا ہوا شعر ہے :

دیدہ ور آں کہ تا نہد دل بہ شمارِ دلبری
در دلِ سنگ بنگرد رقصِ بتانِ آزری

یعنی دیدہ وری تو یہ ہے کہ رقصِ بتانِ آزری کا جلوہ پتھر کا کلیجہ چیرنے سے پہلے نظر آنے لگے، یعنی کوئی چیز پیشتر ''اس سے کہ قوت سے فعل میں آئے ذہن پر ظاہر ہوجائے۔''

''یہ معلوم سے نامعلوم کا سفر ہے۔ شاعری میں تخلیق کا سفر بھی معلوم سے نامعلوم کو خلق کرنے کا سفر ہے۔ زبان میں ہر شئے معلوم ہو یا ہوسکے ایسا نہیں ہے، زبان میں جتنا معلوم ہے اس سے کہیں زیادہ معدوم ہے۔ مگر زبان کے تاریک حصے اس کے روشن حصوں سے زیادہ روشن ہوتے ہیں۔ بیدل کے قول 'شعر خوب معنی ندارد' کا ایک مفہوم یہ بھی ہے کہ شعر میں معنی عام زبان کی گرفت سے آگے جاتا ہے، یعنی معنی فقط اتنا نہیں جتنا لفظ بیان کرسکتا ہے۔ مراۃ الخیال سے روایت ہے کہ ناصر علی سرہندی نے جب کہا کہ معنی لفظ کے تابع ہے تو بیدل نے حقارت آمیز تبسم کے ساتھ جواب دیا کہ ''وہ معنی جسے آپ تابعِ لفظ قرار دیتے ہیں اس کی اصلیت بھی ایک لفظ سے زیادہ نہیں۔ جو چیز حقیقت میں معنی کہلاتی ہے وہ کسی لفظ میں نہیں سما سکتی۔'' (تفصیل کے لیے ملاحظہ ہو: باب ششم، بیدل)

''زبان افتراقیت میں بندھی ہوئی ہے۔ ہر چند کہ لفظ سے لفظ کا سفر معلوم سے معلوم کا سفر ہے، معلوم سے نامعلوم کا نہیں، زبان ثنویت سے آزاد نہیں۔ جب ہم رات کہتے

ہیں تو رات کا تصور دن سے قائم ہوتا ہے، جب ہم زندگی کہتے ہیں تو موت، بلندی کہتے ہیں تو پستی، نیک کہتے ہیں تو بد، سیاہ کہتے ہیں تو سفید، یعنی معنی افتراقیت سے تشکیل پاتا ہے۔ زبان اپنے دائروی عمل کی غلام ہے۔ عام زبان میں ہر لفظ سے مراد ایک اور لفظ ہے جو معلوم سے معلوم کا سفر ہے جبکہ تخلیقی زبان معلوم سے نامعلوم کو کاڑھنے کی سعی کرتی ہے، دوسرے لفظوں میں یہ لفظ کے جبر سے آزاد ہونے کی لامتناہی جستجو سے عبارت ہے۔

''لیکن زبان صرف لفظ ہی نہیں خاموشی بھی ہے، تخلیقی زبان میں صرف لفظ ہی نہیں خاموشی بھی بولتی ہے۔ خاموشی زبان کی ثنویت اور آلودگی کے زنگ کو کاٹتی ہے اور اسے اس کے عامیانہ پن سے نجات دلاتی ہے۔ لفظ اور لفظ کے بیچ جگہ خالی ہے، یہ خالی جگہ خاموشی ہے، خاموشی نہ ہو تو لفظ کا وجود ہی نہیں، فقط سطر اور سطر کے بیچ میں ہی 'بین السطور' نہیں، لفظ اور لفظ میں یا لفظ کے حاضر و غائب معنی میں بھی 'بین السطور' ہے۔ بین السطور نہ ہو تو سطور یعنی متن کا وجود ہی نہیں۔ یہی وجہ ہے کہ بین السطور جتنا روشن ہوتا ہے تخلیقی زبان اتنی ہی کارگر اور پائیدار ہوتی ہے۔ عام زبان ترسیل کے بعد زائل ہو جاتی ہے، تخلیقی زبان فقط ترسیل ہی نہیں کرتی یہ ابلاغ بھی کرتی ہے، چونکہ ابلاغ کرتی ہے اس لیے ترسیل کے بعد بھی زندہ رہتی ہے، یعنی قرأت در قرأت زندہ رہتی ہے، وقت کے محور پر زندہ رہنا تخلیقیت کی شرط ہے، اس کی سب سے بڑی پہچان اس کی پائیداری ہے، پائیداری نہ ہو تو تخلیقی زبان اور عام زبان میں فرق نہیں۔

''دیکھا جائے تو زبان معنی کے افتراق اور التوا کا کھیل خاموشی کے اندھیرے کی مدد سے کھیلتی ہے۔ زبان کی اصل کی طرح معنی کی اصل بھی خاموشی ہے۔ خاموشی نہ ہو تو نہ معنی پاشی ممکن ہے نہ معنی ریزی، نہ معنی در معنی اور نہ پس معنی۔ دوسرے لفظوں میں معنی آفرینی کو جو چیز ممکن بناتی ہے وہ خاموشی ہی ہے۔ گویا زبان میں معنیِ حاضر و معنیِ غائب سب غیاب ہی سے ممکن ہے۔ لفظ محدود ہے اور خاموشی لامحدود۔ خاموشی لفظ کو اس کی تحدید سے آزاد کراتی ہے اور معلوم میں نامعلوم کا در کھولتی ہے، خاموشی کا عمل زبان کے عامیانہ پن سے تصادم کا عمل ہے، یہ رواجِ عام یا مذاقِ عام سے ٹکراؤ کی صورت ہے جو بہ اعتبارِ نوع

جدلیاتی ہے۔'' (نارنگ، ص 459-457)

''خاموشی سے شونیتا صرف ایک قدم ہے۔ 'شونیم' کا ایک مطلب ہے سناٹا، سکوت، خاموشی، خلا۔ اس مسئلے پر مزید بحث آگے آئے گی کہ شونیہ کے بغیر کوئی عدد، کوئی 'قدر' بڑے سے بڑی یا چھوٹے سے چھوٹی نہ صرف مکمل نہیں، وجود ہی نہیں رکھتی۔ یہ دانشِ انسانی اور معنی کا سب سے بڑا خزانہ ہے۔ یہ معنی یا حقیقت کی کُنہ اور کلید ہے۔''

''شونیتا کی رو سے خاموشی، ایک حرکیاتی قوت ہے آواز سے کہیں زیادہ طاقتور، اظہار و معانی کے ان گنت امکانات سے بھرپور۔ گہرے رہسیہ یا بھید یا انسانی مقدر یا معنی کے عمیق رازوں میں اترنے کے لیے 'خاموشی' یعنی شونیہ سے بہتر پیرایہ ممکن نہیں۔ آواز کی اعلیٰ سے اعلیٰ قسم یعنی واک سخن خاموشی ہی کی ایک فارم ہے۔ سنگیت میں پہلا سُر 'سا' خاموشی کے مماثل قرار دیا جاتا ہے جو خاموشی کی اتھاہ گہرائیوں سے آتا ہے اور 'انحد' کی ناد سمجھا جاتا ہے۔ ساز سے جو آواز نکلتی ہے وہ جمالیاتی مسرت کو راہ دیتی ہے، لیکن جو آواز سنائی نہیں دیتی وہ لامحدود کی نوید ہے۔ یوگی رشی صوفی سنت اولیا اپنے ذہنوں کو صوت کے پردے میں نہ سنی جانے والی آواز پر مرکوز کرتے ہیں جو خاموشی کے بطن سے پھوٹتی ہے اور لامحدود مطلقیت اور اتھاہ آزادی کا احساس دلاتی ہے۔''

نشوونما ہے اصل سے غالب فروع کو
خاموشی ہی سے نکلے ہے جو بات چاہیے

''شونیتا زبان کی حدود کو توڑنے، زبان کی قائم کردہ حدوں کو تحلیل کرنے، نیز زبان کی موضوعیت اور ثنویت سے آگے جانے کا فلسفہ ہے۔''

''غالب عارف نہیں ہیں لیکن ان کے تخلیقی استغراق کی نوعیت عارفوں سے ملتی جلتی ہے۔ وہ بیخودی کا ذکر کرتے ہیں لیکن ان کا راستہ بیخودی یا فنا کا نہیں، اُن کی راہ آگہی کی راہ ہے اور اکثر و بیشتر وہ اسی آگہی کے ذریعے طلسم کدۂ کائنات کے روبرو ہوتے ہیں اور جہانِ معنی کی جلوہ کشائی کرتے ہیں۔ غالب جدلیاتی وضع سے خاموشی کے اُس محاورہ کو خلق کرتے ہیں جس کو اُن کا عہد بھول چکا تھا۔ غالب کی شاعری اس احساس کی گواہی دیتی

ہے کہ نیرنگِ معنی کے طلسمات کے روبرو ہونے کا واحد ذریعہ وہ زبان ہے جو عامیانہ یا معمولہ کو رد کرتی ہے، یا جہاں بظاہر لفظ بے صدا ہوجاتا ہے۔ فرہنگوں اور لغات میں ہزاروں مصطلحات اور الفاظ ہیں لیکن طلسماتِ حقیقت فقط خاموشی کی گرفت میں آتا ہے اور اس کی کلید یہی متناقضات کی زبان یا بے زبانی کی زبان ہے۔'' (نارنگ،ص 464-461)

بودھی فکر (شونیتا) کا کام فقط ذہن انسانی پر دھار رکھنا اور اس کے زنگ اور کثافت کو کاٹنا اور سوچ کی طرفوں کو کھول دینا ہے۔ دوسرے لفظوں میں شونیتا بجنسہٖ آگہی ہے۔ غالب کا ذہن بھی ہر طرح کی ماورائی دھند سے ہٹ کر آگہی اور فقط آگہی سے علاقہ رکھتا ہے۔ غالب کا تخلیقی ذہن وفکر یا غالب شعریات شونیتا مماثل اس لیے ہے کہ بودھی فکر (شونیتا) کی طرح یہ بھی غیر ماورائی، انسان مرکز اور ارضیت اساس ہے۔ شونیتا کی طرح اس کا مقصود یا منتہا بھی فقط آگہی و آزادی ہے۔ شونیتا کی طرح یہ بھی بے لوث فریق ہے۔ ہزاروں برس کی فلسفیانہ روایت میں غیر ماورائی انسان مرکز جدلیات کا کوئی دوسرا قدیم سرچشمہ سوائے اس کے نہیں ہے۔ یہ بے لوث فریق اس لیے ہے کہ تمام جدلیاتی روایتیں خواہ وہ مغربی ہوں یا مشرقی، کسی نہ کسی حل یا resolution پر منتج ہوتی ہیں، مادی جدلیات غیر طبقاتی سماج پر منتج ہوتی ہے، ماورائی فکر گیان دھیان پر، متصوفانہ فکر سلوک وعرفان پر، جبکہ شونیتا کسی معلوم حل پر منتج نہیں ہوتی سوائے آگہی و آزادی کے احساس کے۔ اسی طرح غالب کا جدلیاتی تخلیقی تفاعل بھی کسی حل، کسی مقصود، کسی resolution پر منتج نہیں ہوتا بلکہ یہ متناقضات کو ان کی قیمت پر قبول کرتا ہے، اور ہر ہر موقف کو رد کرتے اور معنی کا نیرنگِ نظر قائم کرتے ہوئے آگہی و آزادی کے احساس کی راہ کھول دیتا ہے۔''

(جدلیات، مارکسی جدلیات، بودھی جدلیات، متصوفانہ جدلیات اور غالب شعریات،ص 476)

دریدائی ٹریس (خفیف نشان) اور غالب شعریات کے ضمن میں نارنگ کی حد درجہ بالیدہ حسیت اور بصیرت افروز ذہن اور شعور و آگہی کی درّاکی اور رخشندگی کو خاطرنشیں کیجیے۔ انھوں نے نئی اردوئی فکر و دانش اور علی الخصوص نئی اردوئی تنقید کو صرف نقد کے نئے نقطہ ہائے نظر سے ہی نہیں روشناس کرایا ہے بلکہ صحیح معنوں میں پہلی بار نئی اطلاقی تنقید

(Applied Criticism) سے بھی روح شناس کرایا ہے۔

''غالب کی شعریات میں جدلیات کی عجیب و غریب کارکردگی کو سمجھنے کے لیے زبان کی ساخت میں تہ نشیں حرکیاتِ نفی کے تفاعل کو بھی نظر میں رکھنے کی ضرورت ہے۔ اتنا معلوم ہے کہ مشرقی روایت بھی اور سوسیئر بھی افتراقیت میں زبان کا جوہر دیکھتے ہیں۔ دریدا ایک قدم آگے بڑھ کر نظریہ Differance کے ذریعے افتراقیت کے جوہر میں التوا کو بھی شامل کر دیتا ہے۔ یعنی معنی نہ صرف نفی کی لازمیت سے قائم ہوتا ہے بلکہ التوا میں بھی رہتا ہے، کم و بیش وہ نکتہ جو بیدل نے شیخ ناصر علی سے کہا تھا کہ لفظ کا معنی بھی لفظ ہے۔ دریدا اپنے فلسفۂ ردتشکیل میں اس کو موجودگی اور عدم موجودگی کی حرکیات سے واضح کرتا ہے، اس ضمن میں گائتری سپیواک نے اپنے ترجمہ میں ٹریس Trace کی اصطلاح استعمال کی ہے جو حاضر معنی یا جس معنی کو قائم کرنا یا جس کی موجودگی مقصود ہے، اس کی اور اس کے غیاب کی کشاکش پر دلالت کرتی ہے۔ معنی کا یہ غیاب جو ہر وقت موجود رہتا ہے اور افتراقیت و التوا کا جوہر ہے Trace ہے۔ سادہ زبان میں یوں کہا جاسکتا ہے کہ ہر معنی میں اس کے جدلیاتی غائب معنی کا تفاعل لامحالہ شریک رہتا ہے۔ یعنی وہ شئے جسے عرف عام میں ہم معنی کہتے ہیں وہ فی نفسہ ہے ہی جدلیاتی۔

اس بات کو جان لینے کے بعد اب یہ دیکھنے کی ضرورت ہے کہ شعریات کے تعامل میں دو طرفیں کارگر ہیں: زبان اور ذہن۔ غالب کے ذہن کی ساخت جدلیاتی ہے یعنی ان کی فکر میں جدلیاتی طور بمنزلہ جوہر جاگزیں ہے۔ غالب کا ذہن حقیقت کے ایک رخ پر اکتفا نہیں کرتا۔ وہ طبعاً بیک وقت حقیقت کی دوطرفگی یا ہمہ طرفگی کو انگیز کرتا ہے یا معاً منقلب کر کے دیکھتا ہے۔ زبان جو شعریات کا حربہ (tool) ہے، پہلے ہی ٹریس Trace سے متصف ہے، یعنی جدلیاتی ہے، اور جو چیز تعامل قائم کر رہی ہے وہ بھی جدلیاتی ہے تو اس تفاعل کی جدلیت دوہری یا کئی گنا زیادہ کارگر کیونکر نہ ہوگی، یعنی اس میں زیادہ شدت، زیادہ عمق اور بیش از بیش کثیرالجہتی کیونکر نہ ہوگی۔ غالب کی جدلیت حد درجہ ہمہ گیر اور ہمہ پہلو اس لیے بھی ہے کہ غالب کی شعریات زبان کی جدلیات پر اپنے جدلیاتی ذہن و شعور کا

فتیلہ رکھ کر اسے کیا سے کیا بنا دیتی ہے، یا دوسرے لفظوں میں اسے یک گونہ معنیاتی تابکاری کے آتشکدے میں بدل دیتی ہے۔ یقیناً غالب کے یہاں کچھ تو ایسا ہے جو اسے جادوئی عمل بناتا ہے۔ بیدل ہوں، یا غالب لگ بھگ اسی کیفیت کو شرار کاشتن یا شرار نوشتن (چراغانِ معنی) سے تعبیر کرتے ہیں۔'' (نارنگ، ص 478-477)

صفحات کی تحدید کے باعث دوسرے اہم اور معنی خیز مباحث کی تفہیم و تنقید کو عمداً نظرانداز کر رہا ہوں جو نہایت قابلِ مطالعہ اور قابلِ غور و فکر ہیں۔ لیکن ایک اہم ترین اساسی مبحث 'جدلیاتی لفظ' کا تذکرہ ناگزیر ہے جس کی برخود غلط تعبیر و تفسیر کے وسیلہ سے بزعم خود ہمہ داں مفسر اور معبّر نے جدید شاعری کے مینارِ بابل کی آسمان بوس تشکیل کا خواب دیکھا تھا۔ وہ ہر امر میں ہمیشہ اَعلَم بالصواب ہونے کے مدعی ہوتے ہیں۔ نارنگ نے اپنے ناقابلِ تسخیر اصحِ دلائل و مسکت براہین سے اس کو ردتشکیل کر زمین بوس ہی نہیں زمین دوز کر دیا ہے۔ یہ برف پوش جدیدیت کے ازکاررفتہ بے دماغ اور بے تہ فکری نظام کے کارنر اسٹون (بنیادی پتھر) کے مکمل انہدام کا 'نشانِ امتیاز' ہے۔ اس کے بعد تو واقعتاً نہایت مثبت طور پر مابعد جدیدیت سے نئے عہد کی تخلیقیت تک کا بسیط دور اکیسویں صدی میں محیط ہوگیا ہے۔ نئی علمیاتی سطح پر اس میں نئی وجودیت، ساختیات، پس ساختیات، مظہریات، تفہیمات، ردتشکیل، قاری اساس تنقید اور جدلیاتِ نفی کی لہریں بیک وقت رواں دواں ہیں اور آہستہ آہستہ اپنے منفی عناصر کا ارتفاع کر کے نئے عہد کی تخلیقیت سے ہم آہنگ ہو رہی ہیں۔ نئے نظریۂ ہائے نقد کو اردو میں روشناس کرنے والے مفکر، نقاد اور محقق نارنگ کے تنقیدی ارشاد عالیہ کو 'جدلیاتی لفظ' کے ضمن میں بطور خاص نہایت دلجمعی اور خرد افروزی سے ملاحظہ فرمائیے۔ نارنگ نے محاورۃً دودھ کا دودھ اور پانی کا پانی الگ کر کے دکھا دیا ہے۔

'''جدلیاتی لفظ' کی اصطلاح ایک ممتاز نقاد نے تقریباً چالیس برس پہلے جدید شاعری کے مابہ الامتیاز عناصر کو نشان زد کرنے کے لیے استعمال کی تھی اور اس کی تعریف میں کہا تھا کہ ''جدلیاتی لفظ سے میری مراد تشبیہہ، استعارہ یا پیکر کا حامل لفظ ہے۔'' یہ اصطلاح زیادہ

نہیں چلی، شاید خود مصنف کو ازخود اس کا اندازہ ہوگیا کہ جدلیات یا جدلیت میں (خواہ وہ مغرب کے راستے سے آئے جیسا کہ اُن کے معاملے میں اُس وقت تھا) یا مشرق کے راستے سے، قضیہ اور ردِّ قضیہ شرط ہے، یعنی اگر طرفین میں 'ضد' یا تخالف نہیں تو وہ جدلیاتی نہیں۔ تشبیہ، استعارہ یا پیکر میں طرفین میں ہمرشتگی تو ہوتی ہے لیکن یہ ہمرشتگی مشابہت یا کسی دوسرے پیرایے کی وجہ سے ہوتی ہے، تخالف، ضد، یا ردِّ قضیہ یا تقلیب کا سوال ہی پیدا نہیں ہوتا۔ یعنی استعارہ، تشبیہ یا پیکر کے معنیاتی تفاعل کی نوعیت الگ ہے اور جدلیات کی الگ۔ نیز یہ کہ استعارہ، تشبیہ یا پیکر ہر دور کے ادب میں خواہ قدیم ہو یا جدید قدرِ مشترک ہیں، اگر جدید شاعری کی وجہِ امتیاز تشبیہہ، استعارہ یا پیکر کے حامل الفاظ تھے تو میر کی شعریات اُس سے ممیّز کیونکر قرار پائے گی، جبکہ جدید شاعری کی شعریات یقیناً وہ نہیں تھی جو کلاسیکی غزل کی شعریات تھی۔ (نارنگ، ص 478)

کلمۂ نفی اور تعبیرِ نفی

''اتنا معلوم ہے کہ غالب کی شعریات کے 'کرشمہ و ناز وخرام' کی ایک ایک ادا کو یاروں نے گن ڈالا ہے، ترکیب سازی، استعاریت، تشبیہیت، پیکریت، تمثالیت، علامتیت، دفتر کے دفتر موجود ہیں، اسی طرح لوگوں نے انشائیہ، خبرئیہ، استفہامیہ جہات پر بھی خوب خوب لکھا ہے۔ ایسے میں کلمۂ نفی یا تعبیرِ نفی پر توجہ نہ ہوئی ہو ایسا ممکن نہیں۔ نفی کے دو چار لفظ اردو کے عام لفظ ہیں اور زبان کے عام چلن کا حصہ ہیں۔ غالب ہی کیوں یہ سب کی دسترس میں ہیں، سب انھیں برتتے ہیں اور ان سے کسی کو مفر نہیں۔ تاہم واضح رہے کہ کوئی بھی مفرد لفظ یا کلمہ بجنسہٖ جادو نہیں بنتا جب تک کہ وہ کسی تہ نشیں تخلیقی نظام، لاشعوری افتاد و نہاد یا شعریات کا پیرایہ نہ ہو، یعنی جب تک کہ وہ خون کی روانی کی طرح شعری زبان اور جملہ معنیاتی وسائل ولوازم کے تخلیقی تفاعل کا حصہ نہ ہو۔

یاد ہوگا کہ تیسرے اور چوتھے باب میں ہم نے جدلیات نفی کی فلسفیانہ جڑوں سے بحث کرتے ہوئے دکھانے کی کوشش کی تھی کہ مفرد کلمات نفی صرف دو چار ہیں اور حرکیات نفی لامحدود۔ چنانچہ نہیں بھولنا چاہیے کہ تحرک کے اعتبار سے حرکیات نفی بالقوۃ زبان کا

core ہے۔ یہ اگر کسی تہ نشیں فلسفیانہ نظام کا حصہ ہے تو تخلیقی تفاعل میں مفردات پر ہی موقوف نہیں، یہ ان کے بشمول ہی نہیں ان کے ورا بھی ہوسکتا ہے۔'' (نارنگ، ص 479)

شونیتا، شعریات اور جدلیاتی وضع

''جدلیاتی فکر میں نکتہ کی بات یہ ہے کہ کسی بھی شئے کا اثبات اس کی نفی میں مضمر ہے۔ اگر نفی نہیں تو اس شئے کا تصور قائم ہی نہیں ہوسکتا۔ بودھی فکر والے باب میں ہم بحث کرآئے ہیں کہ شونیہ بمعنی صفر ہے، یعنی ہر تشکیل اندر سے خالی ہے۔ یہاں تک کہ یہ بیان کہ 'ہر تشکیل اپنی نفی ہے' بھی اپنی نفی کے بغیر قائم نہیں ہوسکتا۔ شونیہ دانش وعلم و آگہی اور معنی کا سب سے بڑا راز اور سرچشمہ ہے۔ اہم یہ ہے کہ شونیہ (صفر) یعنی 'لا' اگرچہ بظاہر غیر شئے معلوم ہوتا ہے، یہ غیر شئے نہیں ہے۔ صفر اگر غیر شئے یا یکسر بے معنی یا بے قدر ہوتو شونیہ کے دائیں طرف لگنے سے ہندسے کی قیمت دس، بیس، سو، دوسو، ہزار، لاکھ، کروڑ، ارب، کھرب ... (ان گنت) گنا تک کیسے بڑھ سکتی ہے۔ گویا شونیہ (نفی یا لا) لامحدود طاقت کا خزانہ ہے۔ جہاں عدد محدود ہے، شونیہ یعنی صفر لامحدود ہے۔ صفر اگرچہ اندر سے خالی ہے، یہ مکاں تا لامکاں زماں تا لازماں کراں تا کراں بھرپور بھی ہے۔ اس اعتبار سے شونیہ بجنسہٖ تخلیقیت ہے، یہ اثبات کی کُنہ ہے، اس کے بغیر اثبات بے قدر یا بے معنی یا بے نشان ہے۔ مزید یہ کہ شونیہ فقط اثبات کی قدر کو بڑھا ہی نہیں، گھٹا بھی سکتی ہے۔ شونیہ یعنی نفی کا نشان اگر دوسری طرف کو لگائیں، مثلاً 10–، 100–، 1000–، علیٰ ہذالقیاس، تو یہ ارب کھرب گنا تک قدر یا معنی کو گھٹا بھی سکتی ہے۔ لیکن گھٹتے گھٹتے بھی کم سے کم گنا کی کچھ نہ کچھ اثباتی قدر کا اقرار پھر بھی رہے گا، یعنی محولہ صدر فراز کی طرح نشیب بھی لامحدود یعنی infinite ہے۔ اور اعشاریہ کی طاقت کو نظر میں رکھیں تو نہ صرف لامتناہی بلکہ لامحدود کا بھی لامحدود ہے! دوسرے لفظوں میں شونیہ مہاشونیہ ہے، یعنی مہاطاقت یا مہاتخلیقیت یا infinity یعنی لامحدودیت کا لازوال خزانہ یا حقیقت کی کُنہ یا سرالاسرار! غور طلب ہے کہ وہ کیا ابداع ہے جو غالب سے اس نوع کے اشعار کہلواتا ہے:

234 بہ رنگِ شیشہ ہوں یک گوشۂ دلِ خالی
کبھی پری مری خلوت میں آنکلتی ہے (نخ)

---

372 نفی سے کرتی ہے اثبات تراوش گویا
دی ہے جائے دہن اس کو دمِ ایجاد 'نہیں' (ق+)

''دنیا کی دوسری تخلیقی روایتوں میں نفی کی جدلیاتی حرکیات یا قوت کو محسوس نہ کیا گیا ہو ایسا نہیں ہے۔ یونانی فلسفہ میں Apophasis کی روایت ہے یعنی جو کہا نہ جاسکے یا زبان سے ورا ہو، بطور ڈائیلما، یا بطور خاموشی یا بے صدا زبان جو حقیقت یعنی مطلوبہ معنی کے بیان سے ورا ہو۔ چینی روایت میں تاؤ فلسفہ تو قائم ہی جدلیت پر ہے:

The Tao that can be spoken is not the Tao

''حرکیاتِ نفی کا طور غالب کے یہاں بھی بے لوث فریق ہے، ایک طورِ محض یا طریقِ محض جو فکر پر نفی کی دھار رکھ کر آگہی کی طرفیں کھولتا ہے، جو نہ صرف پیش پا افتادہ یا عامیانہ کے زنگ کو کاٹتا ہے بلکہ ہر طرح کی روایتی مابعدالطبیعیات کی تحدید، تنگ نظری اور جکڑ بندی کو بھی منسوخ کرتا ہے۔ مزید یہ کہ اپنی طرف سے یہ طور کسی بھی نوع کی ضابطہ بندی کا موید نہیں۔ شونیتا کا سفر معمولہ سے آزادی کے احساس کا بے لوث سفر ہے۔ غالب کی شعریات کا سفر بھی حسن کاری اور آزادی کے احساس کا بے لوث سفر ہے۔ غالب بھی کسی لاگ کو روا نہیں رکھتے۔ ان کا مقصود چونکہ اول و آخر ارضی ہے، وہ نفی اساس تخلیقیت سے معنی نادر و نایاب کے طلسمات کی تشکیل کرتے ہوئے زندگی کے حسن و نشاط اور سوز و ساز سے گداختگی اور آزادگی کا نور کاڑھتے ہیں تاکہ وسعتِ مشرب، کثیرالجہتی اور محبت کا فیض عام ہو، اور شرف انسانی اور حوصلہ مندی کی راہ کھلی رہے۔'' (نارنگ، ص 483-481)

''غالب شعریاتِ حرکیات نفی کے تفاعل سے عمومیت زدہ زبان اور پیش پا افتادہ و فرسودہ کو چیلنج کرتی ہے تاکہ حسن کاری و نادرہ کاری کے تئیں احتساسیت پیدا ہو اور معنی آفرینی کی جلوہ گری ہو۔ یہ فقط روشِ عام سے گریز نہیں بلکہ روشِ عام کو پاش پاش کرکے نئے اور نادر کے لیے تخلیقی و بدیقی Space عرصہ نکالنا ہے۔ اس کے لیے ایک نہیں کئی

پیرائے ہیں۔'' (ایضاً، ص 484)

(الف) روایت اول، (ب) روایت دوم، (ج) متداول دیوان، (د) فقط مصرعے اور 'جدلیاتی وضع، آزادگی و کشادگی : وسعتِ بتخانہ ہائے ہند و چیں' گوپی چند نارنگ کی نئی اطلاقی تنقید عالیہ کے جاگتے جگمگاتے نخشتمثال ہیں۔ اس کے پس پشت ان کی نئی فکریاتی پیش رفت کی تازگیٔ فکر، جرأت اظہار، نوعلمیاتی تحلیل و تجزیہ کی گہرائی، گیرائی، درّاکی اور درخشندگی کارفرما ہے۔

اس کے بعد اسی گیارہویں باب کے آخیر میں 'اکیسویں صدی کا منظرنامہ اور غالب شعریات' بطور خاص قابلِ مطالعہ اور قابلِ غور و فکر ہے۔ اس میں افلاطون کے تنزیہی طریق کار اور ارسطو کے تشبیہی طریق کار سے آئین اسٹائن کی بیکراں حیرانی تک سے بھی آگے کوانٹم طبیعات کے نئے انکشافات کا تذکرہ بھی ہے جس نے سابقہ تعینات کو ریزہ ریزہ کردیا ہے۔ انجام کار فرتجوف کاپرا نے اپنی مایۂ ناز کتاب The Tao of Physics میں طبیعیات اور مابعدالطبیعات کے درمیان آویزاں حجاب کو برملا اٹھا دیا ہے — ''بغیر داخلی خلا کے کوئی خلا نہیں ہے۔''

There is no space without inner space.

عمیق ماحولیات (Deep Ecology) کے گہرے ماحولیاتی شعور و آگہی اور کوانٹم فیزکس کی معاصر داخلی بصیرت اب نہایت صاف و شفاف طور پر نشاندہی کررہی ہے کہ قطرہ کو سمندر سے اور جزو کو کل سے علاحدہ دیکھنے کا ارادہ درحقیقت باطل حقیقت کی جادوگری، سراب اور التباس کا طلسم نظارہ ہے۔ بقول غالب :

قطرہ میں دجلہ دکھائی نہ دے اور جزو میں کل
کھیل لڑکوں کا ہوا دیدۂ بینا نہ ہوا

نئی علمیات اور نئی فکریات کی دیدۂ بینا متناقضات کی قواعد اور قولِ محال کے محاورہ میں نِت نئے اکتشافات کررہی ہے۔ بقول نارنگ ''اردو میں متناقضات کی گرامر اور قولِ محال کے محاورہ کی جیسی امانت دار غالب کی جدلیاتی فکر اور تکثیری شعریات میں ہے، اس کی

دوسری نظیر نہیں۔"

"پیشتر اس کے کہ ہم اس باب کو ختم کریں ایک سرسری نظر ذہن انسانی کے موجودہ منظرنامہ پر بھی ڈال لیں کہ کس طرح سائنس اور جدید ترین علمیات بھی آج متناقضات کے محاورہ میں بات کرنے پر مجبور ہیں اور جدلیاتی وضع کو آج کے ذہن و مزاج سے خاص نسبت ہے۔" (ص 563)

"یہ حقیقت ہے کہ سائنس باوجود کوشش کے وجود کی گتھی کو آج تک نہیں سلجھا سکی۔ بڑے سے بڑے نابغۂ روزگار سائنس داں نوبل انعام یافتہ بھی اب اس بات کو تسلیم کرتے ہیں کہ سائنس کائنات کے راز کو نہیں پاسکی بلکہ کائنات کے راز اور بھی گہرے ہوگئے ہیں۔" (ص 565)

"آج سے کچھ مدت پہلے یہ کہنا آسان تھا کہ کائنات مادہ (matter) سے بنی ہے۔ لیکن اب مادہ گویا لاموجود ہوگیا ہے۔ اس کی وہ اہمیت ہی ختم ہوگئی ہے۔ نئی طبیعیات میں اب مادہ نام کی کوئی چیز نہیں ہے۔ سائنس نے جتنا مادہ کو متعین کرنے کی سعی کی، مادہ معدوم ہوتا چلا گیا اور انرجی (توانائی) اور تابکاری میں تبدیل ہوگیا۔ انرجی مادہ نہیں، انرجی کے ٹھوس ہونے کا سوال ہی پیدا نہیں ہوتا۔ مادہ جامد ہے انرجی غیر جامد ہے۔ مادہ کو ناپا تولا جاسکتا ہے غیر ٹھوس انرجی کو ناپا یا تولا نہیں جاسکتا۔ جب سے توانائی نے مادہ کی جگہ لی ہے، سائنس جو معروضیت اور تیقن کا دوسرا نام تھا، اب عدم معروضیت، عدم تیقن (Principle of Uncertainty) کی زبان بولنے لگی ہے۔ صوفیا اور یوگی ہمیشہ کائنات کے بھید کے آگے سر جھکاتے آئے ہیں۔ نوبل انعام یافتہ ایڈنگٹن کا قول ہے:

"The universe no longer looks like a thing
but like a thought"

(کائنات شئے یا مادہ نہیں، کائنات اب مادہ سے زیادہ خیال معلوم ہوتی ہے)

"کائنات مادہ سے زیادہ شعور ہے۔ مشرق ہمیشہ سے شعورِ کلی یا 'نور' کی بات کرتا رہا ہے۔ دانشِ ہند اور متصوفانہ فکر میں سب سے زیادہ زور اس بات پر دیا گیا ہے کہ حقیقت شعورِ کُلی ہے۔ سائنس مادہ کی حقیقت سے جیسے جیسے پردہ اٹھاتی گئی ہے، راز اُتنے گہرے

ہوتے گئے ہیں۔ سائنس کے پاس اب وہ زبان ہی نہیں انرجی یا سیال انرجی کو بیان کرنے کی جو جتنی حاضر ہے اتنی غائب ہے، جو بجائے خود ایک متناقضہ ہے ایک لاینحل معمہ۔ گویا سائنس اب بدھ کی یا لاؤتسے کی یا صوفیا کی متناقض زبان میں بات کرنے لگی ہے۔ انسانی فکر میں شونیتا قولِ محال یا متناقضات (paradoxes) کی قدیم ترین زبان ہے۔ بدھ یا لاؤتسے یا چینی مطلقیت کے محاورہ میں نہیں، متناقضات کے محاورہ میں بات کرتے ہیں، جو صاف اقرار کرتے ہیں کہ زندگی ایک معمہ ہے، متناقضہ ہے جس کے بھید کو پانا آسان نہیں ہے۔'' (نارنگ، ص 566)

The Tao that can be spoken is not the Tao

''متناقضات کا محاورہ تخلیقیت اور متصوفانہ فکر کا محاورہ ہے، رمز و ایما یا استعاراتی اظہار ہمیشہ سے تخلیقیت یا متصوفانہ فکر کا وظیفہ رہے ہیں۔ شعورِ کُلی طلسماتِ ناپیدا کنار ہے، کراں تا کراں۔ دوسرے لفظوں میں زندگی متناقضات پر مبنی ہے جسے میکانکی یا عامیانہ زبان میں سمجھا ہی نہیں جاسکتا۔ اس کا فقط متناقضیاتی بیان ہی ممکن ہے جو زندگی کے جوہر سے قریب ہے۔ اس سے ہم پہلے بحث کر چکے ہیں کہ اس متناقضہ آشنا جوہر کا تصور سبک ہندی اور بیدل شعریات سے ہوتا ہوا غالب تک پہنچتا ہے اور غالب کے ذہن و تخیل اور شعریات میں ایسی جڑ پکڑ لیتا ہے کہ ان کے تخلیقی دستخطوں میں ڈھل جاتا ہے۔'' (نارنگ، ص 566)

''نئی علمیات اور شعریات سب سے زیادہ زور معنیاتی تکثیریت، تجسس اور بوقلمونی پر دیتی ہے اور غالب کی جدلیاتی تخلیقیت کا آزادگی و کشادگی پر زور دینا اور طرفوں کو کھلا رکھنا گویا مابعد جدید ذہن سے خاص نسبت رکھتا ہے۔ غالب کی شعریات اجتہاد، انحراف اور آزادی کی شعریات ہے۔ اس کا وظیفہ تغیر، تبدل اور تجسس ہے۔ آج کے منظرنامہ میں یہ مماثلت معنی خیز تو ہے ہی، حیران کن بھی ہے کہ جدلیاتی فکر اور متناقضات کی زبان جو غالب کی تخلیقیت کی خاص پہچان ہے، عہد حاضر کی تکثیریت اور عدم تیقن کے محاورہ سے گہری مناسبت رکھتی ہے۔ غالب کے بارے میں معلوم ہے کہ غالب اپنے زمانے سے

آگے تھے۔ ان کو سمجھنے میں وقت لگا، بلکہ یہ سلسلہ ہنوز جاری ہے۔'' (نارنگ، ص 566)

باب دوازدہم ''شخصیت، شوخی و ظرافت، آزاد خیالی اور جدلیاتی اُفتاد و مزاج' نارنگ کی غیر معمولی تخلیقیت، تنقیدی جدلیت، فکشنی بصیرت اور تحقیقی بازیافت کا خوش فکر اور خوش اسلوب طرفہ تخلیقی، سوانحی، تحقیقی اور تنقیدی مونتاژیہ ہے جو نہایت دلاویز، تاثرانگیز، جاں گداز، معلومات آفریں اور معنی افروز ہے۔

(1) آگرہ، گلاب خانہ اور ہُرمُزہ

(2) روشن خیالی اور وسیع المشربی

(3) کلکتہ، بادِمخالف اور آزادیٔ رائے

(4) مثنوی امتناعِ نظیر خاتم النبیین

(5) بہادر شاہ ظفر اور ملک الشعرائی

(6) کالج کی مدرسی، سانحۂ اسیری اور مثنوی ابرِ گہربار

(7) تقریظ آئینِ اکبری اور سرسید احمد خاں

(8) مثنوی چراغِ دیر، عبادت خانۂ ناقوسیاں اور کعبۂ ہندوستان

(9) شوخی و بذلہ سنجی و آزادگی

(10) انقلاب 1857 اور قلزم خوں

(11) خستہ و نژند، رنجور و دردمند: جدلیاتی نثرپارے

(12) معرضِ مثال میں دست بریدہ اور آج

اس نادرہ کار اور میناکار مونتاژی آئینۂ خانہ میں نارنگ نے سلسلہ وار اُن تمام رنگارنگ شخصی امور اور متنوع بشری جہات کو اس خوش سلیقگی اور خوش ہنری سے فروزاں کیا ہے کہ مرکزی مبحث سے بیک وقت ان کے عیاں اور نہاں رشتوں کی گرہیں بے ساختہ وا ہوگئی ہیں اور ہم آہستہ آہستہ دیکھتے ہیں کہ غالب کی شخصیت اور زندگی کے شخصی آثار، تہذیبی کوائف، تواریخی حوادث اور ثقافتی وقوعات کے بہت سارے نازک اور پیچیدہ مراحل اور مسائل جو بظاہر لاینحل اور عجیب و غریب نظر آتے ہیں، درحقیقت اُن میں فیصلہ کن فعال

کردار ان کے جدلیاتی رویہ، برتاؤ اور آزاد خیالی کا مرہونِ منت ہے۔ نارنگ نے اختصار اور ارتکاز کے لیے صرف اُن خصوصی وقوعات و کیفیات پر اپنی دانشورانہ توجہ مرکوز کی ہے جن کی معنویت، اہمیت و سوانحی قدر و قیمت سنگ میل آسا ہے، اور جن مسائل کی کوئی تشفی بخش توجیہہ نہیں تھی یا جن سے ہنوز پوری طرح کسی نے پردہ نہیں اٹھایا تھا۔

غالب کی بیکراں آزاد خیالی اور وسیع المشربی کے تخلیقی رویوں کو جدلیت نے اور ان کی فطری جدلیاتی فکر کو ان کے تخلیقی رویوں نے بیدار اور متحرک نہ کیا ہو، یہ ناممکن ہے۔ غالب کے تخلیقی ذہن، مزاج، ذوق، وجدان اور شعور کا جدلیاتی گراف اُن کی زندگی میں کس طرح زیر و زبر ہوتا رہا ہے، اس سے شدید طور پر اندازہ ہوتا ہے کہ غالب کی زبردست متناقض شخصیت واقعتاً روایتی تنقید و تفہیم کے لیے ایک ناقابل حل معمہ ہے۔ ایک بہت غامض متناقضہ ہے۔ اس کے لیے ایک مختلف نوعیت کی جدلیاتی تنقید و تعبیر ناگزیر ہے، جس میں بیک وقت وسیع، عمیق اور رفیع تر معنوں میں بودھی جدلیات نفی کا جوہر اصل اور وجودی 'ہمہ اوست' کا مغز اصل کارفرما ہو۔ یہ مہر نیمروزی حقیقت ہے کہ غالب کی ہمہ گیر تخلیقیت اور شعریات میں جدلیاتی رویہ، بمنزلہ جوہر جاگزیں ہے اور یہ ان کی غیر معمولی تخلیقی شخصیت، مزاج اور کردار کا زندہ اور دھڑکتا ہوا حصہ ہے جو کہیں عیاں اور کہیں پنہاں زندگی کے مختلف موڑ پر شخصی واقعات، حالات و حوادث میں بے اختیار نمایاں ہوتا ہے۔ یہ سورج آسا نفسیاتی حقیقت ہے کہ شخصی احوال و کوائف ذہن، وجدان اور شعور پر اور ذہن، وجدان اور شعور ذاتی احوال و کوائف پر شدید طور پر اثرانداز ہوتے ہیں۔ ان میں باہمی تعامل کا وہی دوہرا رشتہ موثر اور کارگر ہوتا ہے جو جدلیاتی کارکردگی کی تہ میں عمل آتا ہوتا ہے۔ زندگی کے مانند ذہن و مزاج اور شخصیت بھی ایک متناقضہ ہے۔ اس کی افہام و تفہیم میکانیاتی رشتوں کی منطق سے کرنا یکسر سادہ لوحی ہے۔ یہ دونوں زندگی کی نامیاتی کارکردگی کا جزو لاینفک ہیں۔ شخصیت ذہن کی اور ذہن شخصیت کی تعمیر کرتا ہے اور یہ دو رویہ جدلیاتی تفاعل شخصی ارتفاع اور ارتقا کے ساتھ مسلسل جاری و ساری رہتا ہے۔ اس ضمن میں غالب کی اردو مکتوب نگاری جنوں آگیں ہوشمندی، ظرافت آگیں سنجیدگی اور نادانی آگیں دانائی

کا نگارخانۂ رقصاں ہے۔ نارنگ نے اس کا بھی خیال رکھا ہے۔ اس میں رواں دواں شوخی وظرافت، آزاد خیالی، جدلیاتی افتاد و مزاج، وسیع المشربی، کشادہ دلی، آزادی و وارفتگی اور کربِ آگہی و نشاطِ آگہی کا جدلیاتی مطالعہ ناگزیر ہے۔ مزید برآں غالب کی تفہیم شعر کے ساتھ تفہیم نثر کے بغیر 'غالب تنقید' نامکمل ہے۔ نارنگ نے یہاں بھی متن کے تجزیے اور حوالوں سے ثابت کیا ہے کہ اس میں بھی جدلیاتی وضع غالب کی نثری تخلیقیت اور نثری فکر کا نشانِ امتیاز ہے۔

(1) آگرہ، گلاب خانہ، ہرمزہ، شجرۂ مشائخ

''مرزا کی ننھال کا شمار آگرہ کے متمول ترین گھرانوں میں ہوتا تھا اور ان کا بچپن عیش وعشرت اور اللّوں تللّوں میں گزرا تھا۔ والد اور چچا کا سایہ سر سے اٹھ جانے کے بعد روک ٹوک کرنے والا کوئی نہ تھا۔ آگرہ میں مرزا کے نانا کمیدان غلام حسین خاں کی جاگیر میں متعدد دیہات اور بڑی املاک تھیں، کسی چیز کی کمی نہ تھی۔ وہ رئیس زادوں کی طرح اپنا وقت بےفکری اور لہو ولعب میں گزارتے۔ عنفوانِ شباب میں مرزا کا شمار شہر کے حسین اور خوشرو لوگوں میں ہوتا تھا۔ حالی لکھتے ہیں کہ دہلی میں جب انھوں نے مرزا کو دیکھا تھا ''حسانت اور خوبصورتی کے آثار ان کے چہرے اور قد و قامت اور ڈیل ڈول سے نمایاں طور پر نظر آتے تھے۔''

مرزا نے 'مہر نیمروز' کے دیباچہ میں اپنی نوجوانی کے دنوں کو یاد کرتے ہوئے لکھا ہے۔ (ترجمہ)

(نیک نامی اور دولت میرے لیے اجنبی ہیں۔ اور میں خود نام و ننگ کا دشمن ہوں۔ فرومایہ لوگوں کا ہم نشین ہوں اور اوباشوں کے ساتھ میرا یارانہ ہے۔ میرے پاؤں آوارہ گردی کے عادی ہیں اور زبان یاوہ گوئی کی خوگر۔ اپنے ہی سر پر مصیبت توڑنے میں چرخِ ستم پیشہ کا میں مددگار ہوں اور دشمن کا صلاح کار... پنجاہ سالہ آوارگی اور بھاگ دوڑ سے مسجد اور بتخانے سے گرد اٹھ رہی ہے اور خانقاہ و میکدہ ایک دوسرے پر گرے پڑ رہے ہیں۔)

اسداللہ خاں تمام ہوا

اے دریغا وہ رِند شاہد باز

''آگرہ برج کی رنگ بھومی میں ہے جہاں پاس ہی گوکل، متھرا، برندابن، کرشن کی راس لیلا کے علاقے ہیں جن کی داستانیں چلی آتی ہیں۔ میر تقی میر اور نظیر اکبرآبادی کا تعلق بھی آگرہ سے تھا اور ادبی اعتبار سے بھی اس شہر کی بڑی اہمیت تھی۔ غالب کے خطوط اور اشعار میں جہاں جہاں آگرہ کا ذکر آیا ہے، مسرت و انبساط کے پھول کھل اٹھے ہیں۔ یادگار میں حالی نے مرزا کی نوجوانی کے دنوں کی وارفتگی اور بے راہ روی کا ذکر کرتے ہوئے 'شمپان' اور 'عرقِ تاک' کے شوق کا بھی اشارہ کیا ہے اور یہ بھی کہا ہے کہ مذہبی معاملات میں مرزا خاصے بے پروا تھے۔ وہ کہتے ہیں مرزا کی ابتدا بگڑی اور ایسی بگڑی کہ جب تک ننھیال کی تمام املاک کی صفائی نہ ہوئی نشے ہرن نہ ہوئے۔ مرزا کی طبیعت میں گرمی اور جودت کی آگ بھری ہوئی تھی۔ اور اگر اس لہو ولعب اور عیش وعشرت کے زمانے میں انھوں نے شاعری کی طرف توجہ کی تو یہ کسی غیر معمولی باطنی تڑپ اور لاشعوری طبعی طلب کے بغیر نہ تھا۔ ایک رباعی میں خود کہا ہے کہ 'تیرِ شکستۂ نیاگاں' یعنی بزرگوں کا ٹوٹا ہوا تیر میرا قلم بن گیا اور تلوار کی آبداری میری شاعری میں آگئی ہے۔ دوسرے لفظوں میں غفلت اور بدمستی کے عالم میں بھی غالب نے جس فن میں ہاتھ ڈالا، باوجودیکہ زمانہ قدردانوں سے خالی تھا، اس کو اس درجے تک پہنچا کے چھوڑا جو اس کا منتہائے کمال تھا۔

اسی زمانے میں ایک پارسی نژاد شخص جس کا نام آتش پرستی کے زمانے میں ہُرمُزد تھا اور مسلمان ہونے کے بعد عبدالصمد کہلاتا تھا، آگرہ میں سیاحانہ وارد ہوا اور دو برس تک مرزا کے پاس مقیم رہا۔

''مرزا نے اُس سے فارسی زبان میں کسی قدر بصیرت پیدا کی ... مرزا نے جابجا اُس کے تلمّذ پر اپنی تحریروں میں فخر کیا ہے اور اُس کو بلفظ تیمسار جو پارسیوں کے ہاں نہایت تعظیم کا لفظ ہے یاد کیا ہے ... اس سے معلوم ہوتا ہے کہ جو کچھ دو برس کے قلیل عرصے میں وہ مرزا کو سکھا سکتا تھا اس میں ہرگز مضائقہ نہ کیا ہوگا اور جیسا کہ قاطع بُرہان

اور درفش کاویانی کے دیکھنے سے ظاہر ہوتا ہے اس نے تمام فارسی زبان کے مقدم اصول اور گُر اور پارسیوں کے مذہبی خیالات اور اسرار جن کو فارسی زبان کے سمجھنے میں بہت بڑا دخل ہے اور پارسی و سنسکرت کا متحدالاصل ہونا اور اسی قسم کی اور ضروری باتیں مرزا کے دل میں بوجہ اولیٰ تہ نشین کردی تھیں۔''

''تاہم متعدد سوانح نگار اس استاد کو مرزا کے تخیل کا کرشمہ خیال کرتے ہیں کیونکہ خود غالب نے وقتاً فوقتاً اپنے زرتشتی استاد کے وجود سے انکار کیا ہے۔ حالی غالب کے حوالے سے لکھتے ہیں ''اگرچہ کبھی کبھی مرزا کی زبان سے یہ بھی سنا گیا ہے کہ مجھ کو مبداءِ فیاض کے سوا کسی سے تلمّذ نہیں ہے اور عبدالصمد محض ایک فرضی نام ہے۔ چونکہ مجھ کو لوگ ''بے استادا'' کہتے تھے ان کا منھ بند کرنے کو میں نے ایک فرضی استاد گھڑ لیا ہے۔''

ایک خط میں مرزا لکھتے ہیں :

''فارسی زبان سے لگاؤ اور شعر وسخن کا ذوق فطری وطبعی تھا۔ ناگاہ ایک شخص کہ ساسان پنجم کی نسل میں سے معہذا منطق و فلسفہ میں مولوی فضل حق مرحوم کا نظیر اور مومنِ موحد و صوفی صافی تھا، میرے شہر میں وارد ہوا۔ اور لطائف فارسی بحت (خالص) اور غوامضِ فارسی آمیختہ بہ عربی اس سے میرے حالی ہوئے۔ سونا کسوٹی پر چڑھ گیا۔ ذہن معوج نہ تھا۔ زبانِ دری سے پیوندِ ازلی اور استاد بے مبالغہ جاماسپ عہد و بزرجمہر عصر تھا۔ حقیقت اس زبان کی دلنشیں و خاطرنشان ہوگئی۔''

''شیخ محمد اکرام کا خیال ہے اس کا امکان ہے کہ ہرمزد کی وجہ سے پارسیوں کے عقائد سے مرزا کی واقفیت بڑھ گئی اور مذہب سے متعلق آزادخیالی میں ہرمزد کو بھی دخل ہے۔

''ایرانی الاصل زرتشتی کے معاملہ کو مرزا نوجوانی کا بتاتے ہیں اور شادی کے بعد جب مرزا دہلی منتقل ہوئے تو وہ بھی بطور اتالیق دہلی میں ان سے متعلق رہا ہوگا۔ اس بارے میں معاصر شہادت نہ ہونے کے برابر ہے۔ یہ بھی حقیقت ہے کہ غالب بار بار کہتے ہیں :

''مجھ کو مبداءِ فیاض کے سوا کسی سے تلمذ نہیں ہے۔''

لیکن یہ بھی کہتے ہیں :

''چونکہ مجھ کو لوگ 'بے استادا' کہتے تھے ان کا منھ بند کرنے کو میں نے ایک فرضی استاد گھڑ لیا ہے۔''

''غالب کی اس انوکھی منطق سے ان کے ذہن کا جدلیاتی چور صاف ظاہر ہے۔ قاضی عبدالودود کہتے ہیں کہ ''غالب کا صریح تضاد دور کرنے کی کوشش میں حالی خود تضاد میں مبتلا ہو گئے۔'' غالب نہیں کو ہاں اور ہاں کو نہیں سے منقلب کرنے کا کمال رکھتے ہیں، جس کو صاد کرتے ہیں اس کی تغلیط بھی کرتے ہیں، ان کی جدلیاتی گریز پائی کسی مرکز و محور کو قائم نہیں رہنے دیتی۔ یعنی یہ بھی اور وہ بھی۔ دیکھا جائے تو یہ سب ان کے جدلیاتی ذہن کا کرشمہ ہے جو قول متناقض میں ربط پیدا کر لیتا ہے۔ یعنی یہ ایک ہی حقیقتِ جاریہ ہے جس میں اطراف نہیں ہیں۔

''ان کی شادی لوہارو کے رئیس خاندان میں نواب الٰہی بخش معروف کی بیٹی سے ہوئی۔ ان کے خسر نواب الٰہی بخش خاں معروف ذوق کے شاگرد اور نواب احمد بخش خاں رئیس لوہارو اور فیروزپور جھرکہ کے بھائی تھے۔ اس شادی سے مرزا کا تعلق رئیسوں کے ایک ایسے خاندان سے ہو گیا جس کا شمار دہلی کے ممتاز گھرانوں میں ہوتا تھا۔ مرزا کے خسر مرزا الٰہی بخش خاں معروف جن کے تقدس اور بزرگی کے سبب لوگ ان کے سامنے زانوئے ادب تہ کر کے بیٹھتے تھے، حالی نے ان کا ایک دلچسپ واقعہ لکھا ہے:

''وہ لوگوں کو مرید بھی کیا کرتے تھے اور جب بہت سے مرید ہو جاتے تھے تو ان کو اپنے سلسلے کے تمام مشائخ کا شجرہ لکھوا کر ایک ایک کاپی سب کو تقسیم کیا کرتے تھے، انھوں نے مرزا کو شجرہ دیا کہ اس کی نقل کر دو۔ آپ نے شجرہ کی نقل اس طرح کی کہ ایک نام لکھ دیا دوسرا حذف کر دیا تیسرا پھر لکھ دیا چوتھا پھر ساقط۔ غرضکہ اسی طرح بہت سے حذف و اسقاط کر کے نقل اور اصل جا کر اُن کے حوالے کی۔ وہ دیکھ کر بہت خفا ہوئے کہ یہ کیا غضب کیا! مرزا نے کہا حضرت: آپ اس کا کچھ خیال نہ فرمایئے؛ شجرہ دراصل خدا تک پہنچنے کا ایک زینہ ہے؛ سو زینے کی ایک ایک سیڑھی اگر بیچ میں سے نکال دی جائے تو چنداں ہرج واقع نہیں ہوتا؛ آدمی ذرا اُچک اُچک کے اوپر چڑھ سکتا ہے۔ وہ یہ سن کے

بہت جز بز ہوئے؛ اور وہ نقل پھاڑ ڈالی۔"

"غالب کی آزادہ روی اور جدلیت اس واقعہ سے بھی ظاہر ہوتی ہے۔ نواب الٰہی بخش خاں غالب کے خسر ہونے کے ناتے اور بزرگی و تقدس کے سبب بھی مرزا کے قبلہ و کعبہ تھے۔ حالی کہتے ہیں مرزا شوخیٔ طبع سے باز نہ آتے تھے، یہ تو صحیح ہے لیکن اس کے پس پشت ان کی طبیعت کی جدلیاتی افتاد و نہاد بھی ہے جو چیزوں کو پلٹ کر دیکھتی ہے اور دی ہوئی لیک کو جوں کا توں قبول نہیں کرتی۔ دوسرے لفظوں میں مزاجاً وہ ہر موصولہ و معمولہ سے فاصلہ کر لیتے ہیں اور اس کو گھما کر اس کے طرفہ تماشائی بن جاتے ہیں۔ یہ روش نوجوانی کے متعدد واقعات میں ملتی ہے اور جیسا کہ ہم دیکھیں گے زندگی کے آئندہ مراحل میں بھی جاری رہتی ہے۔" (نارنگ، ص 577-571)

(2) روشن خیالی اور وسیع المشربی

"غالب کے زمانے میں روشن خیالی اور رواداری کی ایک عام فضا تھی جو غالب کے لیے باعث کشش رہی ہوگی۔ متاخرین شعرا اور مغل شعرا سے غالب کو ذہنی قربت تھی لیکن بیدل سے نسبتِ خاص تھی۔ بیدل غالب کے زمانے سے قریب بھی تھے اور ان کی ہمالیائی شخصیت کو کوئی دوسرا پہنچ بھی نہیں سکتا تھا۔ بیدل و غالب کے ہمہ پہلو رشتے سے ہم باب ششم میں بحث کر آئے ہیں۔ بیدل کی شخصیت کی مقناطیسیت میں ان کی آزادگی و جرأت فکری خصوصیت سے شامل رہی ہوں گی جو غالب کے لیے بیحد باعثِ کشش تھیں۔ بیدل کو مقامی ہندستانی روایتوں کا بھی گہرا اِدراک تھا۔ ہندو فقیروں، یوگیوں، سادھوؤں سے زندگی بھر ان کے مراسم رہے تھے۔ ہندوؤں کے فکر و فلسفہ، ویدانت، مہابھارت اور عوامی قصے کہانیوں سے ان کی گہری واقفیت کا ذکر پہلے آچکا ہے۔ بیدل کے ہندو احباب و شاگرد ان سے عقیدت رکھتے تھے۔ بندرابن داس خوشگو سے بیدل کا لگ بھگ ویسا ہی رشتہ تھا جیسا ہرگوپال تفتہ سے غالب کا جنھیں محبت سے وہ 'مرزا' کہا کرتے تھے۔

"جیسا کہ ہم پہلے بحث کر آئے ہیں کہ بیدل اور وجودی صوفیا سے جو روایت چلی

آئی تھی اس میں اور غالب کی آزاد خیالی و وارستگی میں کچھ فرق بھی تھا۔ غالب تصوف کا دم ضرور بھرتے تھے لیکن بقول شیخ محمد اکرام غالب کا تصوف نعرۂ مستانہ سے زیادہ کچھ نہیں تھا۔ یہ حال سے زیادہ قال تھا۔ مرزا خود کو 'ولی پوشیدہ اور کافر کھلا' کہتے ہیں جو ان کے جدلیاتی انداز و مزاج کے عین مطابق ہے:

419 دیکھیو غالب سے گر الجھا کوئی
ہے ولی پوشیدہ اور کافر کھلا

روایت ہے کہ ایک نشست میں غالب نے جب یہ مقطع پڑھا:

398 یہ مسائلِ تصوف یہ ترا بیان غالب
تجھے ہم ولی سمجھتے جو نہ بادہ خوار ہوتا

تو بہادر شاہ ظفر نے کہا مرزا ہم تو تب بھی نہ سمجھتے۔ غالب نے جواباً کہا، حضور تو اب بھی سمجھتے ہیں، کہتے اس لیے نہیں کہ میں مغرور نہ ہو جاؤں۔ قطع نظر اس جملہ معترضہ کے یہ حقیقت ہے کہ غالب کی آزاد خیالی و وسیع المشربی کی جڑیں ماورائیت میں نہیں ان کی ارضیت میں ہیں۔ ان کا سرچشمہ اتنا روحانیت و عرفانیات کی روایت نہیں جتنا خود اُن کا اپنا تعقل و تفکر ہے۔ غالب کی آزادہ ذہنی کی سب سے بڑی طاقت خود غالب کی خرد پرستی و تعقل پرستی ہے۔ نیز یہ بھی کہ تعقل پرستی ان کی جدلیاتی افتاد کو اور خود جدلیاتی افتاد، تعقل پرستی کو اساس فراہم کرتی ہے، ان میں دو طرفہ عمل و تعامل ہے۔ غالب جس طرح دینداری کا دعویٰ بھی کرتے ہیں اور خدا کے دامن کو حریفانہ کھینچتے بھی ہیں، یا 'خوے آدم دارم آدم زادہ ام' کہہ کر آشکارا عصیاں کا دم بھی بھرتے ہیں، اور الٹے خدا پر الزام بھی دھرتے ہیں، ایسا تعقل پسندی اور جدلیاتی افتاد ہی کی بدولت ممکن تھا۔

''بقول شیخ محمد اکرام حالی مرزا کی شخصیت کو 'نگہ پاک بین' سے دیکھتے ہیں۔ وہ غالب کی بے راہ روی اور مذہبی معاملات میں کوتاہی پر غالب کو ٹوکتے بھی ہیں اور تاویلیں بھی کرتے ہیں۔ شیخ محمد اکرام ان معاملات میں نسبتاً صاف گوئی سے کام لیتے ہیں۔ آگے چل کر ہم دیکھیں گے غالب کا جدلیاتی چور چونکہ خاصا تہ در تہ اور پیچیدہ ہے، یہ ان کو بھی جُل دے جاتا ہے۔ شیخ محمد اکرام مرزا کے 'شرع کی قدر و اہمیت سمجھنے' پر ان کو داد دیتے

ہیں۔لیکن یہ بھی لکھتے ہیں :

''مذاہب کے جزوی اختلاف اور فقہ کی پیچیدگیوں اور بے ضرورت پابندیوں سے مرزا کو کوئی دلچسپی نہ تھی۔ انھوں نے اپنے خطوط میں مروجہ تعلیم فقہ اور مسائل ابوحنیفہ کے خلاف جلے کٹے فقرے لکھے ہیں۔ ان کے خیال میں انسان کو چاہیے کہ مذہب کی اصولی باتوں کو سمجھ لے اور ان پر ایمان رکھے، فقہ اور مذہب کی جزوی باتوں میں وقت ضائع کرنا بے فائدہ ہے۔ یہ وقت دل و دماغ کی تربیت میں صرف ہونا چاہیے۔''

میر مہدی کے نام ایک خط میں سرفراز حسین کو تلقین کرتے ہیں :

''میاں کس قصے میں پھنسا ہے۔ فقہ پڑھ کر کیا کرے گا۔ طب و نجوم و ہیئت و منطق و فلسفہ پڑھ جو آدمی بنا چاہے۔ خدا کے بعد نبی اور نبی کے بعد امام۔ یہی ہے مذہب حق والسلام والاکرام۔علی علی کیا کر اور فارغ البال رہا کر۔''

غالب خود اپنے لڑکپن کی تعلیم اور فسق و فجور کے بارے میں ایک خط میں لکھتے ہیں :

''میں نے ایام دبستان نشینی میں شرح مائۃ عامل تک پڑھا۔ بعد اس کے لہو ولعب اور آگے بڑھ کر فسق و فجور، عیش وعشرت میں منہمک ہوگیا۔ فارسی زبان سے لگاؤ اور شعر و سخن کا ذوق فطری و طبعی تھا۔''

''شیخ محمد اکرام لکھتے ہیں کہ مہر نیمروز کے شروع میں ابتدائے آفرینش کے متعلق مرزا نے ہندو عقائد کا جو خلاصہ درج کیا ہے اس سے اور بعض اشعار بالخصوص مثنوی چراغ دیر سے غالب کی ہندو مذہب سے غیر معمولی واقفیت کا پتہ چلتا ہے۔ وہ کہتے ہیں کہ دبستانِ مذاہب ان کے زیرِ مطالعہ رہتی تھی اور پارسیوں کی مذہبی کتب مثلاً دساتیر سے بھی ان کا گہرا لگاؤ ثابت ہے۔(21) وہ یہ بھی کہتے ہیں کہ مرزا کے کئی نہایت پاکیزہ اشعار جو آزادہ روی اور وسیع المشربی پر دال ہیں رسمی قافیہ پیمائی نہیں،قلبی کاوش کا نتیجہ ہیں :

دیر و حرم آئینۂ تکرارِ تمنا
واماندگیِ شوق تراشے ہے پناہیں

با من میاویز اے پدر فرزندِ آزر را نگر
ہرکس کہ شد صاحب نظر دینِ بزرگان خوش نکرد
(اے پدر مجھ سے نہ الجھ، آزر کے بیٹے کو دیکھ، جو صاحب نظر ہو جاتا ہے اُسے
بزرگوں کا دین خوش نہیں آتا)

''شیخ محمد اکرام بھی لکھتے ہیں کہ اسلامی عقائد کی قبا مرزا کے بدن پر پوری طرح نہ پھبتی تھی۔ چنانچہ وہ بھی دارالافتا میں کفر کے کلمات کا اشارہ کرنے پر خود کو مجبور پاتے ہیں : صفحات کی تحدید کے باوجود''مندرجہ بالا بیانات کا مقصد صرف یہ دکھانا ہے کہ اس سے جو رویہ سامنے آتا ہے اس سے مرزا کے ذہن و مزاج کی جدلیاتی وضع صاف جھلکتی ہے۔ اس بارے میں دو رائیں نہیں ہوسکتیں، مثلاً مرزا بنیادی عقائد کے''بدل معتقد اور بزبان معترف'' بھی ہیں، لیکن ''اسلامی عقائد کی قبا اُن کے بدن پر پوری طرح نہیں پھبتی۔'' یا ان کے کئی ''اشعار ایسے ہیں جنھیں دارالافتا میں کفر کے کلمات سمجھا جائے گا۔'' شیخ محمد اکرام صاف گو ہیں۔ لیکن مجبوراً تاویلیں بھی کرتے ہیں۔ دراصل ضرورت تاویلوں کی نہیں۔ مسئلہ رسمی کفر و ایمان کا ہے ہی نہیں۔ غالب کے یہاں یہ دونوں ایک ہی سکہ کے رخ ہیں جس کو رسمی منطقیت قبول نہیں کرسکتی۔ ضرورت فقط غالب کی جدلیاتی افتاد و نہاد کو سمجھنے اور تخلیقیت کی نوعیت کو نگاہ میں رکھنے کی ہے۔ خود شیخ محمد اکرام نے اس تناظر میں ''شاعرانہ رنگ'' کی اصطلاح استعمال کی ہے جو صاف صاف poetic license کا اشارہ ہے۔ مگر یہاں معاملہ فقط''شاعرانہ رنگ'' کا بھی نہیں، بلکہ جدلیاتی تخلیقی مزاج اور رویہ کا ہے جو بنیادی رویہ ہے، اور طبیعت کا اقتضا ہے۔ اگر یہ قولِ محال ہے تو غالب کی پوری زندگی اور مزاج قولِ محال ہے۔ یہ قولِ محال تاویلوں سے دور نہیں ہوسکتا، اس لیے کہ اس کا گہرا تعلق اس نفسی و ذہنی جدلیاتی افتاد و نہاد سے ہے جو مرزا کے مزاج کا لازمہ ہے۔ اور جس کو قبول کیے بغیر مرزا کو سمجھا ہی نہیں جاسکتا۔ سوائے اس کے کہ ان کی طبعی افتاد کو جان لیا جائے یا اس کے پس پشت جو ذہنی شعوری و لاشعوری عمل ہے اس کو سمجھنے کی کوشش کی جائے، دوسرا کوئی راستہ نہیں ہے۔

''غالب کی شخصیت ایک معمہ ہے اور روایتی تنقید و تفہیم اس کے سامنے بے بس نظر آتی ہے۔ خورشیدالاسلام کہتے ہیں :

''خلاقانہ توانائی کا رجحان غالب کے یہاں ایک غیر معمولی وسعت، گہرائی اور سچے کفر کی شان اختیار کرلیتا ہے۔''

''لیکن وہ نہیں بتاتے کہ سچا کفر کیا ہے۔ کیا سچے کفر سے مراد جدلیاتی تقلیب و پیچیدگی ہے یا کچھ اور؟

''شمس الرحمٰن فاروقی لکھتے ہیں :

''... جس قسم کی خیال آرائی سے غالب کا کلام عبارت ہے اس کے لیے کٹر اسلامی بوطیقا میں کوئی جگہ نہیں ہے۔''

''دیکھا جائے تو عقیدہ عقیدہ ہے جبکہ بوطیقا شعریات ہے۔ دونوں کا مقام الگ الگ ہے۔ عقیدہ 'کٹر' ہوسکتا ہے لیکن 'کٹر' بوطیقا ممکن نہیں، کیونکہ بوطیقا کا مقصود عرفان نہیں، معنی آفرینی و حسن کاری ہے۔ بوطیقا ہمیشہ تغیر پذیر ہے جبکہ عقیدہ مستقل اور غیر تغیر پذیر ہے۔ مزید یہ کہ بوطیقا کے لیے تقدس شرط نہیں جبکہ عقیدہ لازمی طور پر مقدس ہے۔ شیخ محمد اکرام نے ''شاعرانہ رنگ'' کی گنجائش رکھی ہے۔ فاروقی کی میزان میں وہ بھی نہیں۔ اس میں شاعرانہ آزادی بھی مفقود ہے۔

''اس ضمن میں شیخ محمد اکرام نے تذکرۂ غوثیہ سے ایک واقعہ نقل کیا ہے، ادب کی دنیا میں کام کرنے والوں کے لیے اس کا نگاہ میں رہنا بہت اہم ہے :

''مولانا فضل حق خیرآبادی، جو ایک مشہور فاضل، مولوی فضل امام خیرآبادی کے صاحبزادے اور ایک نامور عالم، مولانا عبدالحق خیرآبادی کے والد تھے۔ قدیم طرز کے معقولی علما میں خاص مرتبہ رکھتے تھے۔ وہ مرزا غالب کے ہم عمر تھے لیکن بلا کے ذہین اور قابل تھے۔ اس لیے چھوٹی عمر میں ہی بڑی شہرت حاصل کرلی تھی۔ تذکرۂ غوثیہ میں ان کی نسبت ایک واقعہ لکھا ہے :

''ایک روز کا ذکر ہے کہ مولوی فضل حق خیرآبادی نے ایک قصیدہ عربی زبان میں

امراء القیس کے قصیدہ پر کہا۔ اور مولانا شاہ عبدالعزیز صاحب کی خدمت میں لائے، شاہ صاحب نے ایک مقام پر اعتراض کیا۔ اس کے جواب میں انھوں نے بیس شعر متقدمین کے پڑھ دیے۔ جناب مولوی فضل امام نے فرمایا کہ بس حد ادب۔ انھوں نے جواب دیا کہ حضرت یہ کوئی علم تفسیر و حدیث تو ہے نہیں فن شاعری ہے۔ اس میں بے ادبی کی کیا بات ہے۔ شاہ صاحب نے فرمایا کہ برخوردار تو سچ کہتا ہے، مجھ کو سہو ہوا تھا۔''

روسی اسکالر پری گارنا جب غالب کے قول محال کے روبرو ہوتی ہیں تو بجائے تاویلوں کے وہ خود معمے ہی کو پیش کر دیتی ہیں :

''قسمت کا مارا اور دیار دہلی کا ایک بدنصیب، اپنی اصل کے اعتبار سے مسلمان اور اعمال کے اعتبار سے مسلمان کے بھیس میں کافر و آتش پرست، مہمل گو جسے غلطی سے غالب کا نام دے دیا گیا:

خُرسندیِ غالب نہ بود زیں ہمہ گفتن
یک بار بہ فرمای کہ اے ہیچ کسِ ما

(غالب ان باتوں سے کہاں خوش ہوسکتا ہے، کاش ایک بار تو کہہ دے کہ اے
تو جو ہمارا کچھ بھی نہیں ہے)۔ (بنام مولوی سراج الدین احمد)

''غالب کے تشیع اور تصوف دونوں کے ربط و ارتباط سے بھی ان کی معمائی جدلیاتی وضع پر روشنی پڑتی ہے۔ وہ اپنے شیعی ہونے پر زور دیتے ہیں اور اتنی ہی شد و مد سے صوفی ہونے کا اظہار بھی کرتے ہیں۔

''صاحب بندہ! اثنا عشری ہوں، ہر مطلب کے خاتمہ پر 12 کا ہندسہ کرتا ہوں۔ خدا کرے کہ میرا بھی خاتمہ اسی عقیدے پر ہو 12۔ ہم تم ایک آقا کے غلام ہیں۔'' (بنام مرزا حاتم علی مہر)

''اسی طرح اپنے تصوف کا اعلان بھی صاف صاف کرتے ہیں (''میں صوفی ہوں ہمہ اوست کا دم بھرتا ہوں'' (بنام سرفراز حسین) ان کا یہ ادّعا فقط قول کی حد تک نہیں، وہ حضرت مولانا فخرالدین کے پوتے مولانا نصیرالدین عرف میاں کالے صاحب کے ہاتھ پر بیعت بھی تھے۔ مالک رام حیرت سے لکھتے ہیں :

''کون کٹر شیعی کسی غیر شیعی، سنی صوفی کے ہاتھ پر بیعت کرلے گا؟''

(نارنگ، ص 590-583)

(11) خستہ ونژند، رنجور و دردمند : جدلیاتی نثر پارے

''غالب اپنی شاعری میں تو حد کمال پر ملتے ہی ہیں، نثر میں بھی ان کی سحر کاری کا جواب نہیں۔ حالی نے ان کی نثر پر جو لکھ دیا ہے وہ اپنا جواب نہیں رکھتا۔ یہاں فقط یہ اشارہ کرنا مقصود ہے کہ غالب کے ذہن کی جدلیت جس طرح شاعری میں کارگر ہے اور معنی آفرینی و آزادگی و وارستگی کا چراغاں کرتی ہے، ویسا ہی تخلیقی تفاعل نثر میں بھی تہ نشیں ہے اور بعض نثر پارے تو تخلیقی کرشمہ کاری کا ایسا شاہکار ہیں کہ ان کو نگاہ میں رکھے بغیر غالب کی پوری تصویر سامنے آہی نہیں سکتی (لیکن صفحات کی تحدید سدّ راہ ہے) منشی ہرگوپال تفتہ کے نام درج ذیل خط اپنی نوعیت کا واحد خط ہے۔ اس کے اور غالب کی اس غزل کے جسے ہم نے آخری غزل قرار دیا ہے، داخلی پیکرِ خیالی تقریباً ایک سے ہیں۔ کچھ سُر اداسی کے کُھل گئے ہیں مگر اصلاً عالم ہست و بود سے ورا کی کیفیت ہے۔۔ جس سناٹے میں میں ہوں وہاں تمام عالم بلکہ دونوں عالم کا پتہ نہیں۔ یارجانی ہر چیز وہم ہے اور شاید یہ وہم بھی وہم ہے، آگے چل کر یہ پردہ بھی اٹھ جائے۔ یہ آزادی یا آزادیِ کلی یعنی لائے اعظم کے ادراک کا احساس ہے، یا کچھ اور، کچھ بھی کہنا مشکل ہے :

''تم مشق سخن کررہے ہو اور میں مشق فنا میں مستغرق ہوں۔ بوعلی سینا کے علم اور نظیری کے شعر کو ضائع اور بے فائدہ اور موہوم جانتا ہوں۔ زیست بسر کرنے کو کچھ تھوڑی سی راحت درکار ہے باقی حکمت اور سلطنت اور شاعری اور ساحری سب خرافات ہے۔ ہندوؤں میں اگر کوئی اوتار ہوا تو کیا اور مسلمانوں میں نبی بنا تو کیا۔ دنیا میں نام آور ہوئے تو کیا اور گمنام جیے تو کیا۔ کچھ معاش ہو کچھ صحت جسمانی، باقی سب وہم ہے۔ اے یارجانی۔ ہرچند وہ بھی وہم ہے مگر میں ابھی اسی پائے پر ہوں۔ شاید آگے بڑھ کر یہ پردہ بھی اٹھ جائے، اور وجہِ معیشت اور صحت و راحت سے بھی گزر جاؤں۔ عالم بیرنگی میں گزر پاؤں۔ جس سناٹے میں ہوں وہاں تمام عالم بلکہ دونوں عالم کا پتہ نہیں۔ ہرکسی کا جواب

مطابق سوال کے دیے جاتا ہوں۔ لیکن سب کو وہم جانتا ہوں۔ یہ دریا نہیں ہے سراب ہے، ہستی نہیں ہے پندار ہے۔ ہم تم دونوں اچھے خاصے شاعر ہیں۔ مانا کہ سعدی و حافظ کے برابر مشہور ہوئے، ان کو شہرت سے کیا حاصل ہوا کہ ہم کو تم کو ہوگا۔''

(نارنگ، ص 645)

پروفیسر گوپی چند نارنگ نے اپنی غیر معمولی کثیر ثقافت یاتی، وجودیاتی اور عرفانیاتی Ontological درّاک روشنی میں غالب کی محولا بالا مکتوبی قاش کو پیش کیا ہے جو غالب کی مجموعی تخلیقی بصیرت اور حقیقی انسانی حسیت کا نہ صرف اظہاریہ ہے بلکہ وہ پوری زندگی کی وسیع تر رنگ مالا (Broader Spectrum) کے تمام مثبت اور منفی پہلوؤں کے ماحصل کا نہایت فکر آلود مکاشفہ ہے۔ یہاں یہ مسئلہ نہیں انگیخت ہوتا کہ غالب بالآخر کیا دیکھتے ہیں؟ اصل وجودیاتی اور عرفانیاتی مسئلہ یہی ہے کہ غالب کس حد تک دیکھتے ہیں؟ غالب محض 'ردایتی' قید فکر و نظر (Philosophia) کے قتیل ہیں کہ صحیح معنوں میں وہ بحیثیت دیدہ ور سخنور حقیقی آزادیٔ دید (Philosia) کے صادق امین ہیں۔ غالب کی ہمہ پہلو تکثیری شعری اور نثری تخلیقیت اور ہمہ جہت تکثیری معنویت اور شعور و آگہی ان کی بیکراں فکریاتی آزادی کا انعام اکبر ہے۔ ان کی غیر معمولی ہمہ رُخی تخلیقاتِ عالیہ میں جنس آگ ہے۔ محبت لَو ہے اور غیر مشروط کائناتی ہمدردی، غیر مشروط آفاقی دردمندی اور بیک وقت جدلیاتی سطح پر ٹھیٹ نو انسانی کربِ آگہی اور خالص نوبشریاتی نشاطِ آگہی نور (ٹھنڈی الوہی اور قدسی روشنی) ہے۔ یہ نورِ جاں، نورِ جانِ جاں اور نورِ جانِ جاناں ہے۔ یہ شاعرِاعظم ایلیٹ کے 'آگ اور گلاب' سے کراں تا کراں آگے کی منزل ہے۔ غالب شونیتا اور فنا کی مشق سے 'مخفی بحتِ نورِ اکبر' کے لیے کوشاں تھے۔ یہ یکسر خاموشی کا ڈائمنشن ہے۔ اس کو جدلیانہ، وجودیانہ اور عارفانہ معنوں میں وہ اپنے بیکراں متناقض مصرعہ میں 'ولی پوشیدہ اور کافر کھلا' سے منکشف کرتے ہیں۔ غالب پوری اردو شاعری میں تن تنہا عظمت گناہ اور عظمت کفر کے سرالاسرار کے حقیقی شناسندہ، تجربہ کنندہ اور یابندہ بینشور تھے۔ اس کے بغیر حقیقی زود پشیمانی، حقیقی اشکِ ندامت اور حقیقی تزکیۂ نفس (Katharsis) نہیں پیدا ہوتا ہے۔ یہ بھی فنا اور نجات، شونیتا

اور نروان اور مکمل 'شعریاتی، شعوریاتی اور اشعریاتی آزادی کا سچا، اچھا اور بھلا بقا آلود طریق کار ہے۔ اس کی آخری شعری اور فکری قدر و قیمت اس خورشید نیمروزی صداقت پر منحصر ہے کہ غالب نے زندگی کے جس جدلیاتی دائرہ یا منطقہ کا تخلیقی سطح پر احاطہ کیا ہے وہ تخلیقی منطقہ، ممکنہ کائنات کے عظیم الشان حیاتیاتی اکبری پس منظر (Macro Back Drop) میں کتنا نادرہ کار، مینا کار، عظیم، بسیط اور عمیق اصغری ساخت کا حامل ہے یا فرانسیسی مفکر اعظم پاسکال کے انسانی عظمت اور انسانی دُکھ (Greatness and Misery of Man) کے خود متناقض اور خود متضاد پس منظر اور اصغری جمالیاتی تناظر (Micro Perspective) میں کتنی عظیم، عمیق، بسیط اور ارفع زندگی کی اکبری ساخت کا امین ہے۔

(12) معرضِ مثال میں دست بریدہ اور آج

(مثال کی نمائش گاہ میں کٹا ہوا ہاتھ اور آج)

''آخری عمر میں غالب نے شاعری ترک کردی تھی۔ اب وہ نحیف و نزار ہو چکے تھے۔ انسان کے مقدر اور شدائد کا مقابلہ کرنے والی ان کی تخلیقیت اور انسانی آزادی کا دفاع کرنے والی ان کی جدلیاتی روش وحس مزاج پر سائے لرز رہے تھے۔ ... غالب کی وفات پندرہ فروری 1869 کو ہوئی۔ غالب کی نمازِ جنازہ دلّی دروازے کے باہر پڑھی گئی۔ حالی کا بیان ہے کہ جنازے کی مشایعت میں اہلِ سنت اور امامیہ دونوں فرقوں کے لوگ نیز شہر کے عمایدین اور ممتاز حضرات سب شریک تھے۔ ان کی تدفین کے وقت شیعہ سنی فرقوں میں اسی طرح کی ایک عقیدتمندانہ کشمکش پیدا ہوگئی جیسی بقول شیخ محمد اکرام :

''کبیر کی وفات پر ہندوؤں اور مسلمانوں میں ہوئی تھی۔''

''اور یہ عین مرزا کی جدلیاتی وضع اور آزادگی کے مطابق تھا۔ شیعوں کی طرف سے کہا گیا کہ مرزا صاحب شیعہ تھے ہمیں اپنے طریقے سے تجہیز و تکفین کی اجازت دی جائے، لیکن نواب ضیاء الدین احمد خاں نے نہیں مانا اور تمام مراسم اہلِ سنت کے موافق ادا کیے گئے۔ غالب کی بے مثال آزادگی اور وسیع المشربی کی اس سے بڑی مثال اور کیا ہوسکتی

ہے، حالی لکھتے ہیں :

''ہمارے نزدیک بہتر ہوتا کہ شیعہ اور سنی دونوں مل کر یا علاحدہ علاحدہ اُن کے جنازے کی نماز پڑھتے اور جس طرح زندگی میں اُن کا برتاؤ سنی اور شیعہ دونوں کے ساتھ یکساں رہا تھا اسی طرح مرنے کے بعد بھی دونوں فرقے اُن کی حق گزاری میں شریک ہوتے۔''

''حالی کی اس رائے سے شاید ہی کسی کو اختلاف ہو لیکن زمانہ اپنے طریقے سے چلتا ہے۔ یہ کہنے سے ہمارا مقصد فقط غالب کی آزادگی اور ان کی جدلیاتی وضع کو نشان زد کرنا ہے۔ مرزا نے شاعری کی طرح زندگی میں بھی حتی الامکان طرفوں کو کھلا رکھا، اس انتہا یا اُس انتہا سب کو رد کیا، دانش وخرد، آزاد خیالی اور شرف انسانی کی سربلندی پر کبھی سمجھوتا نہیں کیا، آخر تک بنی نوع انسان کی وحدت پر ان کا یقین غیر متزلزل تھا۔ انھوں نے سب سے برابر کا سلوک کیا۔ انھیں اندازہ تھا کہ یہ دنیا چھوٹے چھوٹے خانوں میں بٹی ہوئی ہے اور ان کی موت بھی اس سے بری نہ ہوگی۔'' (نارنگ، ص 650-646)

اس ضمن میں گوپی چند نارنگ کے معرکہ آرا دیباچہ 'نطق کو سو ناز ہیں تیرے لبِ اعجاز پر' کا ایک نہایت معنویت انگیز اقتباس عبرت آموز، معلومات افزا اور چشم کشا ہے۔

''غالب نہ صرف پابستگیِ رسوم و قیود کو رد کرتے ہیں، وہ ہر اس عقیدہ، مسلک اور گروہ کے بھی خلاف ہیں جو صداقت کی کنجیاں اپنے پاس رکھتا ہے اور اپنی اور فقط اپنی حقانیت پر اصرار کرتا ہے۔ غالب نے ملتوں کے مٹنے اور اجزاے ایماں ہونے پر اصرار کیا تھا تو ان کی آواز اپنے وقت سے بہت آگے تھی۔ غالب نے اپنی نئی شعری گرامر اور اپنے تخلیقی سگنیفائر سے نہ صرف سابقہ تصورات پر ضرب لگائی، بلکہ انسان، خدا، کائنات، نشاط و غم، جنت و جہنم، سزا و جزا، گناہ وثواب کے بارے میں بھی پہلے سے چلے آرہے تمام تعینات کو منقلب کردیا۔ یہ ایک انقلاب آفریں قدم تھا۔ غالب کے معاصرین اس کارنامہ کو سمجھ نہ سکتے تھے۔ غالب کا راستہ ریڈیکل کشادگی اور آزادی کا راستہ تھا۔ یہ تحدید، تنگ نظری اور ادعائیت کا راستہ نہیں تھا کہ سچائی کسی ایک نظامِ فکر، کسی ایک مسلک یا ایک عقیدے کی جاگیر نہیں، سچائی کی راہ سب کے لیے کھلی ہے۔'' (نارنگ، ص 26-25)

''آج کے منظرنامہ پر نازی ازم کی بدنامِ زمانہ خونریزی کے بعد Zionism صیہونیت اور اس نوع کے تمام نسلی اور فرقہ وارانہ رجحانات فاشزم، نسل پرستی اور علاقائیت کی بدترین شکلیں ہیں جو حقانیت کی اپنی اپنی اجارہ داری، عصبیت اور برتری کے نام پر لاکھوں کروڑوں بے گناہوں اور معصوموں کا خون بہانے کو جائز سمجھتی ہیں، اور جنھوں نے شدت پسندی اور فتنہ و فساد کو پھیلاکر انسانیت کو شرمسار اور زمین کو داغدار کردیا ہے۔ اکیسویں صدی میں فرقہ واریت، دہشت گردی، استعماریت اور تشدد کا منظرنامہ سب سے اذیت ناک منظرنامہ ہے۔ لوگوں نے خدا کو الگ الگ بانٹ لیا ہے، اپنے اپنے بت تراش لیے ہیں اور جس آزادی کو وہ اپنے لیے جائز سمجھتے ہیں، دوسروں کے لیے اسی کو ناجائز سمجھتے ہیں۔ اکیسویں صدی کا سب سے بڑا چیلنج انسانیت کی آزادی، بوقلمونی اور تکثیریت کا تحفظ ہے۔ اس منظرنامہ میں غالب کے جدلیاتی ڈسکورس کی معنویت، اس کی بے لوثی، وسیع المشربی اور آزادگی وکشادگی کی اہمیت اور بھی بڑھ جاتی ہے۔'' (نارنگ، ص 25)

''غالب کی طبیعت میں آزادگی وقلندری کی جو فقیدالمثال خصوصیات تھیں، وہ جہاں ان کے تفکر کو جدلیاتی اساس فراہم کرتی ہیں وہاں ان کی شخصیت کو جادوئی مقناطیسیت (charisma) بھی عطا کرتی ہیں جو انھیں سب کے لیے قابلِ قبول اور ہردلعزیز بناتا ہے۔ مرزا علاء الدین خاں علائی کے نام ایک خط کی یہ چندسطریں مذہب وملت کی دیواروں اور حدبندیوں سے بے نیاز، انسانیت سے بے پناہ محبت کرنے والے ایک عالی ہمت لیکن خستہ ونژند نکبت میں گرفتار عظیم انسان کی قلبی کیفیت اور دردمندی اور آزادگی کو ظاہر کرتی ہیں:

''قلندری وآزادگی وایثار وکرم کے جو دواعی میرے خالق نے مجھ میں بھر دیے ہیں بقدر ہزار ایک ظہور میں نہ آئے۔ نہ وہ طاقت جسمانی کہ ایک لاٹھی ہاتھ میں لوں اور اُس میں شطرنجی اور ایک ٹین کا لوٹا مع سُوت کی رسّی کے لٹکا لوں اور پیادہ پا چل دوں، کبھی شیراز جانکلا، کبھی مصر میں جاٹھہرا، کبھی نجف جاپہنچا۔ نہ وہ دستگاہ کہ ایک عالم کا میزبان بن جاؤں۔ اگر تمام عالم میں نہ ہوسکے نہ سہی، جس شہر میں رہوں اُس شہر میں تو بھوکا ننگا نظر نہ

آئے۔ خدا کا مقہور، خلق کا مردود، بوڑھا، ناتواں، بیمار، فقیر، نکبت میں گرفتار، میرے اور معاملات کلام و کمال سے قطع نظر کرو وہ جو کسی کو بھیک مانگتے نہ دیکھ سکے اور خود در بدر بھیک مانگے وہ میں ہوں۔'' (13 فروری 1865)

''اب تک کی تحقیق کے مطابق ذیل کی غزل مرزا کی آخری غزل ہے جو نواب امین الدین احمد خاں کے نام خط (3 مارچ 1867) میں ملتی ہے۔ معنی آفرینی اور حسن کاری کی جدلیاتی روش گویا آخری دنوں تک قائم تھی، یہ شعر جیسے خون جگر سے لکھے گئے ہوں:

ممکن نہیں کہ بھول کے بھی آرمیدہ ہوں
میں دشتِ غم میں آہوئے صیاد دیدہ ہوں
نے سبحہ سے علاقہ نہ ساغر سے واسطہ
میں معرضِ مثال میں دستِ بُریدہ ہوں
جو چاہیے نہیں وہ مری قدر و منزلت
میں یوسفِ بقیمتِ اوّل خریدہ ہوں
ہرگز کسی کے دل میں نہیں ہے مری جگہ
ہوں میں کلامِ نغز ولے ناشنیدہ ہوں
اہلِ وَرَع کے حلقے میں ہرچند ہوں ذلیل
پر عاصیوں کے زمرے میں میں برگزیدہ ہوں
پانی سے سگ گزیدہ ڈرے جس طرح اسد
ڈرتا ہوں آئنے سے کہ مردم گزیدہ ہوں

''انتقال سے تقریباً دو برس پہلے کہے گئے ان اشعار میں زندگی بھر دکھ جھیلنے والے ایسے انسان کی نوائے دردناک صاف سنائی دیتی ہے جس کی غیر معمولی ذہنی قوت نے باوجود شداید و مصائب کے علوئے نفس اور آزادگی سے ہاتھ نہیں اٹھایا۔ غالب جب دہشت ناک خیالی پیکر نکالتے ہیں تو باطن کے التہاب سے شدت اور بھی بڑھ جاتی ہے۔ سبحہ اور ساغر کا ایک دوسرے کا رد ہونا معمولہ کا حصہ ہے کہ روایتاً چلا آتا ہے لیکن طرفگی اس میں ہے کہ اول تو سبحہ کو بہ نسبتِ معکوس ساغر سے ہم رشتہ کیا ہے کہ سبحہ کو بھی ہاتھ میں

لیتے ہیں اور ساغر کو بھی، پھر اس توقع کو بھی رد کیا ہے کہ ہاتھ تو ہے ہی نہیں۔ ہاتھ تو کٹا ہوا ہے۔ مزید یہ کہ دستِ بریدہ کے دردناک پیکرِ خیالی کو استعارہ کیا ہے ذات سے جو بے دست و پا ہو چکی ہے۔ دہشت ناک کو سنسکرت شعریات کے رسوں میں 'بھیانک' سے تعبیر کیا گیا ہے جو منزلِ لائے اعظم بھی ہے (مہاشونیہ) یعنی جہاں ہر روایتی 'علاقہ' اور 'واسطۂ نقش' موہوم معلوم ہوتا ہے۔

''وقت کی موجِ خوں سر سے گزر گئی، سورج ڈھلان سے نیچے اتر گیا، لعلِ بدخشاں کے ڈھیر چھوڑ گیا آفتاب۔ نہ سبحہ سے علاقہ نہ ساغر سے واسطہ، انسان معرضِ مثال میں دستِ بریدہ ہے۔ مگر بے صوت آواز زندہ ہے، متن کی قوت معنی پروری کر رہی ہے، اور جب تک یہ خاکدانِ ارضی اپنے محور پر گردش میں ہے، غالب کا میکدۂ سخن عالم و عامی، عاصی و متقی، رند و پارسا سب کے لیے کھلا ہے:

اوراقِ زمانہ در نوشتم و گزشت
در فنِ سخن یگانہ گشتم و گزشت

(میری تحریر کتابِ وقت کا ورق تھی جو کہ گزر گئی، فنِ شاعری میں بھی میں یگانۂ روزگار تھا وقت کے ساتھ وہ بھی گزر گیا)

''لیکن غالب کی آواز زندہ ہے۔ غالب نے خود کو عندلیبِ گلشنِ ناآفریدہ کہا تھا۔ آج ہم دیکھ رہے ہیں کہ غالب کی جدلیاتی فکر اکیسویں صدی کے مابعد جدید مزاج سے خاص مناسبت رکھتی ہے۔ غالب جس گرمیِ نشاطِ تصور کے نغمہ سنج ہیں، دیکھا جائے تو ان تصورات کا زمانہ گویا اب آیا ہے۔ غالب کی مجتہدانہ فکر ہر نوع کی کلیت پسندی، جبر اور ادعائیت کے خلاف ہے، نیا مزاج بھی مقتدروں، آمریت اور ادعائیت کے خلاف ہے۔ نئی علمیات نے تو مہابیانیوں کی مطلقیت کے خلاف آواز کہیں آج اٹھائی ہے، غالب کی فکر بہت پہلے سے ایسے تمام تعینات و تصورات کو بیدخل کرتی آئی ہے جو فکر و نظر کی آزادی کو مسدود کرتے ہیں۔ مابعد جدید ذہن نظریوں کی تحکمانہ ادعائیت، جکڑ بندی، تنگ نظری اور تحدید کے خلاف ہے اور انسان کی بے لوث آزادی اور نشاط کا داعی ہے۔ غالب کے

یہاں بھی بے لوث آزادی و وارستگی اور نشاط قدرِ اوّل ہے۔ غالب کا راستہ ریڈیکل کشادگی اور آزادی کا راستہ ہے۔ آج کا سب سے بڑا چیلنج انسانیت کی آزادی، بوقلمونی اور تکثیریت کا تحفظ ہے۔ اس منظرنامہ میں غالب کے جدلیاتی ڈسکورس کی معنویت، اس کی بے لوثی، آزادخیالی اور وسیع المشربی کی اہمیت اور بھی بڑھ جاتی ہے۔ زندگی ایک متناقضہ ہے اور صداقت کا اجارہ کسی کے پاس نہیں۔ اردو میں اس گرامر اور محاورہ کی جیسی امانت دار غالب کی جدلیاتی فکر اور شاعری ہے اس کی کوئی دوسری نظیر نہیں۔

گردشِ ساغرِ صد جلوۂ رنگیں تجھ سے
آئنہ داریِ یک دیدۂ حیراں مجھ سے

(نارنگ، ص 654-651)

نارنگ کے نو تواریخ ساز صحیفہ 'غالب : معنی آفرینی، جدلیاتی وضع، شونیتا اور شعریات' کی قرأت اور بازقرأت سے اہل ذوق، اہل دل، اہل دانش اور اہل بینش قاری اچانک ایک بہت بڑی بسیط روشنی میں آجاتا ہے۔ اس کی ثقافتی اور ادبی نابینائی بہت حد تک کم ہوجاتی ہے۔ اس کو نہایت شدت سے محسوس ہوتا ہے کہ وہ معاصر اردو تنقید میں جارحانہ طور پر قائم مشروط و محدود و سماجیاتی اور مشروط و محدود جمالیاتی قطبین کا ارتفاع کر اس وقیع تر اور رفیع تر نوکشادہ کار دائرۂ نور میں پہلی بار بہت کچھ زیادہ دیکھ رہا ہے اور بہت کچھ زیادہ پا بھی رہا ہے۔ اس کا غیر متعصب اور غیر جانبدار ذہنی، وجدانی، بصیرتی، شعوری ارتفاع اور ارتقا مسلسل جاری ہے۔ نارنگ کے طرفہ اسلوب جلیل میں لکھی ہوئی یہ مایۂ ناز کتاب بیک وقت متناقض ہمہ آفاق عشق اور ہمہ آفاق آگہی کی عظیم القدر سمفنی (سازینہ) ہے۔ اس میں تمام نوفکریاتی اور نوحسنیاتی نشانِ نغمہ جذب و پیوست ہوکر احدیت پذیر ہوگئے ہیں۔ انیسویں صدی کی آخری دہائی میں حالی اور بیسویں صدی کے رُبع اول میں عبدالرحمٰن بجنوری نے اردو ادب اور نقد میں جس ارفع مدوّری اور صعودی تنقید کا آغاز کیا تھا وہ ہمہ پہلوئی جدلیاتی اور عمودی سطح پر ارتقاپذیر ہوکر اکیسویں صدی کے رُبع اوّل میں 'غالب : معنی آفرینی، جدلیاتی وضع، شونیتا اور شعریات' میں اپنی شانِ معراج پر پہنچ گئی ہے اور اس نے

روشنی کے تمام دریچوں کو ہر سمت کھول دیا ہے۔ اکیسویں صدی کی دوسری دہائی کے مابعد جدید تناظر میں نئے عہد کی تخلیقیت کے دورانیہ میں نت نئی فکریاتی ہوائیں اور نت نئی شعریاتی فضائیں نئی اردوئی تخلیق، تنقید، تہذیب، نئی جمالیات اور نئی قدریات کو فرسودگی اور بوسیدگی سے دور رکھ سکیں گی اور نت نئی تازہ کار اور نادرہ کار جدلیاتی فکر ونظر کو ہمہ جہتی اور ہمہ پہلوئی حیثیت عطا کرسکیں گی۔ اکیسویں صدی میں 'ژوربا سے بُدّھا' تک کی اعلامیہ اردو زبان، اردو شعر و ادب اور اردو نقد عالیہ خورشید مثال ہوگا۔ اس کی نیو کا پتھر تکثیریت پسند انسانیت اور ہمہ اوست ہے۔ مابعد جدیدیت سے نئے عہد کی تخلیقیت افروزی تک نئی ترجیحات کی نئی تبدیلی کا عہد ہے۔ تاہم وہ نہایت متناقض سطح پر بازگردش کے ساتھ اپنی ثقافتی جڑوں کا بھی جوئندہ اور یابندہ ہے۔ نئے عہد کی ہر کروٹ کے ساتھ غالب کے شعری گلستاں اور بوستاں سے 'نئے جہانِ معنی کا نیا طلسمات' ابھرتا رہے گا کہ نئے عہد کے محور پر متن نو معنویات افروزی میں ہر لمحہ تخلیقی سطح پر منہمک ہے۔ بقول دیدہ ور نارنگ ''ہنوز ہزار بادۂ ناخوردہ رَگِ تاک میں ہے' اور ہزار چندر درشن (سہسر چندر درشن) 'سومناتِ خیال' میں حسن آرا اور معنی آرا ہے جس میں غالب کے روح افروز تخئیل کی درخشندگی ہے۔ غالبیات کے ضمن میں پروفیسر گوپی چند نارنگ کا عظیم تر تنقیدی صحیفہ 'غالب: معنی آفرینی، جدلیاتی وضع، شونیتا اور شعریات' ابدیت کے صفحہ پر خدا کی دستخط ہے جو ابدیت بکنار ہے۔ درحقیقت انسانی دستخط تو آبِ رواں پر دستخط کرنے کے مترادف ہے۔ وہ بَن بھی نہیں پاتی کہ مٹ جاتی ہے۔